Mira Kirshenbaum

Paare im Zeitstress

Mira Kirshenbaum

Paare im Zeitstress

Nähe und Verbundenheit auch im hektischen Alltag schützen

Aus dem Amerikanischen von Reinhild Rillig

HERDER

FREIBURG · BASEL · WIEN

Titel der amerikanischen Originalausgabe:
The Weekend Marriage © 2005 by Mira Kirshenbaum
Published in agreement with the author,
c/o BAROR INTERNATIONAL, INC., Armonk, New York, U.S.A.

Gedruckt auf umweltfreundlichem,
chlorfrei gebleichtem Papier

Deutsche Erstausgabe

www.herder.de
Satz: Rudolf Kempf, Emmendingen
Herstellung: fgb · freiburger graphische betriebe 2006
www.fgb.de
Umschlaggestaltung und Konzeption:
Agentur R · M · E, Roland Eschlbeck & Team*
*(Kornelia Bunkofer, Liana Tuchel)
Umschlagmotiv: © corbis
Foto der Autorin: Sigrid Estrada
ISBN-13: 978-3-451-29194-4
ISBN-10: 3-451-29194-0

1. Paare im Zei

Es hat Jahre gedauert,
den Augen fiel: Um G
Zeit für meine Ehe! W
ben? Schließlich wusst
zu haben, wenn man k
wie Luft zum Atmen. A
sam vor sich geht, kar
erkennt, was los ist.

Es war nicht so, das
ich sah das Tempo in m
Mann in seinem Leben
Schiffe, die sich nachts
zwei New Yorker Taxis,
roten Ampel warten mi

So ist es bei Paaren
oder feste Beziehung, i
leben: Innerhalb des nor
den, sondern höchstens
sich als Paar fühlen –
Intimität leben. Hier ist
in denen einer der Partr
entfernten Stadt arbeit
und Ihr Ehepartner die
men Dach, haben aber
ten genug Zeit füreinan

Nur wenige von uns
Partner, der am meisten

Inhalt

ist, bestimmt, wie viel Zeit Ihnen beiden füreinander bleibt. Wenn er oder sie nur ein paar Minuten pro Tag dafür aufbringen kann, dann ist das alles, was für die Beziehung übrig bleibt.

Als ich erkannte, was in meiner Ehe geschah, bekam ich es mit der Angst zu tun, und so ergeht es vielen von uns. Ich wusste tief in meinem Inneren ganz genau, dass man eine Beziehung absterben lässt, wenn man sie vernachlässigt, genauso wie man Tiere, Pflanzen und andere Lebewesen durch Vernachlässigung tötet. Und es ist absolut berechtigt, Angst zu bekommen. Ich habe inzwischen gelernt, dass heutzutage der wichtigste und am wenigsten verstandene Grund für die hohe Scheidungsrate darin besteht, dass die Paare in so hohem Maße unter Zeitstress stehen.

Wie so viele andere bekam ich Schuldgefühle: Was für ein Mensch war ich, dass ich meiner Beziehung so wenig Priorität einräumte?

Aber ich war auch wütend. Zuallererst auf meinen Ehemann. War ihm das alles so egal, dass er nicht „Stopp“ rief angesichts unseres verrückten Lebenstempos? Aber um ehrlich zu sein, das hatte er getan. Wir beide hatten es getan. „Wir müssen mal hier raus“, pflegten wir zu sagen. „Wir müssen uns mehr Zeit füreinander nehmen.“ Aber unternommen haben wir in dieser Richtung letztlich nichts – wir waren zu sehr damit beschäftigt, Pläne zu schmieden! Dann wurde ich, dumm genug, auf das Leben an sich wütend. Es schien einfach nicht fair zu sein, dass keine Zeit für die Liebe übrig sein sollte, wenn man ein Leben führt, wie es sich gehört: hart arbeitet, das Haus in Ordnung hält, Zeit mit der Familie und mit all den anderen Dingen verbringt, die zu einem verantwortungsbewussten und normalen Leben gehören.

Aber es ging nicht alleine darum, dass wir keine Zeit füreinander hatten. Mir fiel auf, dass der Prozess, am Anfang der Beziehung noch viel Zeit füreinander zu haben, die dann immer weniger wird, etwas Unheimliches an sich hat. Man sollte annehmen, dass sowohl die guten als auch die schlechten Momente im Umgang miteinander im gleichen Ausmaß schrumpfen. Dass weniger Zeit für Liebe und schöne Gespräche übrig bleibt, aber auch entsprechend weniger Zeit für Streit und Groll aufeinander.

Leider ist das nicht so. Vielmehr scheinen die schlimmen Dinge – Meinungsverschiedenheiten, Reizbarkeit, Missverständnisse – sogar noch mehr Zeit zu beanspruchen als zuvor. Es sind die guten Momente, die an den Rand gedrängt werden. Meine Variation des Murphy'schen Gesetzes lautet: Je weniger Zeit Sie miteinander verbringen, desto mehr Dinge laufen in der Beziehung schief.

Von daher ist es kein Wunder, dass heute so viele Ehen auseinander gehen, die eigentlich hätten bestehen bleiben können. Die Paare kämpfen gegen Faktoren an, die ihnen über den Kopf wachsen: zu viel Stress und nicht genug Zeit. Wenn dieses Lebensmuster bestehen bleibt, wird die Scheidungsrate weiter ansteigen. Und eine steigende Scheidungsrate wird die Menschen davon abhalten, sich für eine Beziehung auf der Basis gegenseitiger Verpflichtung zu entscheiden.

Hier muss etwas geschehen – aber was?

Es wäre wunderbar, wenn wir uns als Gesellschaft zusammentun und an diesem Zustand etwas ändern könnten. Wir müssen dringend ein familienfreundlicheres Umfeld schaffen, in dem die Menschen mehr Zeit haben, ihre Beziehungen zu leben. Ich bin überzeugt davon, dass die Scheidungsrate mehr als halbiert werden könnte, wenn wir diese Anstrengung zu einer gesellschaftlichen Verpflichtung machen würden. Aber es ist kein Lichtstreif am Horizont erkennbar, der darauf hindeuten würde, dass wir uns auch nur annäherungsweise dazu verpflichten, eine familienfreundlichere Gesellschaft zu werden. Ganz im Gegenteil, die globalen ökonomischen Kräfte zwingen die Menschen in den Ländern, mit denen wir im Wettbewerb stehen, immer mehr dazu, noch härter zu arbeiten. Wie können wir in einem solchen Umfeld weniger arbeiten?

Damit ist es also an jedem einzelnen von uns, eine Lösung zu finden. Und an dieser Stelle habe ich eine gute Nachricht. Ich weiß aus eigener Erfahrung, dass Menschen lernen können, ihre Beziehungen vor der Zerstörung durch mangelnde Zeit füreinander zu schützen, und wenn ihnen das gelingt, wäre das ebenfalls ein Weg zur Senkung der Scheidungsrate.

Ich glaube an die Ehe, und noch wichtiger ist, dass ich davon überzeugt bin, dass die meisten heutigen Ehen viel besser sein könnten als viele Menschen sich vorstellen. Die Tatsache, dass wir es mit einer veränderten Realität zu tun haben, birgt auch eine große Chance in sich. Aber wir brauchen einen kleinen Schubs.

Denken Sie einmal darüber nach, wie Sie und Ihr Partner derzeit miteinander umgehen. Sind Sie damit zufrieden? Möglicherweise nicht. Es ist an der Zeit, etwas anderes auszuprobieren. Wir können den Einfluss, den unser Lebensstil auf unsere Liebe hat, nicht ignorieren. Wir können nicht weiterhin so tun, als ob der Zeitmangel keinen Unterschied machen würde. Wir können all die wohltuenden gemeinsamen Erlebnisse, die unsere Beziehung benötigt, nicht weiterhin auf jenen fernen Tag verschieben, an dem Zeit endlich einmal kein Problem mehr sein wird. Unser heutiger Lebensstil ist ein Patentrezept für Einsamkeit und Verbitterung, für Schuldgefühle, weil wir es nicht besser hinbekommen, und für Angst davor, welche Konsequenzen dauernder Ärger und zunehmende Distanz haben können.

Das ist der Grund für so viele Ehescheidungen. Ich spreche hier nicht über die Ehen, die geschieden werden, weil man sich den falschen Partner ausgesucht hat. Nein, ich spreche von jenen viel traurigeren, häufigen Scheidungen, bei denen die Frage im Raum steht: „Wo ist unsere Liebe geblieben?“ Es gab einmal die wahre Liebe, aber sie ist im Zeitstress verschütt gegangen.

Vielleicht wussten wir bisher gar nicht, wie zerstörerisch sich unser Lebensstil auf unsere Liebe auswirkt, und wir wussten nicht, was wir dagegen unternehmen können. Wie lösen Sie Probleme, die zwischen Ihnen entstehen, wenn es keine Zeit gibt, darüber zu reden? Wie gehen Sie mit Ärger um, wenn es keine Zeit dafür gibt, dass Verletzungen heilen können? Wie verschaffen Sie sich gemeinsame schöne Momente und stärken Ihre Beziehung, wenn Sie die geringe Zeit, die Ihnen verbleibt, brauchen, um akute Brandherde zu löschen? Wie finden Sie einen Ausgleich zwischen Ihren eigenen Bedürfnissen und denen Ihres Partners?

Dies waren alles auch meine eigenen Fragen. Ich fing an, das Thema zu erforschen. Ich ging davon aus, dass es irgendwo Paare geben müsse, die beweisen könnten, dass wir nicht wegen mangelnder Liebe verkümmern müssen, nur weil uns in unserem Leben die Zeit dafür fehlt. Es hat mich Jahre gekostet, aber ich habe ihre Geheimnisse entdeckt.

Ich weiß heute, dass Sie und ich uns prächtig entwickeln können trotz eines Lebensstils, der sich vor allem durch Zeitknappheit auszeichnet.

Genau hier setzt dieses Buch an. Es vermittelt die Erkenntnisse und Werkzeuge, die Sie brauchen, um Ihre Liebe zu schützen und stark zu erhalten. Dafür habe ich es geschrieben. Solange wir die Art und Weise, wie unsere Gesellschaft lebt, nicht verändern, werden wir unsere durch die Zeitknappheit belasteten Beziehungen schützen müssen.

Im vorliegenden Buch werden Sie erfahren, wie Sie mit den für Sie und Ihren Partner wirklich wichtigen Themen umgehen können und dafür sorgen, dass Ihre Bedürfnisse erfüllt werden, sodass Sie im Ausgleich die Freude, Nähe und erfüllte Liebe zurückbekommen, nach der Sie sich sehnen. Eines kann ich Ihnen schon jetzt verraten: Es hat sich gezeigt, dass es viel einfacher ist, es richtig zu machen als es falsch zu machen.

DAS PROBLEM

2. Kaum Zeit zu zweit: So leben Paare im Zeitstress

Es waren einmal ein Prinz und eine Prinzessin.
Der Name des Prinzen war Bill. Natürlich war er kein richtiger Prinz. Aber seine Kumpel dachten, er wäre so ein Kerl, der das Zeug zum Prinzen hätte. Und er hegte einige der Träume, die auch richtige Prinzen haben, wie zum Beispiel den, eines Tages seine eigene Prinzessin zu finden und bis ans Ende seiner Tage glücklich und zufrieden zu leben.

Der Name der Prinzessin war Laura. Auch sie war keine echte Prinzessin. Aber sie sah ein bisschen wie eine Prinzessin aus, vor allem an Tagen, an denen es ihr gut ging, und einige der Jungen, mit denen sie ausgegangen war, dachten, sie wäre es wert, eine Prinzessin zu sein. Auch wenn sie es nicht heraushängen ließ, wollte sie manchmal tatsächlich wie eine kleine Prinzessin behandelt werden. Auch sie hatte einige der Träume, die Prinzessinnen normalerweise haben, wie zum Beispiel den, eines Tages ihren eigenen Prinzen zu finden und von da an glücklich und zufrieden zu leben.

Und eines Tages fanden sich Prinz Bill und Prinzessin Laura, genauso, wie es im Märchen geschieht, so, als ob das Schicksal es für sie so vorgesehen hätte. Nach vielen Abenteuern, bei denen sie mehrmals befürchteten, einander zu verlieren, heirateten sie schließlich. Sie waren voller Hoffnung, dass sie von nun an ein glückliches Leben führen würden.

Als sie gemeinsam ihrer Zukunft entgegensahen, wünschten sie sich vor allem ein Leben voller Liebe. Liebe nicht nur als Tatsache, als etwas, von dem man weiß, dass sie existiert, so wie man auch weiß, dass irgendwo unter den Papieren eine Heiratsurkunde begraben liegt. Bill und Laura wollten sich das bewahren, was sie hatten – eine Liebe, die lebendig ist, die sie jeden Tag erleben konnten.

Wenn die Liebe lebendig ist, sagt Laura (und Bill stimmt ihr zu), dann besteht eine echte Zuneigung. Man hält sich bei der Hand, umarmt und küsst sich. Es gibt lange, liebevolle Gespräche, die das Gefühl der Verbundenheit steigern. Der Spaß, den man miteinander hat, gibt einem das Gefühl, etwas ganz Besonderes zu sein. Dazu gehört auch, sich in einem ruhigen Restaurant an einem kleinen Tisch gegenüberzusitzen und miteinander zu reden, zu lachen und sich in die Augen zu schauen. Dazu gehören lange gemeinsame Spaziergänge, bei denen kein einziges Wort gewechselt werden muss und man vollkommen glücklich ist. Dazu gehört auch, im Bett ganz zufrieden in den Armen des anderen zu liegen. Und es gehört dazu, miteinander zu schlafen, wenn genügend Zeit vorhanden ist und Sex nicht mühsam in die verbleibenden freien Zeitlücken zu schieben.

Aber nachdem unser Prinz und unsere Prinzessin mit dem Versuch, von nun an glücklich und zufrieden zu leben, begonnen hatten, geschah etwas Fürchterliches. Ein dunkles und böses Monster erschien in ihrem Leben. Dieses Monster konnte tagelang unsichtbar auf der Lauer liegen, um dann plötzlich aufzutauchen und die beiden in eine dunkle Höhle des Kummers zu verschleppen. Gelegentlich konnten Bill und Laura ihm entkommen. Aber kurz darauf erwischte sie das Monster erneut. Sie konnten niemals richtig durchatmen.

Wovon spreche ich hier?

Das Monster ist nicht generell die Situation eines Paares im Zeitstress. Einige Paare haben erfolgreich Wege gefunden, es sich trotz aller Zeitknappheit miteinander gut gehen zu lassen. Nein, das Monster ist die Art und Weise, in der wir zulassen, dass sich der Zeitstress auf unsere Beziehung auswirkt. Schauen Sie mal: Montagmorgen: Bill und Laures Radiowecker geht los und sofort beginnt eine verrückte Jagd. Keine Zeit, noch ein wenig unter der Decke liegen zu bleiben und aneinandergekuschelt langsam aufzuwachen. Stattdessen springt Bill aus dem Bett und eilt in die Küche, um die Kaffeemaschine anzustellen. Laura stolpert verschlafen in Richtung Bad.

In dieser verrückten ersten Stunde nach dem Aufwachen geschieht Folgendes: Lauras und Bills Kinder werden unter Maulerei aus dem Bett gezerrt und in ihre Kleider gestopft. In aller Eile wird das Frühstück eingenommen und Pausenbrote werden verpackt. Bill stößt unaufhörlich kurze Fragen hervor und kommandiert Laura herum, während sie sich immer wieder nur fragt: *Warum kann ich keinen ruhigen, friedlichen Morgen haben, an dem mich niemand herumkommandiert? Ich bin doch noch gar nicht richtig wach.* Sie stürzen ihren Kaffee in jeder freien Sekunde, die sie finden können, herunter. Und Laura mampft wieder einmal ihren Toast in der Küche über die Spüle gebeugt, um die Zeit zu sparen, die der Abwasch eines Tellers kosten würde.

Bill und Laura haben Kinder. Aber das Monster schleicht sich auch an kinderlose Paare heran. Auch sie führen ein Leben, das sie gestresst der Zeit hinterherhecheln lässt. Ich selbst habe zwei Kinder. Kinder brauchen einen Haufen Zeit. Aber Paare, die keine Kinder haben, übernehmen am Arbeitsplatz häufig zusätzliche Aufgaben, oder sie sind kulturell oder geschäftlich noch anderweitig engagiert. Häufig leben sie in einem ausgedehnten sozialen Netzwerk. Und das frisst ihre freie Zeit auf. Das heißt, wir sitzen alle mehr oder weniger im gleichen Boot.

Das Monster lauert auch Paaren auf, bei denen nur ein Partner außerhalb des Hauses arbeitet. Laura geht jeden Tag zur Arbeit, aber selbst wenn ein Partner zu Hause bleibt, würde derjenige, der am härtesten und längsten arbeitet, ausschlaggebend sein für die Zeit, die einem Paar füreinander verbleibt.

Bill und Laura können sich nicht daran erinnern, wann sie zum letzten Mal an einem Werktag einen Morgen erlebt hatten, an dem sie sich hinsetzen und bei einem gemütlichen Frühstück einfach nur plaudern konnten oder auch nur friedliche zehn

Minuten für eine gemeinsame Tasse Kaffe gehabt hätten. Die Botschaft, die Bill und Laura sich morgens am häufigsten zu verstehen geben, lautet: *Geh mir aus dem Weg – ich bin spät dran.*

Tagsüber arbeiten Bill und Laura in einem schnelleren Tempo als Menschen je zuvor in der Menschheitsgeschichte. Die Arbeit ist einfach nicht mehr anders zu bewältigen als durch das Erledigen mehrerer Aufgaben zur selben Zeit. Gleichzeitig stehen die beiden per Mobiltelefon oder E-Mails in häufigem Kontakt. Sie tauschen allerdings kein Liebesgeflüster aus, sondern vielmehr lästige Details der Familienorganisation, wie zum Beispiel, wer bei der Reinigung vorbeifährt, wer wann welches Kind abholt, den Klempner anruft oder den neuesten Störfall in ihrem Leben in den Griff bekommt.

Wenn Bill und Laura schließlich zu Hause ankommen, ist es bereits spät. Sie sind hungrig, haben aber nicht viel Zeit, eine Mahlzeit zuzubereiten. Sie können sich nicht daran erinnern, wann sie zum letzten Mal unter der Woche ein richtiges Abendessen gemacht haben. Normalerweise wird irgend etwas zusammengewürfelt oder telefonisch bestellt anstatt langsam gekocht. Heute Abend kommt das Abendessen vom örtlichen Pizzaservice. Sie haben Gourmet-Träume, leben aber ein Fastfood-Leben.

Darüber hinaus sind beide, wenn sie abends nach Hause kommen, äußerst gestresst. Jede Anforderung, die irgend jemand im Lauf des Tages an sie gestellt hat, jede Frage, die an sie gerichtet wurde, jedes Problem, in das sie hineingerannt sind – all das wirkt sich aus wie viele Wassertropfen auf einem Schwamm, der am Morgen noch trocken und aufnahmebereit war. Was bedeutet schon ein gelegentlicher Wassertropfen? Aber ein Schwamm hat nur eine begrenzte Aufnahmekapazität, und für heute haben Bill und Laura genug. Sie können keinen weiteren Tropfen Stress mehr aufnehmen.

Wenn sie nach Hause kommen, haben sie jedoch unterschiedliche Bedürfnisse. Laura würde am liebsten die vielen Dinge, die noch erledigt werden müssen, blitzschnell hinter sich bringen, damit später noch ein wenig gemeinsame freie Zeit übrigbleibt. Zu dieser Zeit ist Bills Energie allerdings auf dem Tiefstand. Er braucht als Allererstes ein bisschen Frieden und Ruhe.

Diese unterschiedlichen Bedürfnisse führen dazu, dass Spannung in der Luft liegt, wenn Bill und Laura die Küche aufgeräumt, den Kindern bei den Hausaufgaben geholfen, die Katze gefüttert, den Hund Gassi geführt , einige Rechnungen bezahlt, einige jobbezogene Anrufe erledigt und ihre E-Mails angeschaut haben. Inzwischen ist es spät geworden. Alles, was die beiden noch tun wollen, ist, vor dem Fernseher abzuhängen. Wie es aussieht, wurde das Fernsehen dazu erfunden, die Zeit auszufüllen, in der man noch nicht schlafen gehen will, aber zu müde ist, um irgend etwas anderes zu tun als auf die Mattscheibe zu schauen.

Und dabei ist gerade mal der Montag vorbei. An jedem weiteren Wochentag wiederholt sich das Ganze, mit der Ausnahme, dass Laura am Dienstag länger arbeitet, am Mittwochabend ein Elternabend in der Schule ansteht und Bill am Donnerstag von seiner alleinerziehenden Schwester gebeten wird, ihr unverzüglich beim Reparieren ihres Küchenabflusses zu helfen.

Wie ist das für Laura und Bill, zwischen all dem eine Beziehung zu haben? Sicherlich hat eine solche Beziehung nichts mit einem Spaziergang am Strand bei Sonnenuntergang zu tun, darauf gebe ich Ihnen mein Wort. Aber das brauche ich Ihnen ja gar nicht zu erzählen, weil Sie es bereits kennen. Sie leben es.

Allerdings sieht es bei jedem ein wenig anders aus. Bill sagte einmal: „Ich kann Ihnen sagen, wie es sich für mich anfühlt: Ich komme nach Hause, es gibt einen kurzen Begrüßungskuss, wir teilen uns innerhalb einer halben Minute eine Zusammenfassung unseres Tagesablaufs mit, und danach dreht sich das Gespräch hauptsächlich um Probleme. So nach dem Motto: ‚Hast du daran gedacht, XY zu besorgen...?‘, ‚Bist du dazu gekommen, ... anzurufen?‘, ‚Wir müssen irgend etwas mit ... machen.‘ ‚Wann hast du vor, ... zu erledigen?‘, ‚Hast du über ... schon mal weiter nachgedacht?‘, ‚Warum hast du nicht ...?‘, ‚Warum willst du nicht ...?‘ ‚Warum kannst du nicht ...?‘ Wo ist denn dabei überhaupt noch Liebe im Spiel?“

Bei Laura hört sich das Ganze ein wenig anders an. „Ich bin am Abend genauso müde wie du. Aber du willst nur noch vor dem Fernseher herumhängen. Ich würde das auch gerne, aber es gibt so viele Dinge hier, die getan werden müssen, und einer muss sich ja darum kümmern. Was meinst denn du, wie es mir damit geht, dass ich immer in die Position komme, mich allein um diese Dinge kümmern zu müssen? Das ist nicht fair.“

Bill und Laura wissen wie die meisten von uns, dass mit unserem hektischen Leben etwas nicht stimmt. So sollte das „von nun an glücklich und zufrieden“ nicht aussehen. Sie lieben sich natürlich immer noch. Sie sind sich ziemlich sicher, dass sie noch ineinander verliebt sind. Aber beide denken: *Wir waren so ein tolles Paar. Selbst wenn nicht alles perfekt war, haben wir Dinge getan, die uns Spaß gemacht haben, und wir waren so stark aufeinander bezogen. Wir sind so gut miteinander ausgekommen. Was ist nur mit uns geschehen? Ich erkenne mich in meinem Leben nicht wieder und ich erkenne auch nicht mehr das Paar, das wir einmal waren.*

Es ist falsch anzunehmen, dass gebildete Menschen, die durchaus geübt darin sind, über Beziehungsprobleme zu reden, sich durch Gespräche aus diesem durch Zeitmangel bedingten Aufeinanderprallen herausreden können. Ganz unabhängig davon, wie klug Sie sind, werden sie immer wieder vom gleichen Teufelskreis eingefangen. Je weniger Zeit Sie füreinander haben, desto mehr Probleme schleichen sich ein. Je mehr Probleme Sie haben, desto mehr reden Sie darüber. Je mehr Sie darüber reden, desto mehr wird Ihre Beziehung von solchen „Problemgesprächen“ bestimmt, was wiederum dazu führt, dass Sie weniger Zeit miteinander verbringen möchten. Kein Wunder, dass das Hauptproblem von Paaren darin besteht, nicht in der Lage zu sein, Nähe zu empfinden und sich einander verbunden zu fühlen.

Unter dem Druck der ständigen Zeitknappheit wird alles nutzlos, was Bill und Laura je über die Arbeit an der Beziehung gelernt haben. Stellen Sie jemanden, der phantastisch für seine Freunde kochen kann, wenn er alle Zeit der Welt dazu hat und keinem Druck unterliegt, am Freitagabend während des Hauptandrangs in die Küche eines Restaurants – schon sehr bald wird der Eindruck entstehen, er sei nur noch eine zitternde Geleemasse.

Aber Moment mal. Sollten Samstag und Sonntag nicht die Rettung sein, indem sie ausreichend Zeit und die Möglichkeit zum Ausruhen bieten? Theoretisch schon. Aber in der Realität sieht es an diesen Tagen nicht viel besser aus. Am Samstagmorgen muss eines der Kinder zum Fußballturnier gebracht werden, nachmittags geht die ganze Familie zum Einkaufen. Am Sonntagmorgen müssen Bill und Laura früh aufstehen und dafür sorgen, dass die Kinder fertig werden, um dann gemeinsam zu Lauras Eltern zu Besuch zu fahren. Sie kommen am Abend erst spät zurück und sind genauso müde wie sonst.

Vielleicht stellen Sie sich jetzt die Frage, ob denn all diese Familienaktivitäten nicht als Beziehungszeit gerechnet werden können – schließlich waren Bill und Laura den ganzen Tag zusammen, als sie mit ihren Kindern Lauras Eltern besuchten oder gemeinsam einkaufen gingen.

Klar, nichts geht über schöne Stunden im Kreis der Familie. Aber eine Familienzeit bringt die Eltern als Paar nicht näher zusammen in diese warme, aufregende, romantische Intimität, die wir alle brauchen. Fragen Sie einmal Eltern, deren Kinder aus dem Haus sind, oder geschiedene Partner, die ihr ganzes Herzblut dafür gegeben haben, ein wunderbares Familienleben zu schaffen, um dann feststellen zu müssen, dass zwischen ihnen selbst nicht mehr viel Gefühl übrig geblieben ist. Wie konnte es dazu kommen? Weil sie sich sehr wenig Zeit für das genommen haben, was als echte Zeit für die Liebe zählt. Es gehört zu den grundlegenden Bedürfnissen eines Paares, Zeit auf eine solche Art und Weise miteinander zu verbringen, wie in der Anfangszeit der Beziehung, als sie frisch verliebt waren. Nur diese Art der gemeinsamen Zeit hält die Liebe lebendig, und genau sie wird bei einem Paar im Zeitstress als Erstes geopfert.

Natürlich schaffen es Bill und Laura, während des Wochenendes irgendeine gemeinsame Zeit für sich zu finden. Unglücklicherweise aber ist diese Zeit viel zu oft belastet. Aufgrund des Drucks, unter dem sie während der Woche stehen, haben sich viele kleine Momente angesammelt, in denen sie sich gegenseitig auf die Zehen getreten sind, wo Ärger aufflackerte und man enttäuscht vom Verhalten des anderen war. In jedem dieser Momente wäre Geduld miteinander gefragt gewesen. Ihre Frustration drückten Bill und Laura nicht immer nur durch Ärger aus, sondern manchmal auch durch Schweigen – nach außen gingen sie höflich miteinander um, aber innerlich waren sie traurig und empfanden Kälte.

Und es gab viele verpasste Gelegenheiten für kleine Gesten der Zuneigung und Nähe – die Hand, die nicht ergriffen wurde, der Kuss, der zu früh abgebrochen wurde, das unausgesprochen gebliebene unterstützende Wort.

Wenn man sich so weit voneinander entfernt hat, kann es lange dauern, bis man zu Wärme und Intimität zurückfindet. An diesem Samstag sind die Kinder wie durch ein Wunder müde genug, um früh ins Bett zu gehen. Bill und Laura haben plötzlich drei Stunden ganz für sich alleine. Aber sie müssen zuerst einmal für reine Luft sorgen und sich von der Last der aufgestauten Verärgerungen befreien.

Laura hat das Gefühl, sie könnten noch nicht sofort im Wohnzimmer langsam und genüsslich zu ihrer Lieblingsmusik tanzen, bevor sie nicht darüber geredet haben, wie sehr sie sich am letzten Dienstag verletzt fühlte, als Bill leichthin ihre Sorgen über die Kinder abgetan hatte, so als ob sie eine überängstliche Glucke wäre. Bill ist immer noch sauer, weil Laura die Unterlagen für eine Refinanzierung ihres Kredites nicht rechtzeitig zur Bank gebracht hat. Und es steht noch eine lange Diskussion darüber aus, ob es an der Zeit ist, sich ein neues Auto anzuschaffen, wodurch wiederum alle möglichen Themen berührt werden, die mit den Finanzen zu tun haben und alles andere als Spaß machen.

Das heißt, es findet kein genüsslicher Tanz statt, und es wird auch nicht ruhig miteinander geredet – eines dieser langen, geruhsamen Gespräche, bei denen Bill und Laura über alles und nichts reden konnten, wie sie es in ihrer ersten Verliebtheit getan hatten. Stattdessen wird über Probleme gesprochen. Es macht an sich schon keinen großen Spaß, sich über Probleme zu unterhalten, aber unter dem Gefühl des Zeitdrucks wird alles noch schlimmer.

Schließlich haben Bill und Laura alles beigelegt. Und irgendwann am späten Samstagabend schaffen sie es, miteinander zu schlafen. Aber beide geben zu, dass sie sich nicht gerade besonders sexy oder einander sehr nahe gefühlt haben. Sie wollten einfach nicht schon wieder eine Woche ohne Sex verstreichen lassen.

Danach liegen sie Seite an Seite im Bett und versuchen einzuschlafen, und sie fühlen sich etwas traurig und voneinander getrennt, so als ob sie eine wunderbare Gelegenheit verpasst hätten.

Tatsache ist, dass, wenn sie es geschafft hätten, wahrhaftig und von Herzen miteinander zu sprechen, sie hätten sehen können, dass sie vollkommen einer Meinung sind. Jeder von beiden hätte dann in etwa gesagt: *Es ist schlimm genug, dass wir unsere liebe Mühe haben, mit allem zurechtzukommen, aber was dem Ganzen die Krone aufsetzt, ist das Gefühl, alles versucht zu haben und einfach nicht mehr zu wissen, was ich jetzt noch tun kann. Ich habe versucht, meine Zunge im Zaum zu halten; dann wieder habe ich darauf bestanden, uns solange auszusprechen, bis wir total kaputt waren. Ich versuchte, so großzügig wie nur irgendwie möglich zu sein; dann wieder dachte ich, es sei vielleicht besser, mich auf meine eigenen Bedürfnisse zu konzentrieren. Über vieles kann ich hinwegsehen, nur um dann um blöde Kleinigkeiten zu kämpfen. Aber ich gebe mir wirklich alle Mühe. Es ist einfach nicht einzusehen, dass sich all das zu einer Ehe voller Probleme auswächst.*

Bill und Laura sind damit nicht allein. Es mag Unterschiede in den Details geben, aber grundsätzlich teilen viele von uns ihre Hoffnungen, ihre Kämpfe und ihre Verwirrung.

Aber Moment mal, sagen Sie jetzt vielleicht. Kann es wirklich wahr sein, dass die meisten unserer Beziehungsprobleme daher rühren, dass wir nicht genug Zeit miteinander verbringen?

Tja, die Antwort auf diese Frage müssen Sie mir geben ...

3. Haben auch Sie keine Zeit für Ihre Beziehung? Eine Testfrage

Tatsächlich hat heute niemand mehr Zeit für eine Beziehung. In den westlichen Kulturen hetzen wir in einer Weise herum, wie es in der ganzen Menschheitsgeschichte noch nie jemand gemacht hat. Wir verbringen pro Tag immer mehr Stunden und pro Jahr immer mehr Tage bei der Arbeit.

Natürlich versuchen wir, mit diesem Druck bestmöglich umzugehen. Wir erledigen mehrere Dinge gleichzeitig, selbst wenn der dadurch verursachte Stress uns wehtut. Wir essen Fastfood, obwohl wir genau wissen, dass es uns das Leben kosten kann, uns ausschließlich so zu ernähren. Wir opfern dieses, jonglieren mit jenem, und trotzdem reicht die Zeit nie aus.

Jetzt werden Sie vielleicht sagen: „Ich weiß, dass ich sehr beschäftigt bin, aber woran erkenne ich denn, dass es dieser Zeitstress ist, der zu meinen Beziehungsschwierigkeiten führt? Kann es nicht auch sein, dass Menschen einfach nicht mehr miteinander auskommen?"

Ob Ihr Zeitnotstand für die Schwierigkeiten in Ihrer Beziehung verantwortlich ist, lässt sich folgendermaßen gut feststellen: Denken Sie einmal an die letzten Male zurück, bei denen Sie und Ihr/e Partner/in ein schönes Stück freier Zeit miteinander verbringen konnten, nur sie zwei alleine. Vielleicht war das während eines entspannten Urlaubs. Oder als es Ihnen gelang, ein ganzes Wochenende wegzufahren. Oder vielleicht sogar nur, als Sie es schafften, ein paar Stunden für ein ausgiebiges romantisches Abendessen in einem Restaurant freizuschaufeln. Hat es sich da in der Regel besser angefühlt, diese ausgiebige Zeit miteinander als Paar zu verbringen? Oder eher schlechter?

Das ist der Test „Keine Zeit für die Liebe?“ Er wurde im Verlauf meiner Nachforschungen entwickelt und ist ein guter Indikator dafür, ob Ihre Probleme hauptsächlich daher rühren, dass Sie keine Zeit für die Liebe übrig haben oder überwiegend daher, wie gut oder schlecht Sie als Individuen zusammenpassen.

Bei dieser Testfrage geht es natürlich nur um Ihr generelles Muster. Schließlich kann irgendwann irgendetwas auch einmal schief laufen. Selbst das glücklichste Paar der Welt kann einmal mit dem falschen Fuß aufstehen und nach einem dreitägigen Urlaub absolut sauer aufeinander sein. Häufig braucht es dann bei beiden Partnern etwas Zeit, bis man sich wieder aufeinander einschwingt.

Wenn sich jedoch gezeigt hat, dass es Ihnen besser geht, nachdem Sie es Ihnen gelungen ist, eine qualitativ hochwertige Zeit nur zu zweit (ohne Kinder, Freunde, Familie) miteinander zu verbringen, dann hat Ihre Beziehung unter dem Zeitproblem gelitten und nicht darunter, dass Sie nicht den richtigen Partner haben oder einfach nicht zusammenpassen.

Die Antwort auf diese Testfrage gibt Ihnen unmittelbar Klarheit. Wenn sich eine Paarbeziehung in einem gemeinsamen Urlaub verschlechtert, haben die Probleme damit zu tun, wer man als Person ist – man findet zum Beispiel, dass der andere langweilig, gemein, unverantwortlich oder übermäßig kritisch ist – oder dass man einfach nicht zusammenpasst. Unsere persönlichen Probleme begleiten uns ja bekanntermaßen überallhin. Ist also eine Beziehung an sich grundlegend problematisch, werden sich die Probleme umso häufiger zeigen, je mehr Zeit man miteinander verbringt. Dann hat der Zeitstress in Wirklichkeit diese Paare davor bewahrt, zu erkennen, wie schlecht sie miteinander auskommen.

Aber was ist zu tun, wenn Ihre Beziehung in der Regel besser wird, sobald Sie Zeit füreinander haben?

Vielleicht gab es vor einigen Wochen einen Samstagmorgen, an dem Sie früh aufgewacht sind, Kaffee zubereitet haben und einfach noch ein paar Stunden im Bett geblieben sind. Erinnern

Sie sich noch daran, wie Sie gelacht haben? Und wie Sie über Dinge geredet haben, die schon lange nicht mehr zur Sprache gekommen sind?

Vielleicht gab es ein verlängertes Wochenende, an dem die Kinder bei den Großeltern waren. Am Samstag gab es zwar ziemlich viele Dinge zu erledigen, aber Sie verbrachten gemeinsam einen wunderbaren Sonntag. Und ein Großteil des Montags blieb Ihnen noch obendrein. Und Sie waren überrascht, wie viel Spaß Sie miteinander hatten und wie angenehm sich das Zusammensein anfühlte.

In solch einem Fall muss es die veränderte Umgebung sein, die für das unterschiedliche Erleben verantwortlich ist. Sie als Person hatten sich ja nicht verändert. Anders war nur die Tatsache, dass Sie plötzlich entspannte und freie Zeit füreinander hatten. Das Rätsel ist gelöst. Sie sind ein Paar im Zeitstress: Immer wenn es Ihnen gelingt, sich aus der Umklammerung des Zeitdrucks zu lösen, werden Sie wieder das liebevolle Paar, das Spaß miteinander hat wie früher, und das Sie Ihrer ganz tiefen Überzeugung nach auch immer noch sind.

Es ist an der Zeit, uns Gedanken zu machen über die Auswirkungen, die unser Lebensstil der Zeitknappheit auf unsere Beziehungen hat. Allzu lange wurde das Reden über Beziehungen von der Diskussion über die Unterschiede der Geschlechter dominiert. Ich denke, wir haben genug davon, alle unsere Probleme an dem Unterschied zwischen männlich und weiblich aufzuhängen. Seien Sie ehrlich – ist das wirklich unsere größte Herausforderung? Wir haben wirklich längst die Nase voll davon. Die Geschlechter unterscheiden sich voneinander, aber das war schon immer so. Was heute anders ist, ist die Tatsache, dass wir nicht genügend Zeit füreinander haben.

Wir können die Heilung, die unsere Beziehung braucht, nicht länger auf den „Tag X“ verschieben, an dem wir kein Zeitproblem mehr haben werden. Wenn Sie den Test „Keine Zeit für die Liebe?“ bestanden haben, kann diese Heilung sofort beginnen.

Die Testfrage beweist, dass das Monster, das Ihre Beziehung attackiert, in Wirklichkeit ein Papiertiger ist. Als Sie sich ein gutes Stück Zeit füreinander nehmen konnten, hatte das Monster keine Chance. All der ungute Kram, der sich zwischen Ihnen angehäuft hatte, begann dahinzuschmelzen.

Wenn Sie ein Paar im Zeitstress sind, haben Sie wirklich oft das Gefühl, als würde sich ein unsichtbares Monster anschleichen, oder etwa nicht? Und das Schlimmste daran ist, dass Sie zu der Überzeugung gelangen, Ihr Partner sei das Monster, und Ihr Partner wiederum sicher ist, dass Sie das Monster seien. Und das Monster selbst beobachtet Sie beide, wie Sie aufeinander losgehen und macht sich darüber lustig.

So sieht das Monster in Aktion aus. Es wird gezeugt durch die Schwierigkeiten, die wir haben, einander zu lieben, während wir als Paar im Zeitstress leben. Wir haben uns selbst und dem anderen viel zu lange Vorwürfe für unsere Probleme gemacht.

Natürlich fühlt es sich manchmal berechtigt an, dem anderen etwas vorzuwerfen. Das alles ist nur so gekommen, weil mein/e Partner/in ein Blödmann, eine Meckerziege, ein Langweiler, eine Spinnerin, ein faules unselbständiges Kind ist – ergänzen Sie hier Ihr persönliches Etikett. Aber Vorwürfe haben uns offensichtlich nicht weitergeholfen. Sie haben absolut nichts geklärt. Wenn Sie die Tatsache nicht begreifen, dass der Zeitstress, unter dem Sie als Paar stehen, für die meisten Ihrer Beziehungsprobleme verantwortlich ist, werden Sie niemals in der Lage sein, herauszufinden, warum die Dinge zwischen Ihnen schief laufen und was Sie dagegen unternehmen können.

Manchmal spielen wir das Spiel mit den Vorwürfen auf eine etwas anspruchsvollere Art. Wir behaupten, die Probleme träten auf, „weil wir Kommunikationsschwierigkeiten haben“ oder „weil wir einfach zu verschieden sind“. Wir konzentrieren uns dann auf Lösungen, die die Kommunikation verbessern oder die Verschiedenheiten überbrücken sollen, als ob wir damit an die Wurzel des Übels gelangten. Was aber könnte zur Lösung Ihrer Probleme beitragen?

Sicherlich stimmt es, dass manche Menschen Schwierigkeiten haben, miteinander zu kommunizieren. Und es passiert sehr leicht, dass sich zwei Menschen wie Geschöpfe von einem anderen Stern vorkommen. Aber schauen wir noch einmal genau hin, ob das wirklich ein einleuchtender Grund für all die Schwierigkeiten ist, die wir bei Paaren im Zeitstress erleben.

Zwei Menschen verlieben sich und heiraten. Irgendetwas muss zwischen ihnen gewesen sein, was sie in die Lage versetzt hat, alle Hürden zu überwinden, die sich ihnen in der Zeit zwischen der ersten Verabredung und dem Hochzeitstag in den Weg gestellt haben. Wie viele Menschen sind es denn überhaupt, die nach einer ersten Verabredung so weit kommen, dass sie schließlich für immer zusammenbleiben wollen? Herzlich wenig. Die Paare, die diesen schwierigen Parcours gemeistert haben, haben in der Regel das Gefühl, dass dies nur möglich war, weil sie so gut miteinander kommunizieren konnten und in vielerlei Hinsicht so gut zusammenpassten.

Die überwiegende Mehrheit der Paare, die in Problemen stecken, hatte anfangs keine Schwierigkeiten. Jeder Versuch, zu verstehen, was mit den Beziehungen geschieht, muss sich mit dieser grundlegenden Tatsache auseinander setzen. Irgendetwas verursacht in einer ansonsten starken, gesunden Beziehung Probleme. Und dieses „irgendetwas" liegt möglicherweise nicht an den Menschen an sich, weil wir wissen, dass es eine Zeit gab, in denen sie prima miteinander auskamen.

Wir sollten uns nichts vormachen: Wenn Sie in einer Ehe oder festen Beziehung mit jemandem feststecken, der kein guter Mensch ist oder Ihnen nicht gut tut, sollten Sie diese Beziehung verlassen. Es kann eine Weile dauern, bis Sie die Wahrheit erkennen, aber Sie besitzen nur dieses eine Leben, und Sie sollten nicht Tag um Tag davon mit der falschen Person verbringen.

Meistens trifft das soeben Gesagte allerdings nicht zu. Sie sind sehr wohl mit der richtigen Person zusammen. Sie wussten, was Sie taten, als Sie sich verliebten und eine feste Bindung eingingen. Ich möchte hier nichts vereinfachen, aber wenn Sie so gelagert sind wie die meisten von uns, sind Sie trotz all Ihrer Unvollkommenheiten eine Verpflichtung zugunsten eines anderen Menschen eingegangen, der wiederum seinerseits über eine Reihe von Unvollkommenheiten verfügt. Und das taten Sie, weil es trotz aller Unvollkommenheiten viel Gutes gab. Ich bin ganz sicher, dass Sie wegen dieser guten Dinge eine feste Bindung eingegangen sind, nicht, weil sie nicht auch daran gedacht haben, dass es auch Schlechtes gibt. Aber weil Sie an das Gute geglaubt haben – zum Beispiel an das warme Lächeln Ihres Partners, seinen Humor, seine Ehrlichkeit und Loyalität und Güte, ein gesundes Maß an gesundem Menschenverstand, an eine einigermaßen stimmige sexuelle „Chemie" zwischen Ihnen und eine Reihe gemeinsamer Interessen. Diese Dinge sind letztlich ausschlaggebend dafür, dass man die komplexen Überlegungen anstellt, die schließlich dazu führen, für immer mit einem anderen Menschen zusammensein zu wollen.

Und fünfundzwanzig Jahre Erfahrung als Paartherapeutin haben mir gezeigt, dass das Gute, was Sie beide in Ihre Beziehung mitgebracht haben, immer noch vorhanden ist. Ich weiß, manchmal ist das schwer zu glauben. Zunächst wird meistens ignoriert, wenn sich Ärger und Distanz einschleichen, etwas später versucht man, die Dinge wieder zu richten, und schließlich wird man möglicherweise wütend nach außen, aber traurig und verängstigt im Inneren, so als ob jemand, der Ihnen sehr viel bedeutet, sehr krank wäre. Aber alle diese Reaktionsweisen helfen letztlich nicht.

Der Prozess der Heilung könnte unmittelbar einsetzen, wenn wir verstehen würden, dass weder mein/e Partner/in noch ich selbst der Schuldige ist – es ist unsere Lebensführung, die Probleme erzeugt. Wir sind gute Menschen, wir lieben uns und es gibt immer noch Zeiten, in denen zwischen uns alles phantastisch ist. Im Grunde fehlt unserer Beziehung nichts. Wir müssen nur herausfinden, wie es zwischen uns auch dann funktionieren kann, wenn wir nicht viel Zeit füreinander haben.

Wenn wir uns mit dieser Einstellung einander nähern würden – im anderen nicht den Feind zu sehen, sondern sich zusammen dem gemeinsamen Feind zu stellen –, würde sich das Beziehungsklima sofort verbessern. Es gäbe weniger Enttäuschungen und mehr Hoffnung. Wir wüssten, auf was wir unsere Aufmerksamkeit richten müssten, und das Problem gemeinsam anzupacken würde sich viel besser anfühlen als diese ermüdenden Kämpfe darüber, wem man was vorwerfen kann.

Jetzt wissen Sie wenigstens, wem Sie die Schuld geben können. Wenn Sie sich also das nächste Mal dabei ertappen, wie Sie sich hektisch und unter Druck gegenseitig anschnauzen, könnte die Situation entschärft werden, wenn Sie sich Ihrem Partner zuwenden und sagen: „Das ist nur unser Zeitstress!"

Das nächste Mal, wenn Sie anfangen, sich einfach nur mies zu fühlen, weil Sie das Gefühl haben, dass Sie sich zu weit voneinander entfernt haben, können Sie sich ein besseres Gefühl verschaffen, indem Sie sich sagen „Das ist nur unser Zeitstress!"

Das nächste Mal, wenn Sie beide sich in einem Morast von Negativität und Klagen wiederfinden, schalten Sie um, indem Sie sagen: „Das ist nur unser Zeitstress!"

Das nächste Mal, wenn Sie beide sich in guter Absicht zusammensetzen, um etwas zu besprechen und dann doch wieder nur ein Wort das andere gibt, so dass Sie schließlich im schlimmsten Streit enden, erinnern Sie sich daran „Das ist nur unser Zeitstress!"

Beim nächsten Mal, wenn sich das Gefühl einschleicht, dass es auf irgendeine mysteriöse Weise kalt und stachlig und unangenehm zwischen Ihnen geworden ist, obwohl keiner von Ihnen es so möchte, sagen Sie sich: „Das ist nur unser Zeitstress!"

Wenn Sie ein ebenso pragmatischer Mensch sind wie ich, dann wollen Sie in dem Moment, in dem Ihnen klar wird, dass

Ihr Zeitstress Ihre Beziehung belastet, wissen: Okay, und was kann ich nun dagegen tun?

Wir können nicht eine wunderbare Zeitvermehrung herbeiführen. Ebenso wenig können wir so weitermachen wie bisher, indem wir unsere Beziehung auf Diät setzen.

Zunächst hatte ich nicht einmal in meiner eigenen Ehe Antworten darauf, wie dieses Problem zu lösen sei, aber diese Frage ließ mich nicht mehr los. Mein Berufsleben hatte ich damit verbracht, Antworten auf solche Probleme zu finden. Und ich habe gelernt, ein Optimist zu sein. Ich war mir sicher, dass es irgendwo da draußen gute Antworten geben müsse. Und schließlich habe ich sie auch gefunden.

In unseren Forschungen, die wir am Chestnut Hill Institut durchführen (dessen Klinische Leiterin ich bin), gehen wir immer davon aus, dass, ganz egal, mit welchen Problemen wir kämpfen, es immer irgendwo Menschen gibt, die diese Probleme bereits gelöst haben. Wenn wir diese Menschen nur ausfindig machen können und lernbereit sind, können wir von ihnen erfahren, was wir brauchen, um die gleichen Probleme in unserem Leben zu lösen.

Ich dachte, das müsste auch für das Problem der Paare im Zeitstress gelten. Und deshalb habe ich mir zwei Gruppen von Paaren angeschaut. Alle standen unter Zeitstress – keines von ihnen erfreute sich des Müßiggangs. Ich befragte jeden dieser Partner, was es für ihn oder sie bedeutet, eine Beziehung im Zeitstress zu leben. Ich wollte alles bis ins kleinste Detail erfahren.

Für die Beschreibung der Beziehung im Zeitstress wurden Begriffe verwendet wie angespannt, gehetzt, geschäftsmäßig, distanziert, verunsichert. Die von mir befragten Männer und Frauen beschrieben beispielsweise, dass sie bei Telefongesprächen meist kurz angebunden und problemorientiert waren und diese nicht als Gelegenheit nutzten, einander näher zu kommen. Im Allgemeinen hatten sie seltener Geschlechtsverkehr, als sie eigentlich wollten und gingen dabei auch weniger sinnlich miteinander um, als sie es sich eigentlich wünschten. Ein häufig geäußerter Eindruck war, dass der Abschiedskuss morgens des öfteren ausfiel.

Ich versuchte zu verstehen, was mir präsentiert wurde. Sollte es Menschen, die sich lieben, die sich die Zeit genommen haben, einander auszuwählen, die bewiesen hatten, dass sie in der Anfangszeit ihrer Beziehung gut miteinander ausgekommen sind, nicht gut miteinander gehen? Die meisten taten sich jedoch schwer miteinander. Ich hörte Geschichten wie die folgende:

- „Lisa ist sauer auf mich, weil ich so spät heimkomme. Ich sage ihr immer, ich habe so viel Arbeit. Aber in Wahrheit hänge ich im Büro rum, weil ich so müde bin und genau weiß, dass beim Nachhausekommen so viel erledigt werden muss und wir uns dann irgendwann wieder auf die Nerven gehen. Dadurch, dass ich so spät heimkomme, haben wir natürlich noch weniger Zeit füreinander."

- „Ich glaube, wir haben uns seit Wochen immer um das Gleiche gestritten. Wir wurden sauer aufeinander wegen diesem oder jenem, aber die Zeit reichte nie aus, uns wirklich darüber auseinander zu setzen, so dass wir schließlich ganz vergessen haben, um was es denn eigentlich geht. Wir wissen nur noch, dass wir sauer aufeinander sind. Aber wir erinnern uns noch nicht einmal mehr daran, was wir uns anschauen sollten, um es lösen zu können."

- „Wann Thomas angefangen hat, so auf mir herumzuhacken wie jetzt? Das ist schon schrecklich lange her. Wir haben beide soviel zu bewältigen und es ist für ihn wichtig, dass ich immer auf dem neusten Stand der Dinge bin, und ich bin nun einmal nicht so ein superorganisierter Mensch wie er. Und wir streiten uns einfach darüber, wer was machen sollte und wann. Und dann wundert er sich darüber, dass ich keine Lust auf Sex mit ihm habe."

- „Wir sind nie im gleichen Rhythmus. Robert kommt später von der Arbeit nach Hause als ich, aber vielleicht kann er sich auf der Heimfahrt im Zug ausruhen – auf jeden Fall hat er gegen 21.00 Uhr seinen toten Punkt überwunden und möchte dann, dass wir Zeit füreinander haben. Zu der Zeit bin ich aber bereits total kaputt und zu nichts mehr zu gebrauchen. Er fühlt sich dann zurückgewiesen oder glaubt, eine Versagerin geheiratet zu haben. Das ist unser ewiger Streit."

Aber es muss nicht automatisch so sein. Ich habe auch mit Menschen gesprochen, denen es gut miteinander ging, obwohl sie eine Beziehung im Zeitstress lebten. Diese erfolgreichen Partner passten nicht besser zusammen oder hatten bessere Gene oder mehr Glück oder irgendetwas anderes, was die anderen Paare oder Sie nicht besitzen. Was also machen sie anders?

DIE LÖSUNG

4. Die Geheimnisse der Paare, die ihre Liebe über den Alltag retten

Arme Jenny – sie erlebte zweimal eine Beziehung im Zeitstress! Beide Ehen ähnelten sich darin, dass es um eine Beziehung zwischen zwei extrem beschäftigten Menschen ging. Beide hatten mit großen Hoffnungen begonnen. Jenny konnte sich daran erinnern, vor dem Traualtar gedacht zu haben „Ich liebe ihn wirklich. Wir passen so gut zusammen. Es wird einfach traumhaft sein!"

Die erste Ehe endete jedoch mit einer Scheidung. Die zweite dagegen war nach acht Jahren immer noch zufriedenstellend. Wie ist das möglich?

Jenny wiederholt, was auch andere erfolgreiche Paare im Zeitstress berichten:

„Wenn ich heute auf meine erste Ehe zurückschaue, bin ich verblüfft, was ich alles falsch gemacht habe in der festen Überzeugung, es sei genau das richtige. Zunächst einmal habe ich um der Beziehung willen mein eigenes Selbst geopfert. Dann habe ich mit meinem Mann um viele Dinge gekämpft, vollkommen überzeugt davon, dies sei für eine Beziehung gesund. Dabei war es sehr ermüdend, und bald war ich so weit, mich nicht einmal mehr für schöne Dinge einzusetzen. Als die Erschöpfung noch größer wurde, habe ich meinen Mann überhaupt ganz ausgeklammert. Allein schon das Reden mit ihm war mir zu stressig. Ich versuchte, das, was mich an ihm ärgerte, so lange wie möglich zu ignorieren. Aber natürlich kam ich ab und zu einfach an meine Grenze und bin dann explodiert. So pendelten wir schließlich zwischen schlimmen Auseinandersetzungen und zu großer Distanz hin und her. Und trotzdem dachte ich immer noch, wir würden es letztlich schaffen. Ich war davon überzeugt, wenn wir uns nur liebten, wäre die Beziehung eines Tages einfach da, wenn wir mehr Zeit füreinander hätten. Wie töricht ich war!

In meiner zweiten Ehe jetzt mache ich jetzt vieles ganz anders.

Ich achte genau darauf, dass ich sehr gut für mich sorge – so dass ich auch etwas zu geben habe.

Ich habe aufgehört, Dinge zu tun, die unserer Beziehung schaden könnten. Mit unserem Lebensstil haben wir einfach keine Zeit, erst etwas zu vermasseln, was wir hinterher wieder aufräumen müssen. Ich konzentriere mich viel mehr darauf, möglichen Schaden zu vermeiden. Außerdem – worin soll der Wert liegen, der Beziehung zu schaden, nur um winzige Dinge bei sich selbst oder beim Partner zu verbessern? Damit zerstört man nur die Fähigkeit, sich aneinander zu freuen.

Und es ist für mich inzwischen das Allerwichtigste geworden, so viele schöne Momente wie möglich in die gemeinsame Zeit hineinzuzwängen, koste es, was es wolle.

Im Großen und Ganzen erlebe ich mich entspannter, weniger problemorientiert und viel stärker auf das Positive konzentriert. Man muss einfach besser für sich selbst sorgen, sich über vieles freuen und aufhören, um belanglose Details zu streiten. Ich denke, das sind ganz brauchbare Ratschläge für Paare, die versuchen, trotz ihres geschäftigen Lebens eine gute Beziehung zu führen."

Jennifer beschreibt exemplarisch, was alle erfolgreichen Paare im Zeitstress herausgefunden haben:

Sehen Sie's doch mal so:
Beziehungen scheitern dann, wenn es an positiver Energie mangelt. Das ist die grundlegende Erkenntnis, die dazu führen kann, auch in unserer Welt ständiger Zeitknappheit ausreichend Liebe zu bekommen. Erfolgreiche Paare im Zeitstress sorgen bei allem, was sie tun, dafür, entweder die positive Energie zu vermehren oder die negative Energie zu reduzieren.

Eine Beziehung ist wie ein Baby. Jeder Kinderarzt wird Ihnen sagen, dass ein Baby im Grunde genommen ein ziemlich zähes Wesen ist. Ohne Nahrung jedoch wird es unweigerlich sterben.

Analog dazu stellen Paare mit einem Lebensstil, bei dem es ständig an Zeit mangelt, fest, dass ihre Beziehung sich stetig verschlechtert, wenn die emotionale Komponente fehlt. Das rührt daher, dass so viele der äußeren Einflüsse, denen ein Paar im Zeitstress ausgesetzt ist, Energieräuber sind. Paare im Zeitstress leben keine normale Beziehung, der einfach nur etwas Zeit fehlt. Sie haben eine völlig andere Art der Beziehung, denn dort, wo sehr viel weniger Zeit zur Verfügung steht, geben wir uns selbst nichts, haben keine Zeit, unserem Partner etwas zu geben, und werden aufgrund des Stresses, dem wir ausgeliefert sind, schneller aggressiv aufeinander.

Wir lieben uns immer noch, aber unser Alltag lenkt uns immer wieder davon ab, die Dinge zu tun, von denen wir wissen, dass sie für die Pflege der Beziehung wichtig wären. Das Beispiel eines Musikers, der sein Cello im Wert von einer Million Dollar versehentlich über Nacht auf seiner Terrasse stehen ließ, zeigt, wie leicht wir uns vom Wesentlichen ablenken lassen. (Am nächsten Morgen war das Cello natürlich nicht mehr da). Man sollte meinen, so etwas ist unmöglich, aber Yo-Yo Ma hat einmal sein ebenso wertvolles Cello im Zug vergessen, und der Violinist Gidon Kremer hat auch schon einmal seine Stradivari in einem Taxi liegen gelassen. Menschen gehen mit ihrer Beziehung manchmal ebenso nachlässig um, obwohl eine gute Beziehung seltener und noch kostbarer ist als eine wunderbare Violine. Es ist erstaunlich, wie leicht man das aus dem Auge verliert, was einem am wichtigsten ist, sobald man unter Druck steht.

Nun aber zu der guten Nachricht. Sie brauchen gar keine *Unmengen* an positiver Energie, um Ihre Beziehung gesund zu halten. Sonst gäbe es nur sehr wenig erfolgreiche Paare im Zeitstress. Sie müssen Ihre Beziehung nur mit *ein wenig* positiver Energie nähren, gerade so viel, dass die negative Energie neutralisiert wird. Und das muss regelmäßig geschehen.

Was also ist das Geheimrezept der erfolgreichen Paare im Zeitstress?

Ich habe herausgefunden, dass sich die Strategien, die diese Paare anwenden, um positive Energien fließen zu lassen, in vier Kategorien einteilen lassen.

Die erste hat damit zu tun, *gut für sich selbst zu sorgen*. Erfolgreiche Paare im Zeitstress haben es sich zur Priorität gemacht, dass jeder zunächst einmal gut für sich selbst sorgt und sehr darauf achtet, seine wichtigsten Bedürfnisse erfüllt zu bekommen. Das klingt paradox: Wir reden hier von Paaren, die eine an Zeit und Aufmerksamkeit ausgehungerte Beziehung leben, die aber verstanden haben, dass ihnen keine Energie füreinander zur Verfügung steht, solange ihr eigenes Reservoir nicht zuerst wieder aufgefüllt ist. Kurzfristig gesehen verbleibt ihnen dadurch zwar noch etwas weniger Zeit für die Beziehung, was sich langfristig gesehen jedoch auszahlt. Natürlich kostet es Zeit, sich selbst etwas Gutes zu tun, aber es kann in der Beziehung gar nichts Gutes geschehen, bevor sie nicht erst einmal für sich selbst gesorgt haben. Das ist die notwendige Grundlage.

Der zweite Punkt hat damit zu tun, *aus alten Mustern auszubrechen*. Erfolgreiche Paare im Zeitstress haben eingesehen, wie demoralisierend es ist, immer wieder in den gleichen negativen Mustern stecken zu bleiben, sich immer wieder die gleichen Dinge auf die gleiche Art und Weise vorzuhalten und dadurch Schwierigkeiten miteinander zu bekommen. Diese sich wiederholenden Muster zerstören genau jene Hoffnung, die man braucht, um positive Energie in der Beziehung aufzubauen, vor allem dann, wenn man nur so wenig gemeinsame Zeit hat. Sobald diese Paare jedoch gelernt hatten, ihre alten Muster zu unterbrechen, stand ihnen wieder mehr Zeit und mehr positive Energie zur Verfügung. Das verstärkte die Hoffnung.

Der dritte Teil ihrer Strategie, positive Energie aufzubauen, bestand darin, *viele verschiedene Wege zu finden, auf denen sie in der knappen gemeinsamen Zeit Nähe herstellen, sich neu an Intimität herantasten und ihre Liebe füreinander spüren konnten.* Es ging nicht darum, dem Beisammensein alter Art höchste Priorität einzuräumen. Vielmehr machten diese Paare es zur obersten Priorität, ihr Zusammensein *positiv* zu gestalten. Sie haben bewiesen, dass die Qualität der gemeinsam verbrachten Zeit viel wichtiger ist als die Quantität. Sie haben überraschend kreativ herausgefunden, wie sie sogar unter Stress positive Energie aufbauen können, sogar dann noch, wenn sie über den anderen verärgert waren. Solche Erfahrungen führen zu einem Gefühl unerschöpflicher Liebe.

Der vierte Teil der Strategie zur Energiegewinnung war die Verpflichtung, *nichts zu sagen oder zu tun, was ihrer Beziehung schaden könnte.* Natürlich schädigt niemand seine Beziehung absichtlich. Aber die meisten Paare im Zeitstress unterlassen es, ihre Beziehung zu schützen. Nicht, weil sie ihnen egal wäre. Sondern einfach, weil sie nicht wissen, wie sie sich anders verhalten könnten. Und wenn sie dann abends spät heimkommen oder müde sind oder feststellen, dass der andere vergessen hat, die längst überfällige Rechnung zu bezahlen, steht die Sorge um die Beziehung immer nur an zweiter Stelle. Das aber tut der Gesundheit einer Beziehung nicht gut.

Erfolgreiche Paare im Zeitstress haben erkannt, dass sie nur mit einem begrenzten Maß an Energie arbeiten können. Jeder noch so kleine Moment von negativer Energie – Energie, die in Ärger, Frustration oder Kälte gebunden ist – bedeutet, sehr viel weniger Zeit und Raum für positive Energie zu haben.

Aus genau diesem Grund räumen die erfolgreichen Paare dem Schutz ihrer Beziehung vor Schädigungen höchste Priorität ein. Sie haben für sich einen Weg gefunden, wie sie am besten miteinander umgehen, wenn sie völlig ausgepowert sind, wie sie Ungeduld und Reizbarkeit in Schach halten und wie sie sich davor schützen, sich in schmerzhafte Konflikte zu verwickeln. Weniger Verletzungen in der Beziehung geben beiden Partnern mehr Gelegenheit, sich aneinander zu freuen.

Diese vierteilige Strategie zur Vermehrung positiver Energie hat bei den erfolgreichen Paaren im Zeitstress nicht nur dazu ausgereicht, den Zeitmangel irgendwie zu überleben, sondern sogar dazu, die Beziehung weiter zu entwickeln. Und das ist schon alles – mehr brauchen Sie gar nicht. Sie haben den Test „Keine Zeit für Liebe" bestanden. Sobald Sie ausreichend Zeit füreinander haben, geht es Ihnen miteinander besser. Im Land der Liebe passen Sie gut zueinander. Ihre Beziehung ist noch lebendig, selbst wenn es schon eine Weile her ist, dass Sie vor lauter Verliebtsein eine Gänsehaut bekommen haben. Sie besitzen immer noch alles, was Sie brauchen, um reichlich Liebe zu entwickeln.

Erinnern Sie sich noch daran, wie die Idee *Sei du selbst* in Ihrer Beziehung funktioniert hat? Die oben beschriebene vierteilige Strategie versetzt Sie in diese Zeit zurück. Die hier angebotene Hilfe soll Sie nicht als Person verändern. Sie soll Ihnen nur dabei helfen, Ihr freies, natürliches, einfaches Selbst aus der Zeit vor dem Leben im Zeitstress, das noch voller Selbstvertrauen war, in Ihre jetzige Lebensrealität der Zeitknappheit zu integrieren.

Sobald Sie das tun, kann sich Ihr Traum einer großartigen Beziehung erfüllen. Eines der Markenzeichen für eine wunderbare Beziehung ist für die meisten von uns gegenseitige Ehrlichkeit.

Zugegeben – manchmal kann es ganz schön hart sein, Ehrlichkeit zu ertragen. Aber Ehrlichkeit ist der Boden, aus dem echte Nähe erwächst. Deshalb ist die gegenseitige Ehrlichkeit so wichtig. Nicht als abstraktes moralisches Prinzip. Sondern aufgrund ihrer Kraft, ein tiefgehendes und nachhaltiges Gefühl der Nähe herzustellen. *Das* ist die Art Ehrlichkeit, die Sie und ich haben möchten. Nicht die unproduktive Art, in der sich zwei Menschen ärgerliche Wahrheiten an den Kopf werfen, und dann, wenn der Partner verletzt ist , sagen: „Hey, ich war doch bloß ehrlich." Hier geht es um eine Ehrlichkeit, die Früchte trägt, indem sie zu weiterer Aufrichtigkeit führt, so dass sich beide Partner sicher genug fühlen, ihre Gedanken und Gefühle auszusprechen, und sich so akzeptiert fühlen, wie sie sind. Dann führt der offene Umgang miteinander zu echter Nähe.

GUT FÜR SICH SELBST SORGEN

5. Die eigenen Batterien wieder aufladen

Susanne fährt jeden Abend auf dem Heimweg an der Ausfahrt zum Flughafen vorbei. Und jedes Mal, wenn sie sich dieser Ausfahrt nähert, hat sie die Phantasie, ihrem Steuerrad einen Ruck nach rechts zu geben, zum Flughafen zu fahren und dort in das erstbeste Flugzeug zu springen, das sie ganz weit weg bringt.

In Wirklichkeit würde Susanne das natürlich nie tun, sie liebt ihren Mann und ihre Kinder. Und außerdem ist sie ein sehr verantwortungsvoller Mensch. Sie sagte mir, es sei für sie unvorstellbar, jemals etwas so Verrücktes und Verletzendes zu tun wie einfach wegzulaufen.

Warum ist Susanne dennoch jedes Mal, wenn sie an dieser Ausfahrt vorbeifährt, ein wenig enttäuscht? Weil sie für etwas steht, was sie ganz verzweifelt bräuchte – einmal alles völlig hinter sich lassen zu können, sich nicht mehr so überwältigt zu fühlen, irgendwohin zu entkommen, wo man endlich einmal richtig ausspannen kann.

Wie für jeden Menschen, der im Zeitstress lebt, ist auch für Susanne alles zuviel geworden. Ihr Leben hat ein solches Tempo erreicht, dass sie kaum zum Atmen kommt. Sie ist von Menschen umgeben, die anscheinend noch das letzte bisschen Energie aus ihr herausholen wollen. Natürlich würde das niemand so sagen. Am Arbeitsplatz müssen die Dinge einfach erledigt werden. Und auch die Kinder sind nicht „besonders anspruchsvoll", sie sind halt einfach nur Kinder. Und ihr Ehemann Mark ist vollständig erwachsen – warum sollte sie annehmen, er stecke voller Bedürfnisse?

Aber Susanne hat dieses Gefühl. Mark möchte immer mit ihr darüber reden, was getan werden muss. Er braucht sie als Zuhörerin, wenn er von den Problemen bei der Arbeit erzählt. Er hat das Bedürfnis, ihr seine Theorien über irgendetwas, was gerade irgendwo in der Welt geschieht, zu erklären. Er verlangt von ihr, dass sie ihn mit Samthandschuhen anfasst, weil seine angespannten Nerven das Wichtigste auf der Welt seien.

Wie sollte irgendjemand in der Lage sein, all diese Bedürfnisse verschiedenster Menschen zu erfüllen? Susanne aber bemüht sich darum. Jeden Morgen und jeden Abend nimmt sie sich vor, die gute, fürsorgliche, effiziente Person zu sein, die sie gerne sein möchte. Aber viel zu häufig ist sie von sich selbst enttäuscht. Und eines Abends, als sie wieder einmal herumhetzt und Mark sie plötzlich fragt, „Wo ist die Zeitung?“, rastet sie aus. Sie schnauzt ihn an, als ob er ein fürchterliches Verbrechen begangen hätte: „Du hast doch selber Augen im Kopf. Bin ich etwa deine Mutter? Such sie doch selber.“

In gewissem Sinn hat Mark tatsächlich etwas Fürchterliches getan, wenn natürlich auch vollkommen unabsichtlich: er hat jemanden, der selbst nichts mehr geben konnte, um etwas gebeten. Und dadurch bekam das im zweiten Kapitel beschriebene Monster erneut eine Gelegenheit, aus den Tiefen der Zeitknappheit aufzutauchen und einen Angriff auf die Fähigkeit, sich zu lieben, zu starten.

So gesehen war Susannes Instinkt, ins Flugzeug zu springen, eigentlich völlig in Ordnung. Nicht, dass es richtig wäre, die Familie im Stich zu lassen. Aber sie hatte Recht mit dem Gefühl, ihre Batterien wieder aufladen zu müssen. Das ist eine der wichtigsten Voraussetzungen dafür, das Leben als Paar im Zeitstress erfolgreich zu bewerkstelligen.

Sehen Sie's doch mal so:
Sie können Ihrem Partner nichts geben, solange Sie nichts zu geben haben. Deshalb müssen Sie dafür sorgen, Ihre Batterien wieder aufzuladen, indem Sie etwas tun, was Sie entspannt, Ihre Seele nährt, Ihre gereizten, überanspruchten Emotionen beruhigt und Sie wieder zu sich selbst kommen lässt. Und das gehört an die erste Stelle.

Stellen Sie sich das einmal vor! Ihre Beziehung ist ausgehungert, weil Sie zu wenig Zeit für sie haben, und trotzdem sollen Sie hingehen und sich als Allererstes von dieser ach so raren Zeit noch etwas abzwacken, um sich zu entspannen und für sich selbst zu sorgen.

Und doch ist das äußerst sinnvoll. Denken Sie einmal darüber nach. Je weniger gemeinsame Zeit Ihnen verbleibt, desto wichtiger ist es, dass diese Zeit wirklich qualitativ hochwertig ist. Und deshalb müssen Sie paradoxerweise von dieser kostbaren gemeinsamen Zeit noch etwas abgeben, wenn die Zeit, die Sie danach miteinander verbringen, sich dadurch qualitativ besser anfühlt. Wie wollen Sie eine phantastische Beziehung haben, wenn Ihr Beitrag darin besteht, nur noch ausgepowert zu sein und nichts mehr geben zu können?

Angenommen, es wäre genau anders herum. Angenommen, Ihr Mann käme heim und sagte: „Schatz, mit all dem Druck und der Hetze, die ich heute hatte, kann ich dir im Moment gar nichts bieten. Wir hätten zwar jetzt Zeit füreinander, aber wäre es nicht besser, ich würde erst meine Batterien wieder auffüllen, so dass ich auch wirklich etwas zu geben habe, wenn wir uns in einer Stunde oder morgen Zeit füreinander nehmen?"

Was würden Sie antworten? Dass Sie lieber eine Stunde mehr mit jemandem zusammen sind, der nichts zu geben hat oder lieber weniger Zeit mit jemandem, der etwas anzubieten hat? Ich wüsste, was meine Wahl wäre.

Außerdem kennen Sie so etwas ja bereits. Erinnern Sie sich noch an Ihre ersten Verabredungen? Wenn Sie von der Arbeit grantig und erschöpft nach Hause kamen, haben Sie eine Verabredung abgesagt. Damals haben Sie zu diesem Mittel gegriffen, weil Sie genau wussten, wie gefährlich es gewesen wäre, dies *nicht* zu tun.

Und doch lassen wir uns immer wieder darauf ein, Zeit miteinander verbringen zu wollen, ohne zuvor dafür zu sorgen, unsere Batterien wieder aufzuladen. Es besteht das Risiko, dass all unsere schlechten Seiten dabei zum Vorschein kommen. Und dass wir bei der kleinsten Verunsicherung oder Enttäuschung völlig ausrasten. Und wenn wir es dann dem anderen so richtig geben, behaupten wir, wir würden nur unsere wahren Gefühle ausdrücken. Aber mal ehrlich: Bei genauerem Hinsehen wissen wir genau, dass wir in solchen Situationen das Wort Wahrheit missbrauchen. Hier geht es nicht um Wahrhaftigkeit. Es ist eine verquere Wahrheit, die wir als Rechtfertigung einsetzen, wenn wir so kaputt und gereizt und leer sind, dass wir uns zu jeder Aussage hinreißen lassen. Die Gefühle, die wir an unserem Partner auslassen, haben nichts mir ihrem oder seinem Verhalten zu tun und auch nichts mit seinem Charakter.

Ein Mann drückte es einmal folgendermaßen aus: „Wenn ich auf diese Art explodiere, kommen in den seltensten Fällen meine authentischen Gefühle zum Vorschein. Vielmehr nehme ich die Verärgerung des Tages und schmeiße sie meiner Frau an den Kopf. Manchmal werde ich sogar nicht einmal wegen eines bestimmten Themas wütend, sondern einfach nur, damit sie mich verflixt noch mal endlich in Ruhe lässt."

Was also, meinen Sie, ist besser für Ihre Beziehung? Die Entscheidung, zuerst die Batterien aufzufüllen? Oder sich in eine Situation zu bringen, die fast zwangsläufig in einem Streit mit Ihrem Partner endet?

Vielleicht haben Sie an dieser Stelle einen ziemlich heiklen

Einwand. Einerseits lasse ich mich ausgiebig darüber aus, dass kein Mensch mehr Zeit hat, und gleichzeitig erzähle ich Ihnen, Sie müssten sich einige Zeit für sich selbst nehmen. Wie können Sie das schaffen?

Meine Antwort darauf ist: Es geschieht täglich. Berater für Zeitmanagement behaupten, man könne immer die Zeit für das finden, was einem am allerwichtigsten ist, indem man einige der weniger wichtigen Dinge fallen lässt. Ich weiß nicht, wie Ihr Leben im Einzelnen aussieht. Aber ich möchte wetten, dass Sie manchen Dingen Zeit zugestehen, die weitaus weniger wichtig sind als das Aufladen Ihrer Batterien.

Angenommen, Sie sorgen nicht für sich selbst. Angenommen, Sie schleppen sich weiterhin mit verbrauchter Batterie durch Ihre Beziehung. Denken Sie, Sie müssten keinen Preis dafür zahlen? Für Paare im Zeitstress ist dies der Weg zur Trennung. Überlegen Sie doch einmal: Wenn zwei Menschen zusammenkommen, die nichts mehr geben können, aber das Bedürfnis haben, vom anderen etwas zu bekommen, kann jeder von beiden am Ende nur verärgert und enttäuscht zurückbleiben. Sollten Sie jemals damit experimentiert haben, mit bedeutend weniger Schlaf auszukommen (weil Schlafen eine solche Zeitverschwendung ist – ich darf gar nicht daran denken, wie viel mehr ich geschafft bekäme, wenn ich pro Nacht zwei Stunden weniger schlafen würde), dann wissen Sie, was für eine Katastrophe es normalerweise ist, Tag für Tag ohne voll aufgeladene Batterien durchzuhalten.

Viele Menschen bringen als Entschuldigung dafür, dass sie ihre Batterien nicht aufladen, vor, sie könnten sich das, was sie dazu bräuchten, nicht leisten. Das ist der Zwei-Wochen-Strandurlaub-Trugschluss. In Wahrheit müssen Sie Ihrem Alltag nicht erst großartig entkommen, um neue Energie zu tanken. Vielleicht sind Sie überrascht darüber, wie wenig es dazu braucht. Ich kenne einen sehr entschlossenen Mann, der dieses Problem dadurch gelöst hat, dass er sich ein Fahrrad gekauft hat und jeden Abend eine halbstündige Runde durch die Nachbarschaft dreht.

Sie wissen, wie das ist, wenn man extrem hungrig ist: Man glaubt, mindestens eine Tonne Lebensmittel verdrücken zu können, um dann nur allzu bald erstaunt festzustellen, dass man bereits satt ist. Das Aufladen der Batterien funktioniert genauso. Deshalb konnte Susanne auch verstehen, dass sie nicht ins nächste Flugzeug springen und ihrem Leben entfliehen musste.

Auf meine Frage an verschiedene Menschen, wie sie neue Energie tanken, bekomme ich immer wieder die Antwort, dass sich die kleinen Dinge am besten dazu eignen. Ich kenne zum Beispiel einen Mann, der jeden Abend beim Nach-Hause-Kommen das Auto in die Garage fährt, den Motor abstellt und einfach nur fünf bis zehn Minuten im Auto sitzen bleibt. Manchmal schläft er dabei sogar ein. Er versucht, jeden einzelnen Muskel in seinem Körper so zu entspannen, dass er damit auch alle Spannungen loslassen kann, die sich im Laufe des Tages angesammelt haben, und kann sich auf diese Weise gründlich erfrischt fühlen.

Kleine Dinge sind am besten, denn als Paar im Zeitstress fühlen wir uns fast täglich ausgelaugt. Von dieser Wahrheit können Sie sich selbst überzeugen. Denken Sie an das letzte Mal zurück, als Sie aus einem zweiwöchigen Urlaub vollkommen erholt zurückkamen. Nach wie vielen Arbeitstagen hatte Sie der (Zeit-) Druck bereits wieder eingeholt? Nach zwei Tagen? Nach einem Tag?

Weil fast täglich das Bedürfnis besteht, neue Energie zu tanken, funktionieren die kleinen Dinge am besten.

Es ist wichtig, die Batterien aufzufüllen, *bevor* Sie mit Ihrem Partner zusammentreffen. Denn wenn Sie es auf das Ende des Abends verschieben, mag es zwar für Sie selbst großartig sein, aber der Beziehung nützt es herzlich wenig.

Im Folgenden einige weitere Beispiele für Dinge, die Menschen tun, um neue Kraft und Energie zu finden. Es werden keine großen Überraschungen dabei sein, aber diese Vorschläge haben ihren Zweck erfüllt, wenn Sie dadurch angeregt werden, ihre eigene, perfekt auf Sie zugeschnittene Idee zu bekommen, was Sie für sich selbst tun können.

- Einige Bahnen im örtlichen Schwimmbad ziehen,
- einen Yogakurs belegen,
- ein Nickerchen machen,
- ein Plausch mit einer unterstützenden, fröhlichen Freundin,
- ein warmes Bad,
- eine Massage,
- joggen,
- einen Gottesdienst besuchen,
- meditieren,
- Musik hören,
- den Hund spazieren führen,
- tanzen, bis man durchgeschwitzt ist,
- das Mittagessen ganz allein in Ruhe zu sich nehmen.

An dieser Stelle könnte auch all das stehen, was sich in der Vergangenheit für Sie als nützlich erwiesen hat oder was Ihrer Meinung nach dienlich sein könnte und was Sie noch in Ihren vollgestopften Tag hineinzwängen können. Letztlich spielt es keine Rolle, was es ist. Hauptsache, Sie tun etwas, was Sie sich ausgesucht haben, für sich selbst, und fühlen sich hinterher frischer. Immer wieder genannt werden in diesem Zusammenhang das Alleinsein, Ausruhen, Kreativität und Kontakt zu anderen Menschen.

Wenn Sie jemals um eine Antwort verlegen sind, was Ihnen neue Energie schenken könnte, schließen Sie Ihre Augen und sagen Sie: „Weißt du, was jetzt wirklich schön wäre? Wenn ich einfach nur …" Und dann tun Sie genau das, was Ihnen gerade im Moment dazu einfällt.

Wichtig dabei ist, dass Sie sich damit nicht nur selbst ein Geschenk machen, sondern auch etwas ganz Wesentliches für Ihre Beziehung tun. Probieren Sie es aus. Beobachten Sie, um wie viel gehaltvoller die Beziehung für Sie wird, wenn Sie vorher schon etwas für sich selbst getan haben.

Guerillastrategien: (Im Verlauf dieses Buches werde ich ab und zu besondere Guerillastrategien anbieten, bestimmte Dinge, die Paaren im Zeitstress helfen könnten, ihre Beziehung intakt zu halten. Ich nenne sie Guerillastrategien, weil sie nicht für jeden geeignet sind. Vielleicht werden Sie einige davon als zu radikal empfinden. Ich empfehle sie jedoch, weil sie funktionieren und weil sie schnell wirken. Probieren Sie diese Strategien also ruhig aus. Wenn Ihre erste Reaktion darauf ist: *So etwas könnte ich nie tun*, überprüfen Sie, ob Sie sich ganz sicher sind. Und sollten Sie sich dessen sicher sein, schenken Sie dem betreffenden Vorschlag keine weitere Beachtung.)

Im Zweifelsfall schlage ich vor, *alles* zu tun, was es braucht, um Ihr bestmögliches Selbst in die Beziehung einzubringen. Eine Beziehung, die unter Zeitknappheit leidet, ist wie ein Mensch, der aus Mangel an Nahrung ausgehungert ist. Er ist nicht nur hungrig, sondern auch geschwächt. Gäbe man ihm in einem solchen Moment Junk food zum Essen, könnte er davon krank werden. Je geschwächter er ist, desto wichtiger ist es, ihm nur das Beste zu geben.

Karen war eine vielbeschäftigte Anwältin. Sie hatte eine Phase in ihrem Leben, in der sie nach eigener Aussage „der fleißigste Mensch war, der je auf Erden gelebt hat." Wenn es hoch kam ließ sich die Zeit, die sie im letzten Monat mit ihrem Ehemann verbracht hatte, auf wenige Minuten zusammenzählen. Dann entdeckte sie Licht am Ende des Tunnels. Es bot sich die Möglichkeit, ein paar wohlverdiente Tage frei zu nehmen. Natürlich sagte ihr Mann: „Lass uns gemeinsam in Urlaub fahren." Obwohl sie ihn schrecklich vermisst hatte, war Karen überrascht davon, dass dieser Gedanke sie nicht beglückte. Im Gegenteil, er machte sie sogar eher depressiv.

Schließlich gestand sie sich diese Wahrheit selbst ein. Sie wollte nicht mit ihrem Mann in Urlaub fahren. Unser größter

Hunger ist häufig ein Hunger nach Verbundenheit. Aber manchmal sehnen wir uns sogar noch mehr nach Ruhe, Frieden und Alleinsein. Dies war der Zustand, in dem Karen sich befand. Und zu keinem Zeitpunkt ist es wichtiger, unsere größten Bedürfnisse ernst zu nehmen, als wenn wir den Belastungen ausgesetzt sind, die eine Ehe im Zeitstress mit sich bringt.

Karen dachte deshalb über einen Kompromiss nach. Sie sagte zu ihrem Mann: „Schatz, ich liebe dich sehr, aber brauche erst einmal eine Woche für mich alleine, bevor ich für irgendjemanden eine gute Gesellschaft sein kann. Komm doch nach einer Woche nach, und wir werden einen wunderbaren Urlaub zusammen verbringen." Als sie allein in die Karibik flog, fühlte sich Karen schrecklich schuldig. Aber die ersten drei Tage verließ sich nicht einmal ihr Hotelzimmer. Daran konnte sie erkennen, wie nötig es war, dass sie in Ruhe ihre Batterien wieder auflud.

Wie anders konnte es danach aussehen. Die Karen, die ihren Mann nach einer ruhigen, friedlichen Woche am Flughafen begrüßte, war eine Karen, die wieder lebendig geworden war. Sie konnte wieder Spaß haben, Liebe geben und annehmen (selbst das kann einem Menschen zu viel werden, dessen Batterien leer sind). Die beiden konnten ihre Verbundenheit erneuern, miteinander schlafen und lange Gespräche miteinander führen, aber dies alles war nur möglich, weil Karen vorher für sich selbst gesorgt hatte.

Karens Geschichte illustriert einen ganz wichtigen Punkt. Das Aufladen der eigenen Batterien ist für die Beziehung so wichtig, dass Sie manchmal vielleicht so radikal vorgehen müssen, alleine in Urlaub zu fahren, bevor Sie einen gemeinsamen Urlaub mit Ihrem Partner verbringen. Oder dass Sie sich eine Möglichkeit verschaffen, einen Urlaub nur für sich alleine zu verbringen, wenn Sie das brauchen. Sie können sich auch einen Kurzurlaub gönnen und das ganze Wochenende im Bett verbringen. Oder Sie beurlauben sich dauerhaft vom Bettenmachen oder anderen zeitraubenden Tätigkeiten, die Sie alles andere als erfüllend finden.

Letztlich geht es gar nicht darum, was Sie tun. Entscheidend ist, dass dadurch Ihre Batterien wieder aufgefüllt werden. Das ist der Sinn der Guerillastrategien.

Befassen wir uns doch einmal mit den einschlägig bekannten Ausreden, warum wir uns selbst nichts Gutes tun.

Ich sorge doch schon für mich selbst. Bei vielen Menschen geraten die Prioritäten durcheinander, wenn sie versuchen, für sich zu sorgen.

Manchmal werden wir Opfer des Automaten-Syndroms – Sie wissen schon, einen Schokoriegel essen, wenn wir hungrig sind, weil der Automat gerade in der Nähe ist, selbst wenn wir eigentlich gar keinen Schokoriegel wollen oder brauchen. Dies passiert uns, wenn wir wenig Energie haben, und unsere Bequemlichkeit darüber entscheidet, womit wir für uns sorgen. Ein Beispiel dafür ist ein Mann, der täglich auf seinem Heimweg von der Arbeit an einer Bar anhielt, um einige Bierchen zu trinken. Die Bar lag auf seinem Weg und es gab auch immer freie Parkplätze. Zwar machte es ihm nicht unbedingt viel Spaß, aber die Gelegenheit war günstig.

Oft hängt es auch davon ab, wie müde wir sind. Wir denken, wir laden unsere Batterien auf, wenn wir uns am Ende des Tages vor den Fernseher legen. Aber dadurch wird nichts aufgeladen. Es ist nur eine Möglichkeit, in einem Zustand niedriger Energie vor sich hin zu leben.

Wenn Sie meinen, Sie hätten Ihre Batterien bereits aufgeladen, fragen Sie sich noch einmal: Was könnte ich tun, um mich wirklich *zu erneuern, zu erfrischen und zu vitalisieren*? Und dann tun Sie genau *diese Dinge.*

Ich kann morgen oder nächste Woche immer noch etwas für mich selbst tun. Um Schaden von Ihrer Beziehung abzuwenden, müssen Sie Ihre Batterien auffüllen, sobald Sie *anfangen* zu merken, dass Sie nichts mehr zu geben haben. Wenn Sie das auf morgen oder die kommende Woche verschieben, werden Sie erst dann merken, dass Ihnen der Saft ausgegangen ist, wenn Sie mit Ihrem Partner streiten oder etwas tun, was Sie auf Distanz zueinander gehen lässt. In beiden Fällen schädigen Sie Ihre Beziehung und verzögern dadurch die Möglichkeit, dass etwas Gutes geschehen kann.

Sie können sich heute schon eine Auszeit für sich selbst nehmen, ohne zuvor zu streiten, zu explodieren, ein großes Chaos zu veranstalten oder selbst buchstäblich keinen Schritt weiter gehen zu können. Oder Sie nehmen sich diese Zeit erst morgen, nachdem Sie an Ihre Grenzen gekommen sind – dann allerdings brauchen Sie nicht nur die Zeit für sich selbst, sondern auch dafür, die Folgen des großen Streits auszubügeln.

Betrachten Sie die Sache doch einmal so: Wir fahren ja auch nicht solange mit dem Auto, bis uns das Benzin ausgeht. Wir überschlagen, dass wir demnächst einmal anhalten müssen, um zu tanken, und werden dies auch tun, bevor es zu spät ist. Wenn wir warten, bis der Tank leer ist, ist es meist ein ziemlicher Umstand, bis zur nächsten Tankstelle zu laufen.

Sagen Sie sich also: *Wenn ich bis morgen warte, könnte dieser Aufschub echten Schaden anrichten.*

Ich habe aber keine Ahnung, womit ich meine Batterien wieder aufladen kann. Wir wissen in unserem Leben so häufig, dass wir etwas brauchen, haben aber keine Ahnung, was genau es ist. Trotzdem wäre es ein riesiger Fehler, anzunehmen, es gäbe keine Bedürfnisse, nur weil man nicht weiß, was man eigentlich braucht. Nehmen Sie es als Tatsache hin, dass Ihre Batterien aufgeladen werden müssen. Lassen Sie nicht zu, dass Sie sich aus dieser Verantwortung schleichen, nur weil Sie nicht wissen, wie das Aufladen vonstatten gehen kann.

Sagen Sie sich in einem solchen Fall: *Momentan fällt mit zwar nichts Großartiges ein, womit ich mir etwas Gutes tun könnte. Aber ich weiß einige Dinge, die mir ein wenig helfen könnten, und diese Dinge werde ich solange machen, bis mir etwas Besseres einfällt.*

Ich käme mir sehr egoistisch vor, wenn ich etwas nur für mich täte, während alle anderen in meiner Familie so beschäftigt sind und so viele Bedürfnisse haben. Aus eigener Erfahrung weiß ich, wie schwierig es ist, dieser schwerwiegenden Entschuldigung zu entkommen. Wer setzt sich schon gerne mit der Enttäuschung des Ehepartners auseinander? Wer möchte gerne als egoistisch bezeichnet werden? Aber so zu denken, greift zu kurz.

Und vergessen Sie nicht: Sie sind nicht Superman oder Superwoman. Jemand, der nicht dafür sorgt, seine Batterien aufzuladen, bricht nicht von einem Moment auf den nächsten zusammen. Vielmehr führen Ärger, Niedergeschlagenheit und schiere Erschöpfung dazu, dass man anderen nichts mehr zu geben hat. Menschen, die innerlich leer sind, bringen negative Energie in ihre Beziehungen ein.

Dann brechen Sie entweder zusammen, treffen unkluge Entscheidungen oder reagieren bösartig. Je großzügiger Sie sein möchten, desto besser müssen Ihre Batterien gefüllt sein, um wirklich effektiv sein zu können.

Sie wissen, dass es wirklich faule und egoistische Menschen gibt. Aber solange Sie sich darüber Gedanken machen, gehören Sie wahrscheinlich nicht zu ihnen. Die beste Überprüfung besteht darin, sich zu fragen, was Ihr Partner wohl sagen würde. Wäre es ihm oder ihr lieber, dass Sie sich weiterhin überfordern, oder würde er lieber sehen, dass Sie sich zuerst um Ihre Bedürfnisse kümmern, damit Sie später etwas zu geben haben?

Sagen Sie sich selbst sofort: *Wenn ich nicht etwas für mich tue, habe ich später keine Kraft, etwas für die anderen zu tun.* Sagen Sie Ihrem Partner: „Ich muss das für mich tun, damit ich dir später etwas geben kann." Präsentieren Sie Ihr Bedürfnis danach Ihre Batterien aufzuladen, als einen Weg, liebevoller, präsenter und großzügiger in Ihrer Beziehung sein zu können.

RAUM FÜR HOFFNUNG SCHAFFEN

6. Aus alten Mustern ausbrechen

Ist Ihnen eigentlich schon einmal aufgefallen, dass dieses Monster, das Sie beschleicht, relativ langweilig ist? Sicher auch destruktiv und demoralisierend, aber vor allem langweilig. Hier sind Sie und Ihr Partner und haben keinen anderen Wunsch, als liebevoll miteinander umzugehen. Und doch landen Sie auf altbekannte Art wieder mitten in der ewig gleichen Diskussion über dieselben Themen wie immer.

Ohne eine Hoffnung auf Besserung gibt es keine positive Energie für Ihre Beziehung, doch woher soll diese Hoffnung kommen, wenn alle Versuche, etwas zu ändern, immer im gleichen Streit und mit dem gleichen unglücklichen Gefühl enden? Man sollte meinen, das Monster wäre kreativ, aber anscheinend bringt es zwei Menschen immer auf die gleiche Art und Weise gegeneinander auf. Die einzige Variation in diesem Spiel besteht darin, dass man nie weiß, an welchem Punkt der Streit ausbricht.

- John und Annette waren beide sehr rechthaberisch. Als sie einen Klempner brauchten, der eine Leitung reparieren sollte, wollte sich John darum kümmern, aber Annette hatte viele Vorstellungen davon, was John alles hätte besser machen können. „Was ist denn los mit dir?“, fragte John an einem Punkt. „Was soll mit mir los sein?“, fragte Annette zurück. „Ich bin hier nicht der komplette Idiot.“ Und so verlief jeder Streit ähnlich einer Kneipenschlägerei, die aus dem Nichts entstanden zu sein schien.

- Anne und Martin sind nette, höfliche Menschen. Martin vergaß einmal Annes Geburtstag. Anne sagte traurig: „Ich bin sehr enttäuscht", doch als Martin bestürzt darüber zu sein schien, ergänzte sie: „Ist schon gut." Die Stimmung war allerdings etwas frostig. Keiner von beiden wollte darüber reden. Die Kälte blieb bestehen. So verlief es immer – einer von beiden war enttäuscht, aber keiner konfrontierte sich wirklich damit.

- Als Thomas loszog, um ein neues Auto zu kaufen, hatte er sich vorher mit Andrea auf ein Preislimit geeinigt. Während er mit dem neuen Wagen die Einfahrt hineinfuhr, durchfuhr Andrea ein seltsames Gefühl und sie fragte: „Wieviel hat uns das gekostet?" „Ungefähr so viel wie abgemacht", antwortete Thomas. Andrea verlangte nach der Rechnung. Der Kaufpreis war um einiges höher als vereinbart. Andrea wurde wütend. Lange Zeit sagte Thomas gar nichts, dann fing er an, Andrea wegen ihrer Wut zu kritisieren. „Warum musst du dich immer so verrückt aufführen?", fragte er. Wie üblich war Andrea die Furie (Thomas' Meinung nach) und Thomas der Blödmann (Andreas Meinung nach), der sich weigert, sich mit ihr auseinander zu setzen, wenn sie wütend ist.

Wenn Sie verstehen wollen, warum Paare immer wieder die gleichen Auseinandersetzungen führen, müssen Sie sich zunächst einmal anschauen, wie Menschen miteinander umgehen, sobald sie unter Druck stehen. Je nachdem, was für ein Mensch Sie sind, wird die Auseinandersetzung auf eine bestimmte Art und Weise ausfallen. Entweder Sie *suchen* oder Sie *vermeiden* die Konfrontation. Dabei spielt es keine Rolle, wie Sie bei der Arbeit auftreten oder für wen Sie sich halten, oder welches Verhalten Sie in vorangegangenen Beziehungen an den Tag gelegt haben. Hier geht es nur darum, ob Sie in dieser momentanen Beziehung die Konfrontation eher suchen oder vermeiden.

Sie neigen in Ihrer *momentanen* Beziehung zur Konfrontation, wenn vier oder mehr der folgenden Aussagen auf Sie zutreffen:

1. Sie hassen es, wenn sich etwas aufstaut.
2. Ihre Emotionen gehen leicht mit Ihnen durch.
3. Sie haben keine Angst vor Auseinandersetzungen.
4. Sie sagen gerne, was Sache ist.
5. In der Regel sind Sie derjenige, der Schwierigkeiten in der Beziehung als Erster anspricht.
6. Sie sind überzeugt davon, dass Streit für ein Paar gesund sein kann.
7. Wenn Sie jemand wütend macht durch das, was er zu Ihnen sagt, reagieren Sie höchstwahrscheinlich sofort darauf.

Sie neigen in Ihrer momentanen Beziehung dazu, Konfrontationen zu vermeiden, wenn vier oder mehr der folgenden Aussagen auf Sie zutreffen:

1. Sie hassen Konflikte.
2. Sie bringen Probleme nur höchst zögerlich auf den Tisch.
3. Entgegen Ihrer eigenen Überzeugung neigen Sie dazu, Ihre Gefühle für sich zu behalten.
4. Sie fühlen sich unwohl, wenn es zwischen Ihnen und Ihrem Partner einmal nicht nett zugeht.
5. Sie versuchen, Ihren Partner zu besänftigen oder ihm aus dem Weg zu gehen, wenn er verärgert ist.
6. Sie hoffen, die Probleme lösen sich von selbst, wenn man sie in Ruhe lässt.
7. In Ihrem Ärger bezeichnet Ihre Partnerin Sie häufig als „ruhig“ oder „emotionslos“.

Die Bezeichnungen *Konfrontierer* und *Konfliktvermeider* sind weder als Kompliment noch als Schimpfwort zu verstehen. Sie dienen nur der Beschreibung. Nehmen wir jetzt einmal die Begriffe

Hund und *Ente*. Beide sind für mich wunderbare Tiere. Sie unterscheiden sich aber voneinander. Ein Hund wird nach Ihnen schnappen, wenn er sich herausgefordert fühlt – Hunde halten in der Regel nicht zurück, was sie fühlen. Eine Ente wird ... nun, Enten wollen Entenkonfrontation. Sie wird einfach wegfliegen oder wegschwimmen. Von nun an bezeichne ich Sie als Hund, wenn Sie ein Konfrontierer sind, und als Ente, wenn Sie ein Konfliktvermeider sind. Einverstanden?

Damit sind Sie jetzt darauf vorbereitet, Ihren Umgangsstil als Paar zu entdecken. Es gibt bei einem Paar eigentlich nur drei verschiedene Umgangsstile. Kein Stil ist besser als der andere. Sie unterscheiden sich nur voneinander. Aber wenn Sie einmal herausgefunden haben, was Ihr Stil ist, werden Sie erkennen, warum Sie immer wieder Schwierigkeiten bekommen und was Sie dagegen unternehmen können. Diese drei Muster entstehen aufgrund der Kombinationsmöglichkeiten von Hund (Konfrontierer) und Ente (Konfliktvermeider).

Hier sind die drei Muster, die ein Paar im Zeitstress leben kann:

1. Neigen Sie beide dazu, den anderen zu konfrontieren, wenn er etwas tut, was Ihnen missfällt, leben Sie in einer *Hund/Hund-Beziehung*. Es kommt häufig zu einem Krach.

2. Neigen Sie beide dazu, Konfrontationen zu vermeiden, leben Sie in einer *Ente/Ente-Beziehung*. Es herrscht viel Schweigen und Distanz.

3. Neigt einer von Ihnen zum Konfrontieren und der andere zur Vermeidung von Konfrontationen, leben Sie in einer *Hund/Ente-Beziehung*. Hier herrschen Frustration und Enttäuschung vor.

Welchen Stil praktizieren Sie? (Sie können sich übrigens auch den Spaß machen, den Stil befreundeter Paare einzuschätzen).

Je häufiger Sie diese drei Stile beobachten, desto deutlicher werden Sie spüren, wohin Sie tendieren. Dabei kann es hilfreich sein, sich vor Augen zu führen, dass sich kaum ein Mensch eindeutig einem dieser drei Typen zuordnen lässt. Und vielleicht haben Sie in der Vergangenheit einen anderen Stil an den Tag gelegt. Hier geht es jedoch um Ihren derzeitigen Umgang mit Konflikten. Haben Sie Ihren Stil einmal erkannt, ist es unumgänglich, ihn auch anzuerkennen. Nur dann wird es Ihnen gelingen, sich die Probleme vom Hals zu halten, die Ihr Stil normalerweise mit sich bringt.

Schluss mit dem endlosen Streit: Die Hund/Hund-Beziehung

Caroline und David kamen zu mir, weil sie entsetzt darüber waren, in welch fürchterliche Auseinandersetzung sie geraten waren. Zwei sehr intensive Persönlichkeiten, die absolut bereit sind, sich für ihre Belange einzusetzen, landen fast immer an diesem Punkt. Und sie erreichen ihn noch viel schneller, wenn sie den besonderen Belastungen eines Paares im Zeitstress ausgesetzt sind.

Es hatte schon vorher reichlich Auseinandersetzungen gegeben, die immer mit einer ähnlichen Äußerung begannen: entweder Caroline oder David sagten so etwas wie „Ich habe die Nase so voll von der Art, wie du ..." oder „Du bist so faul und egoistisch, es wird Zeit, dass du endlich aufwachst". Es ist wohl unnötig, darauf hinzuweisen, dass der andere sich daraufhin nicht entschuldigte. Das Gegenteil war der Fall. Die Antwort war eher „Wer glaubst du eigentlich, dass du bist? Ich gebe alles, was ich habe, in diese Beziehung, und von dir kommt überhaupt nichts. Ich muss schon verrückt gewesen sein, mir einzubilden, mit dir zusammen sein zu können." Kochgeschirr flog durch den Raum. Bilder wurden zerrissen. Wände beschädigt.

Dieses Mal aber war es noch schlimmer gekommen. Beide hatten in ihrer Arbeit unter großem Druck gestanden. Und Sie wissen selbst, wie das ist – je mehr man selbst die Pistole auf der Brust fühlt, desto mehr Druck gibt man seinem Partner weiter, dass dieser einem etwas abnehmen soll, einen in Ruhe lassen soll, sich um alles andere kümmern soll und alles tun soll, was den eigenen Druck etwas verringern könnte.

Eines morgens bat Caroline David in letzter Minute, sie zum Flughafen zu bringen. Da er selbst einen engen Zeitplan hatte, wollte David nicht recht darauf eingehen. Er würde zu spät zur Arbeit kommen, erst recht bei dem starken Verkehr. Caroline gab zu bedenken, ein Taxi würde ein Vermögen kosten, was nicht so schlimm wäre, wenn David mehr verdienen würde. Der Streit eskalierte im Auto. Noch bevor es ihnen bewusst wurde, hatte Caroline David in den Arm geboxt und David boxte auf das Lenkrad ein. Am Flughafen angekommen, wollte David Caroline beim Aussteigen aus dem Auto mit einem kleinen Schubs zu verstehen geben: *wenn du schon in solcher Eile bist, dann kann ich dir dabei schon noch helfen,* aber irgendwie ging das schief und der Schubs war stark genug, dass sie hinfiel und sich vor den Augen der Umstehenden das Knie aufschürfte.

In diesem Moment wussten sie, dass sie ein Problem hatten. Eigentlich glich dieser Vorfall den bisherigen Ausbrüchen, die sie hinter sich hatten, er war nur ein wenig schlimmer, und deshalb wurde er zur alptraumartigen Warnung, mit welchen Explosionen sie in der Zukunft zu rechnen hätten.

Natürlich warf jeder dem anderen vor, er sei impulsiv, provokativ, hitzköpfig und unverantwortlich. Beiden war entgangen, worin das eigentliche Problem bestand. Caroline und David lebten in einer *Hund/Hund-Beziehung*. Sie erlebten, was dabei herauskommt, wenn zwei Menschen zusammenleben, die nicht anders können als mit voller Intensität auf alles zu reagieren, was vom Partner kommt. Einer wird wütend, der andere auch. Einer schreit, der andere auch. Einer beschimpft den anderen, der andere schimpft zurück. Dementsprechend sind Hund/

Hund-Beziehungen durch einen hohen Grad an Impulsivität gekennzeichnet.

Verstehen Sie mich bitte nicht falsch. Diese Paare liegen nicht andauernd miteinander im Clinch. Bei ihnen kann nur schon die kleinste Missstimmung zu einer großen Explosion führen, und häufig kommt es auch so.

Manchmal sind sich die Paare gar nicht darüber im Klaren, dass sie eine solche Beziehung führen, weil in der Anfangsphase nicht allzu viel passiert, was eine Konfrontation heraufbeschwören könnte. Das ist auch nicht verwunderlich. Die Zeit des Kennenlernens war relativ stressfrei. Aber angesichts zunehmender Zeitknappheit kommt beim Zusammenleben dann recht schnell eine Hund/Hund-Beziehung zum Vorschein. Unter Stress werden beide Partner sich gegenseitig konfrontieren. Und niemand wird klein beigeben, sondern jeder wird den Einsatz erhöhen.

Jede Ehe, jede dauerhafte Beziehung ist der Versuch zweier Menschen, eine Brücke zu bauen, die sie verbindet. Der Druck, unter dem ein Paar im Zeitstress steht, wird die versteckten Risse in dieser Brücke zum Vorschein bringen – jede grundlegende Meinungsverschiedenheit, jede unterschiedliche Auffassung darüber, wie der einzelne gerne leben möchte. In einer Hund/Hund-Beziehung führt jeder Riss zu einer Auseinandersetzung. Je mehr Druck besteht, desto mehr Risse zeigen sich und desto häufiger kommt es zu Explosionen.

Sie leben in einer Hund/Hund-Beziehung, wenn Sie immer wieder in große Auseinandersetzungen geraten, die aus dem Nichts zu entstehen scheinen und sehr schnell äußerst hässlich werden. Kommt Ihnen das aus Ihrer Beziehung vertraut vor?

Wenn Sie in einer Hund/Hund-Beziehung leben, müssen Sie damit aufhören, Ihrem Partner Vorwürfe zu machen. Natürlich hätten Sie keine Probleme miteinander, wenn er oder sie perfekt wäre. Aber in einer Beziehung ist jeder der beiden Beteiligten unvollkommen. Es ist nicht Ihre Unvollkommenheit oder die Ihres Partners, die zu dieser impulsiven Dynamik führt. Es ist vielmehr Ihre Bereitschaft, Ihr Bestreben, den anderen ebenfalls zu konfrontieren, wenn Sie sich konfrontiert fühlen. Sie sind keine Feinde. Sie sind Partner in einem Tanz. Es ist jedoch ein Tanz, zu dem einer das Benzin und der andere die Zündhölzer mitbringt. In diesem Fall ist es die Impulsivität beider Partner, die dem Zeitstress-Monster Angriffspunkte bietet.

Sobald Sie mit diesem Spiel der wechselseitigen Vorwürfe aufhören, können Sie die Dynamik der Hund/Hund-Beziehung erkennen:

Die *Stärke* dieses Beziehungstyps liegt darin, dass kein wichtiges Thema beiseite geschoben wird. Es scheint nur wenig Geheimnisse zu geben. Das, was Sie sehen, bekommen Sie auch. Sie wissen, was zwischen Ihnen Sache ist. Weil beide Partner sehr direkt sind, sind sie gut übereinander informiert. Interessanterweise besteht bei diesem Typ Beziehung auch viel Vertrauen ineinander (es sei denn, die Impulsivität hätte bereits zu Gewalttätigkeiten geführt), bedingt durch die Unfähigkeit beider Partner das, was in ihnen vor sich geht, lange für sich zu behalten.

Die *Schwäche* dieses Beziehungstyps liegt darin, dass Unmengen an Zeit damit verschwendet werden, sich zu streiten und sich anschließend wieder von den Auseinandersetzungen zu erholen. Und man weiß nie, wann irgendein kleiner Funke den nächsten Großbrand auslöst. In der Zwischenzeit haben beide Partner häufig das Gefühl, auf Eierschalen zu wandeln, bis die nächste Konfrontation unausweichlich zum Ausbruch kommt. Solche Beziehungen können sehr erschöpfend sein. Und sie sind besonders anfällig für die Belastungsfaktoren, denen ein Paar im Zeitstress ausgesetzt ist.

Das *Risiko*, das dieser Beziehungstyp in sich birgt, besteht darin, dass die Beziehung durch Ihre Impulsivität zerstört wird. Das kann auf zweierlei Art geschehen. Manchmal gehen Sie einfach zu weit. Einer von Ihnen sagt etwas Unverzeihliches. Einer von Ihnen tut etwas, was er oder sie später bereut. Irgendetwas zerbricht. Selbst wenn keine physische Gewalt im Spiel ist, ist der

Ärger auf ein Level angestiegen, das Angst macht, sodass irgendwann einmal ein Punkt erreicht ist, an dem einer oder beide das Gefühl haben, ausbrechen zu müssen. Trotzdem endet es dann manchmal nicht mit einem Knall, sondern leise und verzweifelt. Sie sind von den vielen großen Auseinandersetzungen derart erschöpft, dass Sie die Trennung brauchen, um überhaupt wieder Zugang zu Ihrer emotionalen Energie zu bekommen.

Die *Chance* einer Hund/Hund-Beziehung liegt darin, dass Sie eine sehr vitale und intensive Partnerschaft mit viel gegenseitiger Ehrlichkeit leben können, wenn Sie nur eine Möglichkeit finden, Ihr impulsives Potential unter Kontrolle zu halten. Die gute Nachricht an dieser Stelle ist, dass dies möglich ist, selbst wenn Sie es bisher noch nie ausprobiert haben.

So könnte es funktionieren:

Sehen Sie's doch mal so:
Da alle Probleme einer Hund/Hund-Beziehung aus der gefährlichen Eskalation entstehen, ist es für ein solches Paar vordringlich, einen Mechanismus zu finden, der diese Impulsivität unterbricht. Wäre das Paar ein Auto, bräuchte es ein Bremspedal.

Der Einbau dieses Bremspedals erfordert eine unumstößliche Übereinkunft darüber, *dass das* Wort *„Stopp" auch wirklich ein Aufhören meint*. Sie wissen, dass die Probleme deshalb entstehen, weil Sie zulassen, dass aus kleinen Meinungsverschiedenheiten große Auseinandersetzungen werden. Wenn Sie beide also darin übereinkommen, dass Stopp auch wirklich ein Ende bedeutet, sind Sie auf der sicheren Seite. Schließlich sind Sie ja nicht blöd – Sie wissen, wie verletzend Sie zueinander sein konnten, solange Sie diese Bremse nicht hatten.

Ich weiß, was Sie jetzt denken: Bisher ist es uns noch nie gelungen, unsere Auseinandersetzungen zu stoppen. Stimmt, und zwar deshalb, weil Ihr Wunsch, den Kampf zu gewinnen, Ihnen wichtiger war als das Verständnis dafür, wie gefährlich diese Dynamik ist. Und in einer Hund/Hund-Beziehung möchte jeder der beiden Partner das letzte Wort haben.

Aber Menschen verändern viele Dinge in ihrem Leben, wenn sie sich einer Gefahr bewusst geworden sind. Außerdem geht es ja nicht darum, sich gegenseitig mundtot zu machen – Sie wissen genau, wie weit Sie damit gekommen sind. Hier geht es darum, dass Sie beide sich an die Abmachung halten, die von Ihnen gemeinsam getroffen wurde.

Das lässt sich folgendermaßen erreichen. Sobald Streit und Ärger aufzuflackern beginnen, sagt derjenige von Ihnen, der als Erster daran denkt, „Stopp", und beide respektieren das und halten sich daran. Selbstverständlich wird keiner von Ihnen aufhören wollen. Sie wären kein Hund/Hund-Paar, wenn Sie gerne zu streiten aufhören würden, ebenso wie ein Rennfahrer wohl kaum gerne die Bremse betätigt. Sie werden aber trotzdem damit aufhören, weil Sie wissen, dass sich aufgrund Ihrer Impulsivität jede Auseinandersetzung sehr schnell in die Gefahrenzone hineinbewegt.

Meiner Erfahrung nach gelingt es den meisten Hund/Hund-Paaren, die Übereinkunft einzuhalten, dass Stopp auch ein wirkliches Aufhören bedeutet. Und das ist gut so, denn sollten Sie sich nicht an diese Abmachung halten können, führt Ihre Impulsivität fast immer zu einem Auseinanderbrechen der Beziehung.

Aber dieses Stopp gilt natürlich nicht für alle Ewigkeit. Die Unterbrechung gilt nur bis zum kommenden Tag oder solange, bis sich beide beruhigt haben oder sich darauf einigen können, *ruhig* über das zu diskutieren, was die Auseinandersetzung ausgelöst hat. Es ist wichtig zu sehen, dass Sie das strittige Thema schon bald wieder aufgreifen können. Nur wenn Sie Ihre Impulsivität beherrschen, wird echte Nähe möglich. Wie wollen Sie Ihr Herz sprechen lassen, wenn Sie sich nicht sicher fühlen?

Angenommen, Caroline und David hätten diese Abmachung bereits gehabt, als sie auf dem Weg zum Flughafen waren. Nach Carolines Äußerung „Ich bin es so Leid, dass du nie für mich da bist“ oder nach Davids Vorwurf „Du bist so egoistisch und fordernd“ hätte einer von beiden gesagt: *„Moment mal – Stopp. Erinnere dich an unsere Abmachung – wenn einer von uns Stopp sagt, hören wir beide auf. Wenn wir beide jetzt nicht sofort aufhören, wissen wir genau, wohin das führt.“* Und der andere hätte geantwortet: *Gut, in Ordnung.*

Mehr hätte es nicht gebraucht. Vielleicht fühlen Sie sich aufgrund des plötzlichen Endes der Auseinandersetzung vorübergehend etwas orientierungslos. Es kann sich schon unheimlich anfühlen, von der Vertrautheit einer intensiven Konfrontation unmittelbar zum Schweigen zu wechseln. Aber denken Sie daran: Sie verhindern dadurch nur die Explosion – die Diskussion um das zur Debatte stehende Thema ist damit nicht vorzeitig abgeschlossen. Und Sie retten Ihre Liebe vor dem Zeitstress-Monster.

Sie brauchen Ihre Impulsivität nie mehr von dieser unguten Seite zu erleben. Stattdessen können Sie eine Ebene der Sicherheit erfahren, die Ihnen bisher unbekannt war. Und das bedeutet auch, dass nun eine viel größere Chance besteht, reichlich Liebe voneinander zu bekommen. Selbst wenn Ihnen nicht viel gemeinsame Zeit bleibt, ist die Zeit, die Sie miteinander verbringen, sicherer, glücklicher und zufriedenstellender.

Weil dieses Stopp-heißt-Stopp-Werkzeug so genau auf Ihre Situation zugeschnitten ist, ist es vielleicht das Einzige, was Sie brauchen, um die in Ihrer Beziehung immer wieder auftauchenden Auseinandersetzungen zu unterbrechen. Was für eine Zeitersparnis!

Das ewige Schweigen beenden: die Ente/Ente-Beziehung

Wie kann ich Ihnen eine Ente/Ente-Beziehung genauer beschreiben? Was man äußerlich zu sehen bekommt, wirkt, oberflächlich betrachtet, so normal, dass man denkt, es könne gar keine

Probleme geben. Sie sehen vielleicht gerade einmal zwei Menschen, die ein höfliches Gespräch miteinander führen. Allerdings ist das auch das *Einzige*, was vorhanden ist: das höfliche Gespräch. Echte Meinungsverschiedenheiten können zwar angesprochen werden, werden aber auf seltsame Art behandelt. Entweder kommen beide schnell zu einer Übereinkunft, die nichts mit dem darunter liegenden Thema zu tun hat, oder sie lenken sich gegenseitig durch irrelevante Kommentare vom Eigentlichen ab und haben sich letztlich mit überhaupt nichts auseinander gesetzt.

Sie können privat auch dann eine Ente sein, wenn Sie an Ihrem Arbeitsplatz häufig „geladen" sind. Viele Menschen sind in ihrem Beruf aggressive Macher, aber in ihrer privaten Beziehung zahme Enten. Sie hassen es einfach, sich mit dem Menschen, den sie lieben, zu streiten.

Ich sagte vorhin, dass man eine Ente/Ente-Beziehung schwer beschreiben kann. Aber es ist nicht so schwer, die Gefühle zu beschreiben, die man in einer solchen Beziehung hat.

An der Oberfläche geht es kühl, ruhig und höflich zu. Es gibt fast nie einen Streit, höchstens gelegentlich endlose „Diskussionen", die nirgendwohin führen und auch nichts lösen. Es kann großes Schweigen herrschen. Ihr Partner ist sich sicher, dass er ab und zu Probleme angesprochen hat, aber Sie können sich an nichts dergleichen erinnern. Unter der Oberfläche allerdings herrscht ein Gefühl von Distanz und Frustration über unbefriedigte Bedürfnisse. Kennen Sie so etwas aus Ihrer Beziehung?

Es ist interessant, welche Rolle der Zeitstress für diese Art Paare spielt. Der gleiche Druck des beschleunigten Lebensstils, der bei Hund/Hund-Beziehungen zu Explosionen führt, ist für ein Ente/Ente-Paar eine wunderbare Ausrede, ihre anstehenden Themen zu vermeiden. Schließlich ist doch dafür einfach keine Zeit …

Die *Stärke* einer Ente/Ente-Beziehung liegt darin, dass es im Alltag kaum zu gegenseitigen Verletzungen kommt. Keine schrecklichen Beleidigungen, die Sie am liebsten sofort wieder zurücknehmen würden. Und Sie verschwenden Ihre kostbare Zeit nicht damit, Probleme zu wälzen.

Die *Schwäche* in einer Ente/Ente-Beziehung ist, dass wichtige Themen gar nicht zur Sprache kommen. Zentrale Informationen werden zurückgehalten. Höchstwahrscheinlich nagen echte Probleme unter der Oberfläche. Die äußerlich zu beobachtende Höflichkeit kann eine Maske sein, hinter der sich Ärger und manchmal sogar Verzweiflung versteckt. Kommt trotzdem einmal ein Problem an die Oberfläche, nutzen die Menschen in solchen Beziehungen ihre Energie nicht dazu, es zu lösen, sondern dem Gespräch mit dem Partner über das Problem zu entkommen. Stattdessen reden sie vielleicht mit Freunden über das, was sie stört.

Das *Risiko* in einer Ente/Ente-Beziehung liegt darin, dass Probleme, die nicht angesprochen werden, in der Regel wachsen. Und mit den wachsenden Problemen wächst auch der Ärger. Das alles spielt sich unter der Oberfläche ab. Und bald ist eine unglaubliche Distanz entstanden. Es mangelt nicht nur an der Offenheit über die wirklich wichtigen Themen, sondern es fehlt auch der „emotionale Saft“ einer Beziehung, der die Partner einander näher bringen würde. Manchmal geht das so weit, dass die Beziehung bereits abgestorben ist, bevor irgendjemand anerkennt, dass es überhaupt ein Problem gegeben hat. Ein weiteres Risiko besteht darin, dass die Partner sich mit ihren Problemen oder Bedürfnissen nach außen wenden. Menschen, die eine Ente/Ente-Beziehung leben, begehen häufig Seitensprünge.

Die *Chance* einer Ente/Ente-Beziehung liegt darin, dass die Höflichkeit und die Angst vor Konfrontationen in dem Moment zu einer großen Stärke werden, in dem Sie sich dazu zwingen, die Themen anzugehen, die zwischen Ihnen anstehen. Wenn es überhaupt zwei Menschen gelingt, das zu schaffen, was sich viele Paare wünschen, nämlich vernünftige Diskussionen zu führen, dann sind es Sie beide.

Um mit diesem Beziehungsstil erfolgreich zu sein, können Sie Folgendes ausprobieren:

Sehen Sie's doch mal so:
Da in einer Ente/Ente-Beziehung die meisten Schwierigkeiten daraus entstehen, dass Probleme nicht angesprochen werden, ist es für diesen Paartyp das allerwichtigste, das anzusprechen, was sie bisher vermieden haben. Sie müssen Ihren Mund aufmachen und Einblick in Ihre Seele gewähren. Wäre ein solches Paar ein Auto, bräuchte es ein Gaspedal.

Um an das „Gaspedal" heranzukommen, können Ente/Ente-Paare ein *wöchentliches Treffen* vereinbaren. Die Einhaltung dieses wöchentlichen Termins muss zu einer unbedingten Verpflichtung werden. Feststehende Termine sind einer der klassischen Wege, sich auf etwas festzulegen, was man aus sich selbst heraus nicht so leicht täte. Ich mag mein körperliches Training nicht immer, aber wenn ich mich mit jemandem verabredet habe, jeden Morgen um sieben Uhr Tennis zu spielen, muss ich dort auch erscheinen, sonst würde ich die andere Person im Stich lassen. Diese Verabredung wirkt meiner Tendenz entgegen, Montagmorgens lieber noch länger im Bett zu bleiben.

Dieser wöchentliche Termin sollte so anberaumt werden, dass Sie ein wenig freie Zeit haben. Die meisten Paare legen sich diesen Termin aufs Wochenende. Jeder ist verpflichtet, bei dieser Zusammenkunft ein Problem in der Beziehung auf den Tisch zu bringen. Und dann besteht für beide die Verpflichtung, sich ehrlich dazu zu äußern, offen darüber zu diskutieren und zu einer Art Übereinkunft zu gelangen. Ich weiß, dass ich eigentlich dafür plädiert habe, sich von einer problemorientierten Beziehung fernzuhalten. Aber ab und zu erfordern Probleme eben doch Ihre Aufmerksamkeit, auch wenn sie ansonsten nicht mehr im Mittelpunkt stehen. Deshalb ist es besser, sich zu einem festgelegten Zeitpunkt mit ihnen zu beschäftigen, als zuzulassen, dass die Problemgespräche ihr übriges Leben beherrschen.

So etwas könnte folgendermaßen aussehen. Jacqueline sagt, wie es ihr mit einem bestimmten Thema geht, zum Beispiel „Ich bin traurig darüber, dass wir in der letzten Zeit nicht mehr viel Sex miteinander hatten." Dann fügt sie noch ihr Bedürfnis hinzu. „Ich möchte gerne, dass wir wieder mehrmals wöchentlich miteinander schlafen." Es ist wichtig, dass sie ihr eigenes Bedürfnis ausspricht, andernfalls könnte ihr Gefühl als Beschwerde aufgefasst werden. Dann bietet sie eine Lösungsmöglichkeit an: „Lass uns doch einmal versuchen, morgens miteinander zu schlafen, weil wir abends immer so müde sind."

An dieser Stelle müssen Ente/Ente-Paare jedoch vorsichtig sein. Auch Tom muss sagen, was er fühlt, was er braucht und welche Lösung ihm behagen würde. Das ist ganz wichtig, denn wenn „Enten" Lösungen präsentiert bekommen, die ihnen nicht behagen, versuchen sie, das Thema entweder in eine andere Richtung zu drehen oder vereinbaren etwas, was sie später doch nicht einhalten werden.

Abgestimmte Lösungen führen zu größerer Ehrlichkeit miteinander. Wenn Sie und ich planen, gemeinsam essen zu gehen, und ich sage „Lassen Sie uns chinesisch essen", dann muss ich das, was ich haben möchte, auch aussprechen. Wenn Sie allerdings zustimmen, obwohl Ihnen chinesisches Essen zu den Ohren herauskommt, wird einer bei diesem Essen unglücklich sein. Sagen Sie jedoch „Oje, chinesisches Essen hängt mir zum Hals raus, weil ich schon ewig nichts anderes mehr gegessen habe", könnte es sein, dass Ihre erste Wahl, zum Italiener zu gehen, meine zweite Wahl gewesen wäre. Damit sind wir beide glücklich – aber nur, weil wir beide ehrlich sagen konnten, was wir wirklich wollten. Um diese Ehrlichkeit zu erreichen, müssen wir jedoch erst einmal den peinlichen Moment überwinden, an dem wir uns unwohl fühlen, wenn wir unsere wahren Gefühle aussprechen.

Ein wöchentlicher Aussprache-Termin bessert vieles für Ente/Ente-Paare, weil sie dazu neigen, mangelnde Zeit als Vorwand dafür zu nutzen, dass sie Problemen aus dem Weg gehen. Was wäre das Schlimmste, was passieren könnte? Dass Ihre Positionen am Beginn eines Gesprächs über ein bestimmtes Thema scheinbar meilenweit auseinander liegen? Und wenn schon! Die meisten erfolgreichen Verhandlungen finden zwischen zwei Menschen statt, deren Auffassungen zunächst einmal sehr weit voneinander entfernt zu liegen scheinen. *Der erfolgreiche Abschluss von Verhandlungen hängt nicht davon ab, wie weit die Ausgangspositionen ursprünglich voneinander entfernt liegen, sondern davon, inwieweit eine Bereitschaft zum Verhandeln besteht.*

Gehen wir noch einmal zurück zu Jacqueline und Tom. Vielleicht hat Tom das Gefühl, die Idee, Sex am Morgen zu haben, trifft sein eigentliches Bedürfnis nicht. Vielleicht ist er wirklich nur müde. Vielleicht hat er sich über irgendetwas geärgert. Vielleicht fällt es ihm aus irgendeinem Grund schwer, sexuell die Initiative zu ergreifen. Wenn er jedoch erst einmal ausspricht, was er fühlt, kann er auch auf seine Bedürfnisse zu sprechen kommen, zum Beispiel: „Ich habe das Gefühl, jedes Mal, wenn wir dieser Tage über irgendetwas sprechen, bist du so geschäftsmäßig, dass es mich abstößt und wütend macht. Ich weiß nicht, wie ich da in Kontakt mit dir kommen soll, was Sex angeht. Für mich ist es wichtig, dass du dich etwas warmherziger, sexier und verletzlicher verhältst."

Danach schlägt er seine Lösungsmöglichkeit vor. Günstigstenfalls ist sie mit ihrer Lösung vereinbar. „Ja, ich denke, Sex am Morgen ist eine gute Idee. Es wäre für mich jedoch etwas ganz anderes, wenn du versuchen würdest, dich ein wenig weicher zu verhalten, wenn du möchtest, dass wir miteinander schlafen."

Das Aussprechen der eigenen Bedürfnisse führt beim Ente/Ente-Paar zu mehr Offenheit. Die Welt bricht bei einer Meinungsverschiedenheit nicht gleich zusammen. Sollte die Zeit einmal nicht ausreichen, eine Übereinkunft bezüglich eines bestimmten Themas zu erzielen, vertagen Sie die Lösung auf das nächste wöchentliche Treffen.

Dieser wöchentliche Termin ist möglicherweise das einzige Werkzeug, das Sie brauchen, um die Schwierigkeiten zu vermeiden, die in Ihrer Beziehung immer wieder auftauchen, weil es ausdrücklich auf Ihre Situation zugeschnitten ist. Auf diese Weise sparen Sie Zeit!

Das Ende der Enttäuschungen: Hund/Ente-Beziehungen

Was geschieht, wenn ein Hund einer Ente begegnet? Der Hund jagt die Ente. Aber die Ente hat in der Regel kein Problem damit, zu entkommen. Würden Sie einen Hund und eine Ente in einem großen alten Stall einsperren, könnte der Hund die Ente jagen und die Ente dem Hund ewig entkommen.

Wie lässt sich das auf ein Paar im Zeitstress übertragen? Was heißt es überhaupt, wenn einer den anderen „jagt"? Und warum jagen sie sich überhaupt?

Karin und Steve leben eine typische Hund/Ente-Beziehung. Karin trägt ihr Herz auf der Zunge. Wenn sie etwas empfindet, spricht sie es mit der vollen Intensität dieses Gefühls aus. Wenn etwas sie beeinträchtigt, spürt sie die Gefahr und Unehrlichkeit, die im Schweigen liegt, fast körperlich. In dieser Beziehung ist Karin der Hund.

Steve hasst Konfrontationen, „Szenen" und Emotionalität. Diese Dinge verwirren ihn. Zwar würde er es nicht zugeben, aber er bekommt es mit der Angst zu tun, wenn jemand wütend auf ihn ist. Seiner Meinung nach machen zu viele Menschen um zu viele Dinge viel zuviel Aufhebens. Steve ist die Ente.

Und so kommt es dazu, dass Karin Steve auf dem Hof herumjagt.

Steve sieht sich selbst als netten, friedlichen, vernünftigen Kerl. Karin weiß, dass er grundsätzlich ein guter Kerl ist, aber –

seien wir ehrlich – vollkommen ist er nicht. Selbst ein Heiliger würde sie gelegentlich verärgern. Und Steve ist kein Heiliger.

Karin sieht sich als ehrlich, offen und wohlmeinend. Sie möchte einfach nur für sich selbst einstehen und die Beziehung gesund erhalten. Aber durch ihre Versuche, ehrlich zu sein und die anstehenden Probleme anzusprechen, wirkt sie auf Steve wie ein Unruhestifter.

Steve reagiert auf eine Art und Weise, die auf Karin genauso provokativ wirkt wie ihr Verhalten auf ihn: Er versucht, der Diskussion zu entkommen. Dazu hat er ein Dutzend Tricks auf Lager. Er tut so, als ob er nichts hören würde. Vielleicht hört er konfrontative Kommentare tatsächlich einfach nicht. Oder er stimmt dem, was Karin sagt, zwar zu, vergisst aber die Abmachung hinterher sofort wieder. Seine vielleicht provokativste Taktik besteht darin, einen Kommentar darüber abzugeben, auf welche Art und Weise Karin mit ihm gesprochen hat, anstatt auf die spezifischen Themen einzugehen, die von ihr angesprochen wurden: „Ist ja schon gut, aber warum musst du dich bei diesem Thema immer so aufregen?"

Spätestens ab diesem Punkt gibt es zwei parallel laufende, voneinander unabhängige Diskussionslinien. Steve spricht über die *Art und Weise*, in der Karin die Dinge anspricht, die sie sagen möchte. Karin kämpft einfach nur darum, dass ihr Anliegen überhaupt gehört wird. Natürlich steigt Karins Wut dadurch, dass Steve auf diese Weise reagiert und ihr überhaupt nicht zuhört. Und daraus macht sie auch keinen Hehl – was Steve wiederum noch mehr zögern lässt, überhaupt auf sie einzugehen.

Das ist das Muster, nach dem sich Hund/Ente-Paare im Stall herumjagen.

Vom Standpunkt des Hundes aus erscheint die Ente passiv-aggressiv, verängstigt, dumm, ausweichend, unverantwortlich, unreif oder unzuverlässig. Dem Hund erscheint es ausgeschlossen, die Ente dazu bewegen zu können, sich angemessen mit einem wichtigen Thema auseinander zu setzen.

Vom Standpunkt der Ente aus gesehen allerdings ist der Hund verrückt, wütend, unruhestiftend, schikanierend, kleinlich, viel zu kompliziert und perfektionistisch. Enten haben den Eindruck, dass Hunde nur irgendetwas sagen oder tun, was sie gar nicht so meinen, um ihren Partner dazu zu bringen, sich mit ihnen zu beschäftigen.

Das Ergebnis dieser endlosen Jagd im Stall ist Enttäuschung. Im Grunde ist Karin von Steve enttäuscht. Er hört doch, was sie sagt. Warum geht er nicht darauf ein? Und Steve ist von Karin enttäuscht. Okay, sie möchte über gewisse Dinge mit ihm reden. Warum muss sie das Ganze verderben, indem sie es so weit treibt und so ein Riesending daraus macht, obwohl es doch so einfach wäre, ganz in Ruhe darüber zu sprechen?

Sie leben in einer Hund/Ente-Beziehung, wenn sie immer wieder beobachten, dass derjenige, der konfrontieren möchte, versucht, denjenigen, der lieber vermeidet, in ein Gespräch hineinzuziehen, der Vermeidende sich dabei jedoch unwohl fühlt und versucht, sich aus dem Staub zu machen. Kommt Ihnen das aus Ihrer Beziehung bekannt vor?

Das Leben als Paar unter Zeitdruck intensiviert diese Dynamik noch zusätzlich. Erschöpft und unter Belastung neigen Hunde verstärkt dazu, sich provoziert zu fühlen und werden ihre Enttäuschung mehr denn je auf konfrontierende Art und Weise ausdrücken. Enten haben unter Stress noch eher als sonst die Nase voll von jeglichem Versuch der Konfrontation.

Die *Stärke* einer Hund/Ente-Beziehung liegt darin, dass eine Person die Energie des Problemlösens in die Beziehung mit einbringt und die andere Person sich weigert, den Ärger eskalieren zu lassen. Hier können Sie erkennen, dass solche Paare ein großes Potential haben, ein phantastisches Team zu sein.

Die *Schwäche* einer Hund/Ente-Beziehung besteht darin, dass die Auseinandersetzungen ständig hin und her pendeln zwischen dem Thema, um das es gerade geht, und dem Angriff auf die Person des anderen. An dieser Stelle kann das Monster voll zuschlagen, weil die Enttäuschung über den anderen dazu führt, sich schlecht zu fühlen, weil man überhaupt eine Beziehung mit diesem Menschen eingegangen ist. Von allen drei Beziehungstypen ist dieser Typ am stärksten gefährdet, beiden Partnern das Gefühl zu vermitteln, eigentlich gar nicht zusammen zu gehören.

Das *Risiko* einer Hund/Ente-Beziehung besteht darin, dass einer oder sogar beide Partner es müde werden, zu jagen oder gejagt zu werden, vom anderen enttäuscht zu sein, niemals auf gleiche Art über ein gleiches Thema sprechen zu können und deshalb irgendwann einmal die Beziehung einfach aufgeben.

Die *Chance* einer Hund/Ente-Beziehung liegt darin, dass Sie einer wunderbaren Lösung ganz nahe sind. Hund und Ente können gut zusammenarbeiten. Sie müssen nur die Jagd beenden. Und die Lösung ist nicht weit entfernt, da nicht das Gespräch über Probleme an sich der Ente Angst macht, sondern vielmehr die Atmosphäre, in der die Konfrontation stattfindet. Und ein Großteil dessen, was beim Hund so konfrontierend wirkt, ist nur der Versuch, die Aufmerksamkeit der Ente auf sich zu ziehen. Wenn einer sagt: „Ich höre auf, wegzurennen, wenn du aufhörst, mich zu jagen", und der andere sagt: „Ich höre auf, dich zu jagen, wenn du aufhörst, wegzurennen", dann wissen Sie, dass die Lösung greifbar nahe ist.

Folgendes können Sie ausprobieren:

Sehen Sie's doch mal so:
Die Probleme einer Hund/Ente-Beziehung entstehen durch die Enttäuschung, dass der andere unfair ist. Keines der zugrundeliegenden Bedürfnisse beider Partner wird angesprochen. Beim Aushandeln anstehender Themen muss dieses Paar Wert darauf legen, dass es fair zugeht und ein faires Ergebnis herbeigeführt wird. Da es weiterhin Streit darüber geben wird, was denn fair sei, schweift das Hund/Ente-Paar in seinen Diskussionen immer wieder von den wahren Themen ab. Wäre es ein Auto, bräuchte es dringend ein Lenkrad.

Bei einem Hund/Ente-Paar schweift jede Diskussion über ein anstehendes Thema in eine Auseinandersetzung darüber ab, wie sie miteinender reden, anstatt auf eine Lösung zuzusteuern.

Der Hund sagt: „Es ist unfair, dass du nicht anhältst, mir zuhörst und dich mit meinen Bedürfnissen auseinander setzt." Die Ente sagt: „Es ist unfair, dass ich nicht sicher sein kann, auf welche Art und Weise du deine Themen hier anbringst." Da das wechselseitige Gefühl der Unfairness diesen Typ Paare sich im Kreis drehen lässt, könnte das Lenkrad beiden Seiten Gerechtigkeit angedeihen lassen und das Paar auf Kurs halten.

Das Lenkrad ist Folgendes: Erkennen Sie zunächst einmal an, dass das Muster, in das Sie immer wieder hineinfallen, Sie viel Energie kostet, die Sie eigentlich dazu verwenden könnten, sich aneinander zu freuen. Als nächstes sollten Sie klären, was sich zu ändern hat, anstatt sich gegenseitig Vorwürfe zu machen. Die Ente muss weniger penibel sein und der Hund weniger konfrontierend. Der Hund möchte gehört werden. Also muss die Ente zuhören. Die Ente muss das Gefühl der Sicherheit bekommen. Also sollte der Hund ruhiger sein.

Anders ausgedrückt, muss die Ente sagen „Ich höre mir deine Bedürfnisse gerne an und setze mich damit auseinander, wenn du mir das Gefühl der Sicherheit gibst." Und der Hund muss sagen: „Ich gebe dir gerne das Gefühl der Sicherheit, wenn du dir meine Bedürfnisse anhörst und dich damit auseinander setzt." Dadurch könnte das Paar auf einen guten Mittelweg zwischen den jeweiligen Bedürfnissen beider Partner hinsteuern.

Bei diesem Projekt müssen jedoch beide zusammenarbeiten. Es gibt kein Steuerrad, wenn nicht beide gleichzeitig fair zueinander sind.

Fair ist zum Beispiel, dass jeder die guten Absichten des anderen erkennt. Fair ist ebenso, zu sehen, dass niemand vollkommen ist. Manchmal bellen Hunde einfach zu laut und sind Enten einfach zu mimosenhaft. Wenn Sie dann anfangen, sich angegriffen oder verlassen zu fühlen, gelangen sie nur wieder dorthin, dass Sie sich im Stall umherjagen. Sollte sich ein Hund/

Ente-Paar in seinem alten Muster wiederfinden, kann es Folgendes ausprobieren: Einer von beiden muss sagen: „Hey, Moment mal. Jetzt machen wir das Gleiche wieder – unser altes Spielchen, das uns nirgendwohin führt. Wenn du damit aufhörst, so konfrontierend zu sein, höre ich dir wirklich zu und werde dieses Thema mit dir lösen." Oder: „Wenn du dich mit mir über dieses Thema auseinandersetzt, verspreche ich dir, zuzuhören und geduldig zu sein."

In kurzer Zeit wird der Hund damit aufhören, so konfrontierend zu sein. Die Ente wird bald damit aufhören, den Kommunikationsstil des Hundes in den Vordergrund zu stellen. An dieser Stelle kann das Hund/Ente-Paar einiges in seiner Beziehung umdrehen und zu größerer gegenseitiger Ehrlichkeit finden, die beiden so wichtig ist.

Möglicherweise reicht dieses eine Werkzeug, das genau auf das Hund/Ente-Paar zugeschnitten ist, dazu aus, einen Mittelweg zwischen dem zu lauten Bellen und dem zu kleinlichen Verhalten anzusteuern und so die Auseinandersetzungen zu vermeiden, zu denen es in Ihrer Beziehung immer und immer wieder kommt. Auch hier also sparen Sie Zeit!

LIEBE IM ÜBERFLUSS

7. Einmal am Tag wirklich miteinander verbunden sein

Die meisten Paare im Zeitstress sagen: „Uns fehlt die Nähe zueinander und der gemeinsame Spaß, aber müssen wir nicht erst unseren Ärger über den anderen loswerden, bevor wir Spaß haben können?“ Das ist das klassische Problem von Henne und Ei. Was kommt zuerst – die Freude aneinander oder die Lösung von Problemen, die verhindern, dass man sich freut, mit dem anderen zusammen zu sein?

Erfolgreiche Paare im Zeitstress haben erkannt, dass sie nie zu ihrem gemeinsamen Vergnügen kommen, wenn sie erst darauf warten, sich vorher gut miteinander zu fühlen. Bei einem Paar im Zeitstress ist einfach zuviel Ärger vorprogrammiert, und die Zeit reicht nicht aus, alle Probleme zu lösen. Erfolgreiche Paare im Zeitstress haben deshalb eine Vielfalt von Geheimnissen entdeckt, durch die sich die Liebe trotz aller Zeitknappheit und gelegentlichen Gereiztheiten, die unser Lebensstil mit sich bringt, wieder zurückholen lässt.

Die folgenden Kapitel beschreiben, wie Ihnen das gelingen kann.

Als Paar im Zeitstress erlebt man am allerhäufigsten das Gefühl der Getrenntheit. Wo ist die Liebe geblieben?, fragen Sie sich. *Ich weiß, dass wir uns lieben. Wir sagen es uns häufig. Aber wenn ich mir gegenüber ganz ehrlich bin, frage ich mich, was neben diesen Worten von unserer Liebe übrig geblieben ist. Wann empfinden wir diese Liebe wirklich?*

Diese Frage ist entmutigend. Wie können Sie Liebe erleben, wenn Sie sich voneinander getrennt fühlen?

Sehen Sie's doch mal so:
Ihre Liebe existiert. Sie müssen sich nur Zeit füreinander geben. Diese gemeinsame Zeit und die liebevollen, innigen Dinge, die Sie in dieser Zeit tun, erzeugen das Gefühl von Liebe im Überfluss. Wenn Sie in dieser Zeit wahrhaft miteinander verbunden sind, brauchen Sie gar nicht so viel davon.

Ein Seminar, das ich für Paare im Zeitstress angeboten habe, ist mir noch lebhaft in Erinnerung. Ich gebe zu, dass ich in diesen Seminaren genau so viel lernen konnte wie die Paare selbst. Ich hatte viele ungefähre Ideen im Kopf, und ich bot sie alle an, um zu sehen, was greifen würde.

Zu meiner Überraschung erfuhr ich am Ende dieses speziellen Seminars, dass die Idee zur Übung *Einmal am Tag miteinander verbunden sein* von den Teilnehmern als besonders hilfreich empfunden wurde. Ich war insofern überrascht, weil ich hier etwas so Einfaches, Kleines angesprochen hatte, was nahezu unsichtbar sein könnte. Ich rede von den Elementarteilchen der Liebe. Es geht nur um einen kleinen Augenblick. Vielleicht nur um wenige Sekunden.

Aber in dieser unglaublich kurzen Zeit verbinden Sie und Ihr Partner sich zu zwei Menschen, die sich lieben. So, als ob Sie beide in diesem Moment die einzigen Menschen auf der Welt wären. Es könnte sich um etwas so Grundlegendes handeln wie der Blick in die Augen des anderen. Es könnte ein Lächeln sein. Oder ein Wortwechsel. Oder eine Umarmung. Oder ein Kuss.

Sie müssen nur beide das Gefühl einer echten Verbindung bekommen, Sie müssen spüren können, dass hier etwas tiefer geht und sich inniger anfühlt als die üblichen Routinebegegnungen. Paare können sich leicht einmal flüchtig anlächeln, umarmen oder küssen, und auch das ist in Ordnung. Es ist ein wunderbares Signal: *Wir lieben uns immer noch und sind nicht böse aufeinander.*

Echtes Verbundensein jedoch ist nicht flüchtig. Sie spüren, dass Sie sich ganz bewusst eine kleine Zeitblase geschaffen haben, in der Sie für einen Moment davonschweben konnten. Selbst wenn Sie jede Nacht miteinander schlafen würden, könnte eine unerwartete liebevolle Umarmung in der Küche Ihnen viel mehr das Gefühl echter Verbundenheit vermitteln.

Und solch einen Moment brauchen Sie *täglich*. Stellen Sie sich einmal vor, Sie hätten jeden Tag eine bestimmte medizinische Prozedur durchzuführen, um überleben zu können, wie beispielsweise Insulin zu spritzen, dann würden Sie das ganz sicher tun. Warum also sollten Sie nicht gleichermaßen dafür sorgen, einmal pro Tag eine echte Verbindung zu Ihrem Partner herzustellen? Für die Gesundheit Ihrer Beziehung ist das mindestens genauso wichtig.

Denken Sie nicht, ich meine etwas Schwieriges, wenn ich von einer echten Verbindung pro Tag spreche. Weniger ist mehr. Wahres Verbundensein ist in der Regel einfacher und braucht weniger Zeit als all die Verhaltensweisen, die Sie an den Tag legen, wenn Sie verärgert sind. Im Grunde geht es darum, für diesen Moment die Routine Ihres Lebens zu unterbrechen und Ihre Verbundenheit wirklich zu spüren. Zum Beispiel geben Sie sich jeden Morgen einen Abschiedskuss. Das ist etwas Schönes, auch wenn es meist in Eile geschieht und der Kuss nur flüchtig ist. Aber eines Morgens nehmen Sie sich mehr Zeit dafür. Der Kuss fällt länger und intensiver aus. Und nach dem Kuss schauen Sie sich noch einen Moment in die Augen. Ich spreche hier von vielleicht gerade einmal fünfundvierzig Sekunden. Aber das reicht aus, um ganz klar echte Verbundenheit herzustellen.

Noch ein Beispiel: Paare fragen sich gegenseitig immer: „Wie war dein Tag?“ Das ist eine nette Angewohnheit. Aber wie wäre es, eines Tages, bei der ersten ruhigen Gelegenheit des Abends, zum Partner zu gehen und zu fragen: „Wie ist es dir in den letzten Tagen eigentlich gegangen?“ und die ehrliche Antwort abzuwarten? Auf diese Art Interesse am Partner zu zeigen, ist ein Moment echter Verbundenheit.

Es muss nichts besonders Tiefgreifendes sein. So könnten Sie sich eines Abends, nachdem sie beide nach Hause gekommen sind und all die kleinen, notwendigen Dinge erledigt haben, die immer zu tun sind, wie z. B. die Post durchzuschauen, ein paar Minuten im Wohnzimmer zusammensetzen und sich einfach nur darüber austauschen, wie Ihr Tag verlaufen ist.

Sie müssen nicht einmal miteinander reden. Vielleicht sitzen Sie einfach nur beieinander und schauen fern, und einer beginnt, dem anderen die Füße zu massieren.

Es muss auch nicht nur *ein* besonders intensiver *Moment* sein. Sie könnten genauso gut nach dem Abendessen einen gemeinsamen Spaziergang machen, der ihnen das Gefühl gibt, ein angenehmes Erlebnis gehabt zu haben, das sie einander näher gebracht hat.

Eine solche Verbindung könnte dadurch hergestellt werden, dass sie Möglichkeiten schaffen, dem anderen Unterstützung anzubieten. Angenommen, einer von Ihnen erwähnt seine Pläne, sich beruflich zu verändern. In einem solchen Fall könnten Sie anbieten: „Lass uns mal zusammensitzen, so dass du mir deine Pläne in Ruhe erzählen kannst – vielleicht habe ich ein paar Ideen dazu."

Letztlich lässt sich fast alles nutzen, um Verbundenheit zu schaffen. Das Einzige, was nicht dafür taugt, ist die immer gleichlaufende althergebrachte Routine. Gemeinsam dasitzen und Fernsehen zu schauen funktioniert nicht – das mag zwar ganz angenehm und entspannend sein, führt aber zu keiner echten Verbundenheit. Jeder vergnügt sich alleine, außer dass dies in Gegenwart des anderen geschieht. Ebenso wenig taugt ein Gespräch über das Thema, ob Sie es sich leisten können, das Badezimmer zu renovieren oder ob Sie glauben, Ihr jüngstes Kind hätte möglicherweise eine Lernschwäche.

Geeignet ist all das, was Sie auch in der Phase der ersten Verliebtheit getan hätten, als Sie alles daran setzten, einander immer wieder zu sehen.

Paare, die dafür sorgen, dass sie auf jeden Fall einmal am Tag eine ganz besondere positive Begegnung miteinander haben, berichten mir Folgendes: „Es gibt mir ein Gefühl der Sicherheit." Und damit haben sie vollkommen Recht. Weil Sie aus Liebe zusammengekommen sind, bedeutet jeder Tag, an dem Sie diese Liebe nicht spüren, eine Verunsicherung, weil sich die Frage aufdrängt: „Warum sind wir denn dann überhaupt zusammen?" Wenn Sie jedoch einfach einen Kuss austauschen, der sich wirklich wie ein echter Kuss anfühlt, wissen Sie wieder, warum Sie zusammen sind.

Paare bekommen Schwierigkeiten miteinander, weil es banalerweise einfach so ist, dass man durchaus auch miteinander leben kann, ohne jemals eine echte Verbindung herstellen *zu müssen*. Solange jeder Austausch höflich abläuft, könnte nicht einmal ein Spion auf den ersten Blick einen Unterschied feststellen. Ich will Ihnen jedoch weitergeben, was ich von Paaren gelernt habe, die für sich einen Weg gefunden haben, trotz Zeitstress ihre Liebe zum Blühen zu bringen: Sie haben verstanden: *Wir sind nicht mehr das Liebespaar von früher. Wenn wir weiterhin so tun, als hätten wir in unserer Beziehung alle Zeit der Welt, als könnten wir solange darauf verzichten, uns wirklich miteinander zu verbinden, bis sich in Zukunft zufällig einmal eine Gelegenheit dafür anbietet, werden wir Schwierigkeiten miteinander bekommen.*

Es geht darum, dass jeder Tag, der verstreicht, ohne dass Sie wenigstens eine winzige Geste echter Verbundenheit austauschen, eine solche Verbindung beim nächsten Mal umso schwieriger macht. Diese winzigen täglichen Verbindungen sind die Rettungsleine für Ihre Liebe.

Ich möchte Ihnen gerne beweisen, dass Sie die Zeit dafür haben. Zwar bestätigen Umfragen immer wieder, dass wir unglaublich beschäftigt sind, aber trotzdem kann jeder pro Tag noch ein klein wenig Zeit dafür aufbringen, Momente echter Verbundenheit zu schaffen.

Beginnen wir einmal mit der Tatsache, dass jeder von uns pro Woche 168 Stunden zur Verfügung hat. Auch wenn die Umfrageergebnisse darauf hinweisen, dass Menschen verschieden sind, hat sich am häufigsten das Muster gezeigt, dass ein berufstätiges Paar 45 Wochenstunden bei der Arbeit verbringt, all die Zusatzleistungen hinzugerechnet, die dort anfallen. Addieren Sie pro Tag ungefähr eine Stunde für den Weg zur Arbeit hinzu. Veranschlagen Sie pro Nacht sieben Stunden Schlaf. Wenn Sie diese Zeiten zusammenzählen, die mit Arbeit, Weg zur Arbeit und mit Schlaf verbracht werden, und das Ganze von 168 abziehen, bleiben immer noch 69 Stunden pro Woche übrig. (Glauben Sie mir, ich habe diese Rechnung doppelt überprüft).

Wie Sie wissen, sind das allerdings keine 69 Stunden freie Zeit pro Woche. Zum einen müssen bestimmte Dinge einfach erledigt werden. Statistiken besagen, dass berufstätige Frauen 31 Stunden pro Woche im Haushalt verbringen, berufstätige Männer 19 Stunden pro Woche. Diese Zahlen erscheinen mir sehr hoch gegriffen (aber vielleicht spiegelt das nur meine etwas schludrige Auffassung von Hausarbeit wider). Seien wir einmal konservativ und nehmen 15 Stunden Hausarbeit pro Woche an. Damit verbleiben immer noch 54 Stunden pro Woche.

Dann gibt es die sozialen Verpflichtungen, denen man nachzugehen hat, die Telefonate, die erledigt werden müssen, die Fernsehsendungen, die man anschauen möchte. Medienangaben zufolge sitzen die Menschen 28 Stunden pro Woche vor dem Fernseher. Reduzieren wir das für ein vielbeschäftigtes berufstätiges Paar auf 20 Stunden pro Woche. Bleiben noch 34 Stunden übrig. Sechs Stunden pro Woche werden mit Freunden und Verwandten verbracht, und weitere drei Stunden mit körperlichem Training. Bleiben pro Woche 25 Stunden übrig.

Die meisten Menschen jedoch verbringen täglich eine Stunde mit Putzen. Und mindestens eine weitere Stunde pro Tag geht damit drauf, Mahlzeiten zuzubereiten und zu essen. Das sind in der Summe 14 Stunden pro Woche. Bleibt ein Rest von elf Stunden. Das bedeutet am Tag ungefähr eineinhalb Stunden freie Zeit.

Bei unserer Rechnung haben wir noch nicht das Vorhandensein von Kindern berücksichtigt. Forschungen der Universität von Maryland gehen davon aus, dass Frauen sechs Stunden am Tag mit ihren Kindern verbringen, Männer vier Stunden. Aber diese Zeit für die Kinder wird in der Regel von der Zeit vor dem Fernseher oder dem Zusammensein mit anderen Menschen abgezogen.

Das heißt, selbst wenn Kinder im Spiel sind und beide Ehepartner außerhalb des Hauses berufstätig sind, bleibt Ihnen als Paar ungefähr noch eine halbe Stunde am Tag übrig. Zugegeben, bei 168 Stunden als Ausgangspunkt ist das nicht gerade viel. Es steht auch außer Frage, dass unser Lebenstempo und der Druck, dem wir ausgesetzt sind, heutzutage beängstigend sind. Und es geschieht nur allzu leicht, dass wir das bisschen Zeit, das uns übrigbleibt, verplempern. *Aber die Zeit reicht immer noch aus, um einmal am Tag eine echte Verbindung herzustellen.*

Ich werde häufig gefragt, ob ich bei meinen Forschungen auf irgendetwas Überraschendes gestoßen bin. Folgendes hat mich wirklich überrascht: Fünfzehn bis dreißig Minuten pro Wochentag, verbracht mit Dingen, die zu einer echten Beziehung gehören – also nichts, was mit Ihrer gemeinsamen Elternrolle zu tun hat, nichts, was Sie als Wohnpartner betrifft, nichts bezüglich Ihrer Geschäftspartnerschaft, sondern Dinge, die Sie als Menschen tun, die sich lieben und Ihre Liebe auch zeigen – reichen aus, um eine authentische liebevolle Beziehung aufrechtzuerhalten. Allerdings müssen Sie dafür sorgen, dass diese Zeit täglich eingehalten wird.

Es kann allerdings eine Herausforderung für ein Paar sein, wenn jeder etwas anderes braucht, um diese eine echte Verbindung pro Tag eingehen zu können. Das hängt damit zusammen, dass Menschen unterschiedliche Dinge brauchen, um Nähe empfinden zu können. Vielleicht brauchen Sie den körperlichen Kontakt, um sich dem anderen nahe zu fühlen. Oder Sie brauchen erst eine Zeitspanne, in der es keinen Ärger zwischen Ihnen gab. Oder Sie müssen erst die Gelegenheit bekommen haben, über das zu sprechen, was Sie gedanklich gerade beschäftigt. Oder es ist für Sie wichtig, etwas über die Gefühle Ihres Partners zu erfahren. Selbst wenn Ihnen nicht viel Zeit bleibt, müssen Sie diese Dinge zunächst tun, damit Sie sich dem anderen nahe fühlen können.

Was Sie brauchen, um sich Ihrem Partner nahe zu fühlen, gehört zu Ihrem Stil von Nähe. Was Ihr Partner dazu braucht, gehört zu seinem Stil von Nähe. Zusammengenommen ergibt sich aus diesen Bedürfnissen Ihr Stil von Nähe, den Sie als Paar haben. *Um sich als Partner einander nahe fühlen zu können, müssen Sie das tun, was Ihnen* beiden *am besten hilft, sich nahe zu kommen.*

Dieses Wissen verschafft Ihnen den kürzesten Weg zur echten Nähe. Es ist ein Fehler, anzunehmen, man bräuchte viel Zeit, um sich nahe zu kommen, vor allem, wenn man dem Zeitdruck der vollgepackten Woche ausgesetzt ist. So, wie Sie sich ruckzuck gut anziehen können, wenn alle Kleidungsstücke, die in Ihrem Kleiderschrank hängen, Ihrem Modegeschmack entsprechen, so können Sie sich in kürzester Zeit nahe kommen, wenn die Möglichkeiten, die Sie haben, innig miteinander umzugehen, Ihren Stil von Nähe widerspiegeln.

Guerillastrategien: Investieren Sie ein wenig Ihrer kostbaren Zeit dafür, herauszufinden, was Sie und Ihr Ehepartner brauchen, um sich einander nahe zu fühlen. Hier ist eine Übung, die Sie durchführen können, wenn Sie ein paar freie Momente übrig haben: Notieren Sie sich einige der Dinge, die nach Ihrem Gefühl dazu beitragen, mehr Nähe zwischen Ihnen beiden herzustellen, und bitten Sie Ihren Partner, das Gleiche zu tun. Ich rede hier von Dingen wie „Ich fühle mich dir näher, wenn du damit aufhörst, all das Zeug aufzuzählen, das dir während des Tages passiert ist und anfängst, darüber zu reden, wie es dir mit dem geht, was wirklich für dich wichtig ist." Oder: „Ich fühle mich dir nahe, wenn wir uns einfach ohne zu reden in den Armen liegen." Erwähnen Sie alles, was Ihnen oder Ihrem Partner das Gefühl von Nähe gibt.

Es ist gut, das Ganze auf Papier festzuhalten, weil beide Partner dann jederzeit nachlesen können, worum es dem anderen geht. Ein Vergessen ist unmöglich. Missverständnisse werden ausgeschlossen. Dies ist wie ein kleines persönliches Rezept für die Liebe. Sollte Ihnen allerdings nicht danach zumute sein, diese Dinge aufzuschreiben, lassen Sie es bleiben. Aufgeschrieben oder nicht, entscheidend ist, dass Sie sich diese äußerst wichtige Information mitteilen und entsprechend handeln.

Lassen Sie sich überraschen! Warum auch nicht? Es gehört zur Natur eines Paares im Zeitstress, dass man blind geworden ist für die Dinge, die beim Partner zum gegenwärtigen Zeitpunkt Nähe herstellen. Häufig scheint das, was bei einem Paar im Zeitstress am ehesten das Gefühl des Geliebtwerdens auslöst, zunächst einmal sehr wenig mit dem direkten Ausdruck von Zuneigung zu tun zu haben. Eine Frau sagte zum Beispiel einmal zu ihrem Mann: „Wenn du mir wirklich das Gefühl vermitteln willst, geliebt zu werden, müsstest du 25 Pfund abnehmen. Ein dicker alter Bauch sagt mir, dass du nicht darüber nachdenkst, was das für mich bedeutet. Ich mache mir einfach große Sorgen darum, dass du eines Tages mit einem Herzinfarkt tot umfällst. Und außerdem bist du mit deinem momentanen Gewicht nicht attraktiv für mich."

Es kann sehr schwer sein, solche Äußerungen anzunehmen. Unsere instinktive Reaktion ist: *Das kann doch nicht dein Ernst sein.* Ich rate Ihnen, dem zu trauen, was Ihr Partner, Ihre Partnerin Ihnen sagt. Und Ihre Liebe für ihn oder sie dann auf eine Art zu zeigen, die ihm/ihr wirklich etwas bedeutet.

An dieser Stelle sei eine Warnung ausgesprochen: Wenn Sie sich gemeinsam hinsetzen und darüber austauschen, was Ihnen das Gefühl echter Nähe vermittelt, ist dies eine bedeutsame Zeremonie. Sobald Sie sich nämlich erst einmal mitgeteilt haben, wodurch bei Ihnen das Gefühl entsteht, wirklich geliebt zu werden, kann sich niemand mehr darauf hinausreden, er habe es nicht gewusst. Wenn Sie aussprechen, wodurch Sie sich geliebt fühlen und Ihr Partner nichts davon tut, fühlen Sie sich betrogen. Und ihrem Partner geht es genauso.

Ein solcher Moment bringt jedoch auch eine enorme Chance mit sich. So wie Kälte in einer Beziehung weitere Kälte erzeugt, gebiert Liebe weitere Liebe. Sie sind einfach viel zu beschäftigt, um außer diesen speziellen, gezielten Dingen, die Ihrem Partner das Gefühl vermitteln, geliebt zu werden, irgendetwas anderes zu tun. Tun Sie diese Dinge jedoch, motivieren diese liebevollen Handlungen des einen den anderen dazu, sich ebenfalls liebevoll zu verhalten – ganz wie zu Beginn Ihrer Beziehung.

Wenn Menschen in einer Beziehung wissen, was sie brauchen, um Nähe zu empfinden und was der Partner dazu braucht, haben sie wirkungsvolle Rezepte, mit denen sie jederzeit ganz schnell eine echte Verbindung herstellen können.

Ich habe gelernt, dass Menschen folgendermaßen funktionieren: Sie machen viel Aufhebens um das, was sie brauchen, um sich dem anderen nah zu fühlen, weil sie viel zu selten Nähe erleben, vor allem, wenn sie zu den Paaren im Zeitstress gehören. Dadurch entsteht bei ihren Partnern das Gefühl, es sei etwas sehr Kompliziertes, Nähe herzustellen. Aber es ist gar nicht so schwer, wie Sie vielleicht denken. Allein schon der *Versuch*, sich gegenseitig das zu geben, was Nähe herstellt, lässt Sie beide so dankbar sein, dass Sie sich einander bereits nahe fühlen.

Sie müssen dafür sorgen, die Dinge auch wirklich zu *tun*, von denen Sie wissen, dass sie Ihrem Partner das Gefühl von Nähe vermitteln. Je mehr verschiedene Möglichkeiten jedem von Ihnen dafür zur Verfügung stehen, desto wahrscheinlicher wird es, dass Sie pro Tag eine echte Verbindung herstellen können.

Dabei wird häufig folgender Fehler gemacht: Sie machen etwas mit Ihrem Partner, was Ihnen das Gefühl der Nähe gibt, nicht unbedingt aber Ihrem Partner. Das wäre das Gleiche, als ob ich eine Lasagne für Sie koche, weil ich sie gerne esse, und nicht, weil ich weiß, dass sie Ihr Lieblingsgericht ist.

Dies war Jessicas Fehler. Sie fühlt sich Michael nahe, wenn sie mit ihm über ihre Hoffnungen für die Zukunft reden kann. Michael versteht ihre Hoffnungen jedoch als Forderungen, mehr Geld zu verdienen, oder als schwierige Probleme, die Jessica einfach auf seinem Schoß ablädt. Im Grunde genommen füttert sie einen Menschen, der gar keine Lasagne mag, mit Lasagne, und wundert sich dann, warum keine Nähe zwischen ihnen entsteht. Würde sie jedoch die oben beschriebene Guerillastrategie anwenden, wüsste sie, wodurch sich Michael ihr nahe fühlen würde und würde genau das tun. Wenn sie zum Beispiel wüsste, dass Michael körperlichen Kontakt braucht, um Nähe empfinden zu können, würde sie ihre Arme um ihn legen oder sich an ihn schmiegen. Vielleicht hätte sie selbst dabei zunächst einmal nicht unbedingt ein Gefühl besonderer Nähe, aber in der Regel funktioniert es so, dass er, sobald er sich ihr näher zu fühlen beginnt, dahinschmelzen und weicher werden wird und dann Dinge tut, die ihr das Gefühl größerer Nähe geben.

Bei diesen Dingen ist es wichtig, sich abzuwechseln. Am nächsten Abend kann Michael anfangen. Er weiß, dass Jessica es braucht, auch seine Hoffnungen für ihre gemeinsame Zukunft zu erfahren. Wenn er darüber spricht, wird sie es sein, die dahinschmilzt.

Ein weiterer häufiger Fehler besteht darin, Dinge füreinander zu tun, die früher einmal Nähe hergestellt haben, und nicht das, was heute Nähe herstellen würde für den Menschen, der man inzwischen ist. Schließlich verändern sich Menschen und Beziehungen. In gewissem Maße lebt jedes Paar gleichzeitig in zwei Beziehungen: Einerseits sind Sie das Paar, das Sie zu Beginn Ihrer Beziehung waren, als Sie noch mehr freie Zeit füreinander hatten. Und andererseits sind Sie das heutige Paar, bei dem sich jeder von Ihnen einem enormen Druck ausgesetzt fühlt.

Dies galt auch für Peter und Maria. Als sie sich zum ersten Mal begegneten, war Maria fast fertig mit der Schule. Peter hatte seit seinem Schulabschluss im Elektrogeschäft seines Vaters gearbeitet, aber das war nur als Übergang gedacht, bis er wusste, was er wirklich werden wollte. Er nahm seine Arbeit nicht allzu ernst und engagierte sich auch nicht besonders dafür. Maria empfand ihn als einen süßen, naiven Jungen, der zwar ein wenig wild war, aber sehr dafür geeignet, viel Spaß zusammen zu haben. Für Peter war Maria der netteste, glücklichste und unschuldigste Mensch, der ihm je begegnet war.

Für Peter und Maria gilt ebenso wie für uns alle, dass der Teil in ihnen, der in der Zeit der ersten Begegnung in den Vordergrund trat, auch heute noch ein wichtiger Teil von ihnen ist. Dieser Teil ist verantwortlich für ihre Entscheidung, den Rest ihres Lebens gemeinsam verbringen zu wollen. Wenn zwei Partner wirklich meinen, sich gegenseitig zu kennen, schätzen und lieben sie diesen Teil des anderen am meisten.

Neun Jahre später jedoch sind Peter und Maria nicht mehr dieselben. Inzwischen sind beide berufstätig und haben zwei Kinder. Jetzt sind sie Peter und Maria, die auf eine ganz spezifische Art auf die Belastungen eines Paares im Zeitstress reagieren. Sobald Peter das Gefühl hat, dass der Druck ganz besonders schlimm ist, verwandelt sich der süße, naive, spaßige Junge in einen Diktator. Dann meint er, auf alles eine Antwort zu haben. Nur er allein hat dann das Sagen. Maria wiederum – eigentlich ein sehr umgänglicher Mensch –, wird immer dann, wenn sie stark unter Druck steht, in eine Prinzessin aus Eis. Sobald es viel zu tun gibt, sagt sie unaufhörlich „Sprich nicht mit mir, rühr mich nicht an, lass mich in Ruh."

Wenn Sie Peter und Maria nun den Rat geben, liebevolle Dinge für den anderen tun, weil die Beziehung das dringend erfordert, von welchem „anderen" reden Sie dann? Von Peter und Maria alter Couleur? Oder von Peter und Maria als Paar im Zeitstress? Überlässt man die Entscheidung ihnen, werden sie sich für den alten Peter und die alte Maria entscheiden, weil sie *die neuen* Peter und Maria gar nicht kennen. Ich weiß, das klingt verrückt – Peter und Maria leben seit Jahren als Paar im Zeitstress. Was sollte daran neu sein?

Maria kann jedoch einfach nicht glauben, dass der diktatorisch auftretende Peter der wahre Peter ist. Das ist nur irgendein Widerling, der ihren Peter entführt und sich selbst in seinen Körper begeben hat. Und Peter hat nicht die geringste Ahnung, wer diese kalte, unnahbare Maria ist. Auf keinen Fall ist das seine süße, alte Maria.

Wenn Peter und Maria nun darüber nachdenken, was sie tun könnten, um einander näher zu kommen, fallen sie automatisch in Denkmuster zurück, die sich auf die alten Peter und Maria beziehen. Die alte Maria hatte es geliebt, wenn Peter auf sie zugekommen war und sie in den Arm genommen hatte. Der alte Peter liebte es, wenn Maria zu ihm kam und anfing, mit ihm herumzublödeln, wenn er irgendetwas tat. Aber der neue Peter und die neue Maria hassen solche Dinge.

Die gute Nachricht besteht darin, dass unser altes Selbst sehr wohl noch unter der Oberfläche existiert. Das heißt, wenn wir genügend Zeit haben, uns zu entspannen, aneinander zu freuen und die Alltagssorgen hinter uns zu lassen, können wir wieder so werden, wie wir zu Beginn einmal waren, und unsere Liebesaffäre fortsetzen.

In unserem Alltag als Paar im Zeitstress ist es jedoch auch nötig, dafür zu sorgen, dass unser neues Selbst sich geliebt fühlen kann.

> *Sehen Sie's doch mal so:*
> Ihr Partner fühlt sich nicht geliebt, wenn Sie etwas für ihn tun, was ihm *früher einmal* dieses Gefühl vermittelt hat. Er fühlt sich ebensowenig geliebt, wenn Sie etwas tun, wodurch er sich geliebt fühlen *sollte.* Er wird sich nur dann von Ihnen geliebt fühlen, wenn Sie ihm das geben, was ihm heute das Gefühl vermittelt, so, wie er ist, geliebt zu sein.

Meine erste Frage zu Beginn meiner therapeutischen Arbeit mit einem Paar ist immer, was ihrer Meinung nach dem anderen das Gefühl gibt, geliebt zu werden. Die Antworten überraschen mich ständig aufs Neue. Dies ist ein Bereich, in dem sich selbst langjährig verheiratete Paare sehr wenig kennen.

Der Mann sagt dann vielleicht so etwas wie: „Sie mag es wirklich, wenn ich ihr Blumen mitbringe." Daraufhin schaut mich die Frau an, als wolle sie sagen: „Sehen Sie jetzt, womit ich mich ständig herumschlagen muss?" und wird in etwa Folgendes antworten: „Blumen sind zwar ganz schön, aber doch nichts wirklich Besonderes. Willst du mir wirklich zeigen, dass du mich liebst? Dann ändere endlich etwas daran, wie du mich jeden Abend, sobald du mich beim Nach-Hause-Kommen siehst, herumkommandierst. Du stellst mir Fragen und musst mir Dinge erzählen. Weißt du, was mir wirklich das Gefühl geben würde, von dir geliebt zu werden? Wenn du mich, verflixt noch Mal, erst einmal eine Weile lang allein lassen würdest. Ich muss erst einmal Zeit für mich selbst haben. Den ganzen Tag über haben Leute mit mir geredet. Ich brauche einfach etwas Ruhe."

Und wenn die Frau an der Reihe ist, sagt sie so etwas wie: „Ich weiß, dass er sich geliebt fühlt, wenn ich ihm ein gutes Essen koche." Der Mann antwortet darauf in etwa: „Habe ich dir nicht schon tausend Mal gesagt, dass ich mir nichts daraus mache? Ich weiß, dass ich in unserer Anfangszeit dein Kochen einmal hochgelobt habe, aber das hatte damit zu tun, dass die Freundin, die ich vorher hatte, überhaupt nie gekocht hat. Vielleicht bin ich selbst schuld daran. Ich würde mich von dir jedoch geliebt fühlen, wenn du dir ein wenig Zeit für mich nehmen würdest, anstatt immer in der Küche herumzuwuseln. Ich gehe mittags immer essen, das heißt, ich bekomme bereits eine vollständige Mahlzeit pro Tag. Am Abend würde ich liebend gern nur Müsli essen, wenn du nur gut aufgelegt wärst und mir etwas zu geben hättest."

Solche Äußerungen sind immer eine Offenbarung für unseren Partner. Wir reden groß von Ehrlichkeit und verbringen trotzdem unsere Zeit damit, uns über den anderen zu beklagen, anstatt über das zu sprechen, was der größten Ehrlichkeit bedürfte, nämlich darüber, was uns am ehesten das Gefühl gibt, dem anderen nahe zu sein und von ihm gemocht zu werden. Wissen Sie erst einmal, wodurch sich Ihr Partner geliebt fühlt, und weiß Ihr Partner das Gleiche von Ihnen, ist es, als hätte man Ihnen den Schlüssel zum Himmel auf Erden ausgehändigt.

8. Erfüllender Sex trotz Zeitknappheit

Falls Sie vergessen haben sollten, was vor sich geht, wenn zwei Menschen sich lieben, eine kleine Erinnerung: sie beginnen, sich zu umarmen und zu küssen und dann ...

Aber natürlich haben Sie das nicht vergessen. Wenn man ein Paar im Zeitstress ist, kann es nur manchmal so aussehen. Der Sex verabschiedet sich bei solchen Paaren häufig als Erstes. Nicht, dass real überhaupt keine Zeit mehr dafür da wäre; aber das Wenige, was an Zeit übrigbleibt, fühlt sich einfach nie richtig an.

Daniel und Isabelle hatten einen Lebensstil entwickelt, der sehr von Zeitknappheit geprägt war. Er war Software-Ingenieur. Sie jonglierte als Kinderärztin die Betreuung der Kinder und drei Arbeitstage pro Woche. Lange Arbeitstage, Besprechungen zu wenig familienfreundlichen Zeiten und Geschäftsreisen hinterließen ihre Spuren. Und das Ergebnis? Daniel und Isabelle hatten eines dieser kurzen Gespräche, die ich so oft zu hören bekomme. „Wann haben wir das letzte Mal miteinander geschlafen?"

„Ach Gott, das war ... warte mal, war das nicht letzte Woche?"

„Du meinst den Samstag, hab ich Recht? Nein, weil da –"

„Ach ja, stimmt. Ich erinnere mich, eigentlich hatten wir es vor, aber dann... Aber wenn es nicht Samstag war, wann war es dann?"

Dann folgt eine Pause. „Schatz, lang, lang ist's her."

Und dann schauten sie sich einfach nur an.

Jedes Paar im Zeitstress macht an irgendeinem Punkt die Feststellung: *Wir schlafen überhaupt nicht mehr miteinander.*

Paare im Zeitstress gehen mit dieser Form von Nähe und Intimität so um, als könne man sie einfach auf später verschieben. Aber das geht nicht.

Sie können eine Reise nach Florenz verschieben. Aber angenommen, Sie gingen mit Ihrem Bedürfnis, miteinander zu schlafen, nach dem Motto um: *Ist doch egal, ob diese Woche oder nächste Woche oder* ...Und dann durchfährt es Sie plötzlich. Wie Isabelle es in einer Paarsitzung ausdrückte: „Wissen Sie, das Leben ist kurz. Wie häufig hat man denn die Gelegenheit, miteinander zu schlafen? Wenn man eine dieser Gelegenheiten verpasst, denkt man, man könne das später nachholen, aber das ist ein Trugschluss. Diese Gelegenheit ist einfach verpasst." Dann wandte sie sich von mir ab und sagte zu Daniel: „Ich habe Angst, eines Morgens als alte Frau aufzuwachen und schrecklich traurig zu werden, weil ich mich an all die Gelegenheiten erinnere, in denen wir miteinander hätten schlafen können und es nicht getan haben."

Daniel versuchte, sie durch rationale Einwände irgendwie zu beruhigen. „Na komm schon, wir sind doch so müde. Außerdem wollen wir dabei nicht unter Zeitdruck stehen. Und manchmal sind wir auch so leicht gereizt, stimmt's? Und allein schon unser Lebensstil trägt manchmal dazu bei, dass wir eine Distanz zwischen uns spüren und dann ist es schwer, sofort wieder auf Sex umzustellen."

Beide seufzten. Zumindest machten sie sich gegenseitig keine Vorwürfe.

Geben Sie die Schuld der Tatsache, dass Sie ein Paar im Zeitstress sind. Es liegt jedoch nicht nur am Zeitmangel. Es hat auch damit zu tun, dass der Grundton unseres Lebens so unglaublich unromantisch geworden ist. Klassische Sätze eines Paares im Zeitstress wie „*Hey, hast du daran gedacht,...?*" oder „*Wann wirst du ... erledigen können*?" würden selbst Teenager dazu bringen, Interesse am Sex zu verlieren.

Sex entsteht, einem Gewitter gleich, ganz natürlich aus der romantischen Atmosphäre, die ein Paar schafft. Wenn Sie jung, verliebt und darauf versessen sind, den anderen zu erforschen, trägt alles, was Sie tun, zu einer sexuell anregenden Atmosphäre bei. Schon die Art der Umarmung bei der Begrüßung macht unmissverständlich klar, dass Sie später miteinander schlafen werden.

Bei einem Paar im Zeitstress herrscht jedoch eine geschäftsmäßige Lass-uns-sehen-wie-wir-alles-Anstehende-bewältigen-Atmosphäre vor, die Sie befürchten lassen muss, einen Peitschenhieb versetzt zu bekommen, sollten Sie dem anderen sexuelle Avancen machen. Diese Paare erleben sich im Grunde in einer Situation, in der jeder sagt, *Ich werde mich sexy verhalten, wenn du den ersten Schritt in diese Richtung machst,* aber niemand macht den ersten Schritt.

Genug des Lamentierens. Wir wissen, worum es geht. Erfolgreiche Paare im Zeitstress haben herausgefunden, dass es auch anders geht. Hier sind einige Anregungen, wie Sie trotz aller Belastungen mehr Lust aufeinander erzeugen, sich sexuell anziehender fühlen können und ein befriedigenderes, romantischeres Liebesleben führen können. Damit diese Anregungen jedoch ihre Wirkung zeigen können, müssen Sie sie erst einmal ausprobieren.

Schaffen Sie eine Atmosphäre, die Lust auf Sex macht. Sexuelle Anziehung kommt ebenso wenig aus heiterem Himmel wie ein Blitzschlag. Ein Blitz entsteht aus dunklen Gewitterwolken. In der Regel spüren Sie schon die Veränderung der Atmosphäre, bevor Sie den ersten Blitz sehen und den Donner hören können. Möglicherweise haben Sie das Ozon gerochen. Oder vielleicht war die Luft ruhig und schwer und plötzlich kam ein Wind auf. Vielleicht wurde der Himmel schwarz.

Sie sind bereits bevor es blitzt auf den Blitz vorbereitet, so dass es schließlich fast so etwas wie die Erfüllung Ihrer Erwartungen ist, wenn er dann tatsächlich kommt. Das gleiche Prinzip können Sie anwenden, wenn es um Sex geht. Ich habe herausgefunden, dass erfolgreiche Paare im Zeitstress gewisse Dinge tun, um die Atmosphäre sexuell aufzuladen.

Sie müssen dazu nicht direkt über Sex reden. Meist geht es mehr um eine verführerische, neckende Art des Gesprächs, selbst bei so banalen Themen wie der Frage, wann Sie voraussichtlich von der Arbeit heimkommen werden. Der Schlüssel liegt darin, nicht platt und geschäftsmäßig zu klingen. Selbst wenn Sex nie direkt erwähnt wird, reden Sie so miteinander, als ob Sie gerade miteinander geschlafen hätten oder ganz genau wüssten, dass es jeden Moment dazu kommen könnte.

Eine andere Möglichkeit, die Atmosphäre sexuell aufzuladen, ist die Art der gegenseitigen Berührung. Grabschen ist verpönt. „In" ist dagegen, den anderen so zu berühren, als ob man ihn verführen wollte. Das geschieht indirekt, spielerisch. Man kann damit anfangen und auch wieder aufhören. Und von Neuem damit beginnen. Ein Paar erzählte einmal davon, wie er beim gemeinsamen Fernsehen ihre Hand gehalten und sich ganz langsam den Arm bis zur Schulter und dem Nacken hinaufgearbeitet hat. Sie fühlte sich auf denkbar anregende Art vom Fernsehen abgelenkt und bekam Lust auf Sex.

Natürlich muss eine aufgeladene Atmosphäre nicht immer zum Sex führen. Vielleicht kommt es sogar nur höchst selten dazu. Aber auf jeden Fall trägt sie dazu bei, dass Sie häufiger miteinander schlafen werden und sich sexuell anziehender und romantischer fühlen, wenn es dazu kommt.

Wenn es um Sex geht, kann Fastfood auch gutes Essen sein. Wie können Sie trotz der wenigen Zeit, die Ihnen zur Verfügung steht, eine sexuelle Beziehung miteinander leben? Lassen Sie mich eine Analogie benutzen. Ein Großteil des Fastfood bedeutet schlechte Ernährung, aber das muss nicht zwangsläufig so sein. Es gibt auch gutes Fastfood. Denken Sie einmal darüber nach, was Fastfood eigentlich ist. Im Grunde genommen ist das nur eine Mahlzeit, bei der wenig Zeit für die Zubereitung oder fürs Essen selbst aufgewendet wird. Ein Stück gut gereifter Cheddarkäse und ein saftiger Pfirsich sind in diesem Sinne auch Fastfood. Eine Tüte Nüsse und Trockenfrüchte sind ebenfalls Fastfood. Das Öffnen einer Plastikbox mit frischen Salaten ist ebenfalls Fastfood.

Nun, das Gleiche gilt für den Sex. „Quickie“ oder „schnelle Nummer“ sind keine schönen Bezeichnungen für die Idee, miteinander intim zu werden, wenn nur wenig Zeit zur Verfügung steht. Quickies beziehen sich allzu häufig auf eine Situation, in der die Frau aus einer Art Mitleid mit ihrem Mann schnell eine Nummer abzieht. Er bekommt, was er will, sie häufig nicht. Aber selbst wenn die Frau relativ leicht erregbar ist und beide ihren Orgasmus erleben, wäre es unbefriedigend, wenn das Sexualleben eines Paares dauerhaft so abliefe.

Wir müssen unser Verständnis von „schnellem Sex“ verändern. Sex ohne Intimität ist wie minderwertiges Fastfood. Manchmal möchte man genau das haben, aber langfristig gesehen hinterließe eine solche Ernährung ein schales Gefühl und würde Ihnen das Gefühl vermitteln, weiter voneinander entfernt zu sein als je zuvor. Echte *sinnliche Intimität* kann jedoch phantastisches Fastfood sein. Sie muss nicht viel Zeit in Anspruch nehmen, und sie kann unglaublich erfüllend sein. Und was noch wichtiger ist: Intimität ohne Sex an einem Tag schafft ganz wunderbar die Atmosphäre für Intimität mit Sex am nächsten Tag.

Es gibt viele Möglichkeiten, kleine Momente echter Intimität in einer Beziehung zu schaffen. Diese sind wertvoll, weil sie die romantische Glut während der Woche am Leben erhalten, so dass die Aufgabe, am Wochenende die Flammen der Leidenschaft wieder anzufachen, nicht so entmutigend ist.

Hier sind einige Beispiele für Dinge, die Sie tun können, um Ihre knappe gemeinsame Zeit mit anregenden, romantischen, Begegnungen zu bereichern. Verstehen Sie meine Vorschläge als Angebot, das Ihre eigene Phantasie anregen soll.

- *Nehmen Sie ein gemeinsames Bad oder duschen Sie gemeinsam.* Sie müssen ja ohnehin sauber werden, stimmt's? Warum also getrennt unter die Dusche gehen, wenn man auch gemeinsam duschen könnte? Ich meine hier nicht unbedingt die lange Szene aus einem Softpornofilm. Selbst eine kurze Dusche, bei der Sie nichts anderes machen, als sich gegenseitig den Rücken einzuseifen, ist besser als nichts.

- *Nehmen Sie sich ein paar Minuten Zeit, Ihrem Partner den Hals, die Füße oder die Hände zu massieren.* Das Schöne hierbei ist, dass Sie das tun können, während Sie sich über irgendetwas unterhalten oder sich entspannen und Musik hören. Wechseln Sie sich dabei ab.
- *Tanzen Sie langsam miteinander.* Vielleicht läuft gerade das Radio oder Sie hören Musik von der Stereoanlage. Dabei könnten Sie genauso gut langsam tanzen statt einfach nur herumzusitzen. Und schon wird es sehr viel intimer.
- *Machen Sie sich Lust auf mehr.* Erinnern Sie sich, wie es war, sich anzumachen? Es war heiß und hat Spaß gemacht. Warum sollten Sie nicht damit anfangen, sich zu küssen und zu umarmen und so weiter, wenn Sie auf der Couch sitzen oder in der Küche stehen? Machen Sie sich keine Gedanken darum, dass Sie etwas anfangen, wozu Ihnen möglicherweise die Zeit fehlen könnte, es zu Ende zu führen. Es geht hier darum, etwas zu tun, was sich an sich schon gut anfühlt und zu einer sexuell anregenden Atmosphäre beiträgt. Das muss nicht unbedingt auf die klassische Weise ablaufen. Was meinen Sie denn, was passiert, wenn Sie sich morgens einen langen Abschiedskuss geben? Sie haben sich gerade angemacht.

Die Hauptsache ist, dass Sie solche Dinge überhaupt initiieren. Erinnern Sie sich noch an die Zeit in der Schule, als Sie auf jemanden, mit dem Sie noch kein Wort gewechselt hatten, ein Auge geworfen hatten, und nun das Risiko eingingen, diese Person anzusprechen? Sie mussten es einfach irgendwann einmal tun. Genauso ist es mit diesen kleinen Dingen, die wir tun, um intime Augenblicke herbeizuzaubern.

Nichts geht über ein ausgedehntes gemütliches Essen. Wenn Sie häufig Fastfood zu sich nehmen, ist es für Ihren Körper und Ihre Seele unvorstellbar wichtig, ab und zu eine schöne, gemütliche Mahlzeit zu bekommen. Keine Sorge, ich spreche immer noch über Sex. Hundert kurze Augenblicke echter Intimität sind eine gute Vorbereitung für eine ausgewachsene romantische Begegnung, aber sie können kein Ersatz dafür sein.

Hier ist jedoch der Schlüssel dafür. Sie wissen sehr gut, dass sich für ein Paar im Zeitstress die Gelegenheit für ausgiebige Liebesspiele fast nie von selbst ergibt. Deshalb müssen Sie diese Gelegenheiten herbeiführen. Solche Planungen mögen an sich recht unromantisch sein. „Schau mal, Samstag Abend haben wir nichts vor. Und Matthias hat schon die ganze Zeit lautstark gefordert, bei seinem Freund übernachten zu dürfen. Wenn wir ihm das erlauben und Stephanie zu meiner Mutter bringen, hätten wir einen romantischen Samstagabend ganz für uns. Was hältst du davon? Sollen wir das so arrangieren?"

Paare, die erfolgreich mit ihrem Zeitstress umgehen, haben mir erzählt, dass sie der anfänglichen Verlegenheit bei der Planung solcher Gelegenheiten für die Liebe keine zu große Beachtung schenken. Anfangs mag es sich etwas unangenehm anfühlen, als ob es eher eine Frage der Entscheidung wäre als des Gefühls. Aber Sie müssen verstehen, was Sie damit tun. Sie üben geplante Spontaneität. Es stimmt, dass Sie die Zeit und den Ort vorausplanen müssen. Aber alles, was danach kommt, kann sich spontan entwickeln.

Wissen Sie noch, warum die Appetithappen erfunden wurden? (Keine Sorge, ich spreche immer noch über Sex). Als Kind konnte ich nie so richtig verstehen, was es mit diesen Appetithappen eigentlich auf sich hatte. Wenn ich ein Stück Brot zwischendurch aß, schimpfte meine Mutter immer, ich würde mir den Appetit für das Abendessen verderben. Aber andererseits sah ich, wie sich die Erwachsenen vor dem Essen den Mund mit Snacks vollstopften. Sie durften das plötzlich, weil sie das

Ganze Appetithappen nannten. Aber trotzdem – durch Essen soll man hungrig werden?!

Inzwischen verstehe ich das. Sie sind so beschäftigt. Sie rennen herum. Sie sind gedanklich überhaupt nicht auf Essen eingestellt. Der Gedanke, plötzlich einen großen, mit Essen vollgepackten Teller unter die Nase geschoben zu bekommen, ist nicht gerade appetitanregend. Aber ein winziger Teller, auf dem ein paar niedliche Nichtigkeiten präsentiert sind, kann Sie verführen. Und dadurch läuft Ihnen das Wasser im Mund zusammen, sodass Sie schließlich bereit sind, eine ausgewachsene Mahlzeit mit Gusto entgegenzunehmen.

Ich kann Ihnen verraten, dass das Gleiche bei Paaren im Zeitstress auch in puncto Intimität funktioniert. Sie mögen sexuell hungrig sein, aber dieser Hunger ist unter tiefen Schichten von Ärger und Müdigkeit vergraben. Was können Sie also tun, wenn Ihnen im Verlauf eines vollgepackten Wochenendes unvermittelt eineinhalb freie Stunden in den Schoß fallen? Wie kann ein sexueller Funken zum Überspringen gebracht werden, wenn vorher keine Zeit war, das romantische Feuer zwischen Ihnen zu schüren?

Eigentlich geht es um die Frage: Wie kommen Sie zum Sex, wenn Sie sich gar nicht sexy fühlen?

Zunächst einmal müssen Sie akzeptieren, was alle Paare im Zeitstress akzeptiert haben: Wenn Sie darauf warten, sich sexy zu fühlen, bevor Sie sexuell anregende Dinge tun, werden Sie möglicherweise nie mehr zu Ihrem Sex kommen. Habe ich Sie damit genügend aufgeschreckt?

Nehmen wir einmal an, das Schicksal meint es gut mit Ihnen und bietet Ihnen plötzlich die Zeit, den Ort und die Gelegenheit, miteinander zu schlafen. Wenn Sie ein erfolgreiches Paar im Zeitstress sind, wird es folgendermaßen ablaufen: Zunächst einmal werden Sie sich nicht sexy fühlen. Warum sollten Sie auch? Sie haben sich bis gerade eben mit Ihrem Papierkram beschäftigt. Früher wären Sie dieser Situation so begegnet, dass Sie gesagt hätten: *Nun, ich fühle mich nicht sexy, also kann ich auch nichts dergleichen in Gang bringen.* Jetzt sollten Sie die Situation stattdessen so betrachten, als säßen Sie am Lagerfeuer. Nun gut, das Holz ist möglicherweise noch grün und feucht. Vielleicht wird es ziemlich lange dauern, bevor das Feuer wirklich angeht. Werden Sie sich deshalb hinsetzen und behaupten, Sie könnten keine Lagerfeuerlieder singen? Keineswegs. Sie fangen einfach schon an, zu singen, selbst wenn Ihnen nicht so richtig danach zumute ist und das Lagerfeuer noch gar nicht existiert. Das ermuntert Sie, das Feuer anzuzünden und bringt Sie in Stimmung für den Zeitpunkt, wenn es richtig brennt!

Gleiches gilt für den Sex. Natürlich fühlt es sich unbeholfen an, Ihren Partner zu umgarnen, wenn Sie sich gar nicht sexy fühlen. Aber erfolgreiche Paare im Zeitstress haben erkannt, dass sie nie in die Gänge kommen wenn sie nicht irgendwo beginnen. Selbst wenn sie sich gar nicht besonders sexy fühlen, starten sie diesen Prozess. Sie achten nur darauf, geduldig mit sich und dem anderen zu sein.

Es ist ein Fehler anzunehmen, man käme umso schwerer in die Gänge, je weiter man vorher voneinander entfernt war. Richtiger wäre an dieser Stelle die Einstellung, dass ein ‚Dranbleiben' um so wichtiger ist, je weiter Sie voneinander entfernt waren. Mit ein wenig Nachhilfe nimmt die Natur ihren Lauf, und Ihre Liebe füreinander sorgt für den Rest.

Einige erfolgreiche Paare im Zeitstress haben die Erfahrung gemacht, dass man sich nicht zu sehr auf ein bestimmtes Ergebnis fixieren darf. Diese eineinhalb Stunden, die so aussahen, als wären sie mehr als genug Zeit für die Liebe, haben vielleicht einen ganz überraschenden Verlauf genommen. Vielleicht haben Sie mit körperlichen Berührungen begonnen, aber dann angefangen, miteinander zu reden, als Sie sich wohlgefühlt haben. Vielleicht wurde daraus dann gar kein Sex, sondern ein schönes Gespräch.

Erfolg oder Misserfolg? Ganz offensichtlich ein Misserfolg, wenn Ihr Ziel der Geschlechtsverkehr war. Es gibt jedoch verschiedene Arten von Geschlechtsverkehr. Vielleicht war es für

Sie beide nötig, sich emotional und verbal wieder ganz nahe zu kommen, um dadurch eine längst fällige Brücke zu bauen. Diese Brücke macht es wahrscheinlicher, dass es beim nächsten Mal zum Liebesakt kommen kann.

> *Sehen Sie's doch mal so:*
> Es ist wichtig, dass jeder Versuch, den einer von Ihnen unternimmt, damit Sie sich nahe kommen, bereits als Erfolg gewertet wird. Jede Möglichkeit, sich als Paar im Zeitstress tatsächlich näher zu kommen, ist ein großer Erfolg. Solche Erfolge zu feiern führt zu einer Atmosphäre, in der es immer leichter wird, Intimitäten auszutauschen.

Im Folgenden eine **Guerillastrategie:** Wenn Sie das nächste Mal daran denken, miteinander zu schlafen, tun Sie es nicht. Investieren Sie lieber ein wenig Zeit, sich darüber auszutauschen, was Sie beim Liebesspiel mögen und was nicht.

Teilen Sie sich Dinge mit wie „Was du vor allem über meine Art, Sexualität zu genießen, verstehen solltest, ist ..."

Teilen Sie sich gegenseitig mit, was Sie beim Sex häufiger erleben möchten und was nicht.

Und sagen Sie dem anderen, was er tun muss, damit Sie sich begehrt fühlen.

Bei diesem Austausch ist es wirklich wichtig, keine kritischen Kommentare zu dem abzugeben, was Sie zu hören bekommen. Ich weiß, wie schwer dies sein kann, wenn Ihnen Ihr Partner erzählt, dass er sich dann begehrt fühlt, wenn sie ihm das Haar zerzausen und Babysprache mit ihm reden. Sie müssen aber auch nicht alles tun, was man Ihnen sagt.

Für Paare im Zeitstress sind solche Informationen entscheidend. Der Mangel an Zeit verändert alles. Würden Sie eine gemeinsame Woche in Paris verbringen, könnten Sie es sich leisten, ziellos herumzuschlendern. Stehen Ihnen jedoch nur ein oder zwei Tage in Paris zur Verfügung hätten, würden Sie dafür sorgen, im Voraus herauszufinden, was Sie sehen möchten, damit Sie garantiert auch alle Anziehungspunkte der Stadt zu sehen bekommen. Das Gleiche gilt für Sex. Je weniger Zeit Sie miteinander haben, desto wichtiger ist es, die Sexualität des anderen zu verstehen und zu respektieren. Dazu müssen Sie und Ihr Partner miteinander reden.

Eine weitere **Guerillastrategie**: Ihnen ist sicher klar, dass es echte Unterschiede bei dem gibt, was jeder beim Sex mag, es sei denn, Sie wären sexuell 100 Prozent kompatibel. Diese Unterschiede können sich auf das Tempo beziehen oder mit dem zu tun haben, was einer mit dem anderen tut. Oder was Ihnen sonst alles dazu einfällt. Wenn einem Paar genügend Zeit zur Verfügung steht, versucht es, die Bedürfnisse beider zu befriedigen oder zumindest einen Kompromiss zu finden. Als Paar im Zeitstress jedoch machen Sie Folgendes:

Suchen Sie einen flachen Stein oder eine alte Poker-Spielkarte oder eine große Münze aus einer Fremdwährung. Schreiben Sie die Buchstaben LAL darauf. Die Buchstaben stehen für *Lust auf Liebe*. Einer von Ihnen bekommt diesen Stein zuerst zur Aufbewahrung, und wenn er oder sie Sex haben will, gibt er dem Partner diesen Stein. Sie müssen dann auch wirklich miteinander schlafen, es sei denn, es gäbe einen wirklich guten Grund, der dagegen spricht. Nun aber ist der Stein in der Hand des anderen, und der löst ihn ein, wenn er Sex haben möchte.

Diese Taktik lässt sich noch weiter ausbauen. Sie könnten zum Beispiel entscheiden, dass derjenige, der im Besitz des Steines ist, nicht nur sagen kann, wann Sie miteinander schlafen, sondern auch, in welcher Form dies geschehen soll. Wenn Sie wollen können Sie das so betrachten, als ob Sie beide *abwechselnd der Sexsklave Ihres Partners wären*. Bevor Sie jetzt ausflippen, möchte ich klarstellen, dass ich damit natürlich nicht meine, einer solle tatsächlich im wahrsten Sinn des Wortes ein Sklave des anderen sein. Und selbstverständlich sollte *niemand im sexuellen Bereich jemals etwas tun, was ihm oder ihr unangenehm ist.*

Das Phantastische an dieser Strategie jedoch ist, dass bei jedem Mal, das Sie miteinander schlafen, zumindest eine Person garantiert genau das bekommt, was sie gerne haben möchte. Und der andere hat garantiert das Gefühl, dem Partner Befriedigung geschenkt zu haben. Und weil Sie sich abwechseln, lernen Sie eine ganze Menge über die Sexualität des anderen. Es ist eine Lösung, bei der alle gewinnen.

Und so könnte es aussehen, wenn Sie sich darin abwechseln, die sexuellen Wünsche des anderen zu erfüllen: Wenn Sie an der Reihe sind, entscheiden Sie darüber, wann wer mit wem im Bett was und auf welche Art und Weise tut. Es ist Ihr Privileg, gleichzeitig Autor, Regisseur und Star dieser sexuellen Begegnung zu sein. Sie haben hier die Gelegenheit, das zu bekommen, was Sie haben möchten, und auch genau so, wie Sie es sich vorstellen. Solange es nicht irgendwelche Grenzen verletzt, muss Ihr Partner Ihnen Ihre Wünsche erfüllen.

Unterliegen Sie nicht der falschen Annahme, Sie müssten sich wie ein Löwenbändiger aufführen, der unaufhörlich seine Anweisungen herausbrüllt, nur weil Sie an der Reihe sind. Denken Sie daran: Sie führen die Regie, solange es um Ihre Bedürfnisse geht. Ihr Bedürfnis könnte allerdings auch sein, nicht reden zu müssen und Ihrem Partner die Führung zu überlassen. Akzeptieren Sie das, was Sie gerade fühlen und wünschen. Zu mehr reicht die Zeit ohnehin nicht.

Aber denken Sie daran, sich abzuwechseln. Beim nächsten Mal ist Ihr Partner an der Reihe, das Liebesspiel zu initiieren und dafür zu sorgen, dass es so abläuft, wie er oder sie es haben möchte. Und wechseln Sie sich auch weiterhin ab.

Mit der Zeit wird sich alles ausgleichen. Jede Person bekommt ihre Bedürfnisse befriedigt. Vielleicht nicht bei jedem Mal. Dafür reicht bei einem Paar im Zeitstress die Zeit gar nicht aus. Aber jedes Mal bekommt *einer von beiden* seine Bedürfnisse erfüllt.

9. Wer sorgt dafür, dass noch mehr gute Dinge passieren?

„Um die Zeiten, in denen wir derart beschäftigt sind, überhaupt durchstehen zu können, brauchen mein Mann und ich häufiger schöne Augenblicke.“ Diese Aussage stammt von einer Frau, die das Leben als Teil eines Paares im Zeitstress erfolgreich meistert. Wir *alle* haben den Wunsch, in unserem Leben häufiger gute Dinge zu erleben. Paare im Zeitstress erzählen mir häufig, dass für sie das Gefühl, in einer Beziehungswüste zu leben, mit am schlimmsten ist. In Ihrer Geschäftigkeit können viele Tage verstreichen, ohne dass irgendetwas Schönes geschieht, was Sie Ihre Liebe füreinander spüren lässt. Und dabei brauchen Sie so viele gute Momente wie möglich. Damit meine ich an dieser Stelle nicht einmal Momente tief empfundener Nähe. Sondern nur *irgendetwas* in dieser Richtung – und sei es nur einziges Wort der Zuneigung.

Melanie und Ralph waren ein typisches Paar im Zeitstress. Gegenseitige Missverständnisse und Verärgerungen übereinander hatten sich aufgestaut, aber aufgrund des ohnehin bestehenden Zeitmangels waren sie nie so recht in der Lage, ihre Probleme einmal grundlegend zu lösen. Eines dieser Probleme war zum Beispiel Melanies Mutter. Melanie selbst fand ihre Mutter genauso nervig wie Ralph. Aber sie konnte seine Klagen einfach nicht mehr hören. Und sie war nicht bereit, ihre Mutter so weit aus ihrem Leben auszuschließen, wie Ralph es gerne getan hätte.

Ein anderes Thema war die Frage einer Geldanlage. Melanie war in schwierigen finanziellen Umständen aufgewachsen und wollte möglichst jeden Cent, den sie entbehren konnten, für die

Altersvorsorge anlegen. Ralphs Einstellung dagegen war *Das wird sich alles schon von selbst regeln*. Melanie hackte ständig auf Ralph herum, dass er zuviel Geld ausgab.

Daneben gab es unzählige weitere Anlässe, auf die beide gereizt reagierten.

An dieser Stelle spielt der Zeitfaktor eine Rolle. Besser gesagt: die fehlende Zeit. Es ist ein Konflikt entstanden, aber die Zeit reicht nicht aus, sich damit auseinander zu setzen. Melanie und Ralph bleiben auf ihrem gegenseitigen Ärger sitzen. Und das umso mehr, als sie sich, stark unter Druck stehend, die Dinge drastischer an den Kopf geworfen hatten, als es nötig gewesen wäre, nur um ihren Standpunkt klarzumachen.

Sind Sie in einem Streit mit Ihrem Ehepartner einmal an den Punkt gelangt, an dem der Ärger ein gewisses Level erreicht hat, benötigen Sie eine gehörige Portion zusammenhängender Zeit, um sich wieder zu versöhnen und einander anzunähern. Nehmen wir einmal an, in diesem Fall bräuchten Sie drei Stunden dafür. Wenn das Ganze gerade an einem langen Wochenende passiert, können Sie sich diese drei Stunden herausnehmen und voilà, alles ist wieder in Ordnung. Als Paar im Zeitstress stehen Ihnen jedoch pro Tag vielleicht höchstens zwanzig Minuten gemeinsamer Zeit zur Verfügung. Dann könnte es in diesem Fall *neun Tage* dauern, bis Sie wieder Frieden geschlossen haben und sich einander erneut nahe fühlen.

Und damit sieht alles ganz anders aus. Legen Sie Ihre Beziehung neun Tage lang auf Eis, und sie beginnt, sich kalt und abgestorben anzufühlen. Ihre Katze würden Sie keineswegs neun Tage lang in den Kühlschrank stecken!

Das heißt, der durch Zeitknappheit geprägte Lebensstil erlaubt Ihnen nicht, den natürlichen Heilungsprozess abwarten zu können. Angenommen, Melanie und Ralph hätten sich bei den Themen „Geld“ und „Mutter“ einigen können. Das wäre gut so, aber ihre Liebe wäre dadurch noch nicht wieder zurückgekehrt. Sie wären nur soweit gekommen, nicht mehr aufeinander böse zu sein. Das Herzblut einer Ehe oder festen Beziehung sind jedoch die schönen Dinge, die Sie miteinander erleben, und nicht die Lösung von Konflikten. Ich meine damit *ganz spezifische Dinge, die Ihnen das Gefühl geben, in einer Beziehung zu leben, die von Liebe getragen ist.*

Vielleicht denken Sie jetzt, das sei unmöglich, solange man böse aufeinander ist – nicht so schlimm, dass man sich wüst beschimpft, aber doch so sauer, dass man seinen Abstand wahren möchte.

Aber das stimmt nicht. Ich weiß, dass es möglich ist, weil ich es immer wieder gesehen habe. Auch Sie haben sicher Momente gehabt, in denen Sie stinkwütend aufeinander waren, aber eine Verabredung mit einem anderen Paar hatten. Da Sie nicht wollten, dass die anderen mitbekommen, wie schlecht Sie momentan aufeinander zu sprechen waren, verhielten Sie sich einfach nett zueinander, und plötzlich stellten Sie fest, dass sich Ihr Gefühl dem anderen gegenüber tatsächlich wesentlich verbessert hatte. Am Ende des Abends waren Sie dann übereinstimmend der Meinung: „Toll, wir sollten häufiger mit Sam und Maggie ausgehen." Es war jedoch nicht der Zauber von Sam und Maggie. Sie selbst haben das zustande gebracht.

Und Sie müssen es tun. Wäre es nicht verrückt zu behaupten, Sie müssten erst vollständig gesund sein, bevor Sie sich gesund ernähren könnten? Genauso verrückt ist die Ansicht, es müssten erst einmal all Ihre Probleme gelöst sein und man müsste dem anderen gegenüber ein gutes Gefühl haben, bevor man gemeinsam positive Erlebnisse haben könne. Gesunde Ernährung tut Ihnen auch dann gut, wenn Ihr Appetit darauf nicht unbedingt groß ist oder Sie nicht besonders gesund sind. Die liebevollen Dinge, die Sie tun, fördern die Gesundheit Ihrer Beziehung am meisten, *vor allem* in Zeiten, in denen man nicht so gut miteinander auskommt.

Paare im Zeitstress neigen jedoch zu einem fatalen Fehler. Sie denken, ihre Probleme müssten erst gelöst sein, bevor sie liebevolle Dinge miteinander tun können. Ich verstehe, wie es zu dieser Ansicht gekommen ist. Wer möchte schon nett sein müssen, wenn er eigentlich wütend ist oder das Gefühl hat, zu kurz gekommen zu sein? Tatsache ist jedoch, dass wir Paare im Zeitstress immer unbearbeitete Päckchen von Ärger mit uns herumtragen. Wir haben einfach nicht die Zeit, jedes einzelne Problem unserer Beziehung immer zu lösen. Wenn Sie also darauf warten, dass sich alles perfekt anfühlt und Sie sich wieder wie Turteltäubchen fühlen, könnte es sein, dass Sie niemals zu den liebevollen Dingen kommen.

Das ist die Gefahr.

Es steckt aber auch eine wunderbare Gelegenheit in dieser Situation.

Meine Forschung über Paare im Zeitstress hat zu einem wahrhaft revolutionären Gedanken geführt. Ich beobachtete immer wieder etwas sehr Erstaunliches.

Sehen Sie's doch mal so:
Die Beziehung zwischen zwei Partnern gedieh solange nicht, wie die Partner ausschließlich an ihren Problemen arbeiteten, bis sie vollkommen gelöst waren und sonst nichts anderes taten. Bei anderen Paaren wiederum blühte die Beziehung auf, weil sie in der knappen Zeit, die ihnen blieb, Spaß miteinander hatten, sich ihre Zuneigung zeigten und sich nahe kamen, unabhängig davon, welche Probleme zwischen ihnen schwelten. Dazu sind auch Sie in der Lage, selbst wenn Sie sauer aufeinander sind. Je größer der Ärger über den anderen, desto wichtiger ist es, für diesen Ausgleich zu sorgen, genauso, wie eine gesunde Ernährung umso wichtiger ist, je weniger gesund Sie sind.

An diesem Punkt taucht natürlich die Frage auf, wie man schöne Momente herbeizaubern kann, obwohl man momentan gar keine Lust darauf hat, weil man viel zu beschäftigt oder stocksauer aufeinander ist.

In solchen Momenten haben Sie es mit Folgendem zu tun. Ich nenne es ein Patt.

Jeder, der eine langjährige Beziehung erlebt hat, kennt dieses Phänomen: Nehmen wir einmal an, Ihr Partner hat Sie respektlos angeredet, als Sie gerade dabei waren, sich für die Arbeit fertig zu machen. Vielleicht hat er Sie als Idiotin oder als hirnlos bezeichnet. Und das tat wirklich weh. Aber Sie hatten tatsächlich gestern versprochen, die Kleider aus der Reinigung abzuholen und haben es dann vergessen. Keines seiner wirklich guten Hemden war sauber und sie wussten von ihm, dass er einen wichtigen Termin hatte. Darüber kam es zu einem Streit. Sie sind sauer aufeinander. Er ist frustriert. Sie fühlen sich verletzt.

Ein Patt besteht dann, wenn jeder darauf wartet, dass der andere den ersten Schritt zur Versöhnung und zu erneuter Nähe tut. Sie wissen genau, dass Sie einen Fehler gemacht haben, aber gleichzeitig sind Sie davon überzeugt, dass das, was Ihr Partner Ihnen angetan hat, noch viel schlimmer ist. Am liebsten würde jeder von Ihnen sagen: „Es tut mir Leid", aber der andere sollte es Ihrer Vorstellung nach zuerst tun.

Natürlich lösen sich täglich solche Pattsituationen von selbst auf. Auf geheimnisvolle Art und Weise löst sich Ihre Verbitterung, und einer von Ihnen beiden spricht das alles entscheidende erste Wort. Sind Sie jedoch ein Paar im Zeitstress, können Sie nicht erst darauf warten, von irgendeiner mysteriösen Welle in die Arme Ihres Partners getragen zu werden. Weil Sie so wenig Zeit füreinander haben, kann die Pattsituation so lange anhalten, dass sich die Distanz zwischen Ihnen verfestigt wie ein Stärkepudding. Und dadurch wird es immer schwieriger, den ersten Schritt zu machen.

Solche Pattsituationen sind unvermeidlich. Sie brauchen dann eine größere Kraft, die verhindert, dass Sie sich immer weiter voneinander distanzieren. Und ich denke, diese größere Kraft ist unsere Liebe zum Spiel.

Benutzen Sie also folgende **Guerillastrategie**: Wetten Sie mit Ihrem Partner darum, wer von Ihnen in der folgenden Woche dem anderen die meisten positiven, liebevollen, spaßigen, erfüllenden, zärtlichen Dinge gibt. Wetten Sie um etwas Bedeutendes, so dass Sie beide motiviert sind, zu gewinnen. Manche Paare wetten um Geld. Andere wiederum vereinbaren, dass der Verlierer bestimmte Hausarbeiten erledigen muss oder dem Gewinner eine einstündige Ganzkörpermassage gibt. Ich bin mir ganz sicher, dass Sie keine Schwierigkeiten haben werden, sich irgendetwas Gutes als Gewinn einfallen zu lassen. Vergessen Sie nicht, das Ergebnis festzuhalten – Sie könnten beispielsweise im Kalender eine Notiz eintragen.

Jetzt kommt das Tolle an der Sache: Ganz egal, was passiert, jedes Mal werden Sie *beide gewinnen.* Wenn Sie derjenige sind, der seinem Partner die Wette einlösen muss, hat Ihr Partner Ihnen mehr Gutes getan als Sie ihm. Damit sind Sie immer noch der Gewinner! Ich kann mir keine bessere Abmachung vorstellen.

Und meiner Ansicht nach sollten Sie diese Wette für den Rest Ihres von Zeitknappheit bestimmten Lebens jede Woche erneuern. Mein Mann und ich tun dies regelmäßig.

Ich höre schon die Einwände einiger Leute: Wie soll man eine liebevolle Geste ausführen, wenn man dazu gar keine Lust hat. Na und? Wir tun so viele Dinge, zu denen uns die Lust fehlt, einfach weil sie uns gut tun. Ich habe höchst selten Lust dazu, meine Gymnastikübungen zu machen. Und wenn es von meiner Lust abhinge, ob ich aufstehe, würde ich das Bett frühmorgens überhaupt nicht verlassen.

Die Beziehung eines Paares im Zeitstress ist vielleicht der Teil Ihres Lebens, in dem es wichtiger ist als irgendwo sonst, unabhängig von Ihren Stimmungen zu handeln. Das hat damit zu tun, dass Negativität ebenso ansteckend ist wie Zuneigung. Sie müssen sich davor schützen, aufgrund der Pattsituation Opfer einer emotionalen Eiszeit zu werden.

Manche Menschen meinen, ihre Integrität erlaube es ihnen

nicht, liebevoll zu sein, solange sie ärgerlich sind, als ob ein Moment der Zuneigung alles vernichten könnte, was ihren Ärger legitimiert. Für mich ist das so, als ob Sie sagen würden, Sie könnten nichts essen, weil Sie 5000,– Euro Schulden auf der Kreditkarte haben. Also gut, Sie haben Schulden, aber trotzdem müssen Sie etwas essen, um gesund zu bleiben. Also gut, Sie sind verärgert, aber um Ihre Beziehung gesund zu erhalten, müssen Sie trotzdem Zuneigung zeigen. Und außerdem: Warum ist man seinen Hoffnungen auf Liebe nicht ebenso sehr verpflichtet wie dem Gefühl von Ärger?

Zudem geht es beim Gewinnen dieser Wette ja nur darum, dem anderen *irgendetwas* Gutes zu tun. Wenn Sie wütend und verletzt sind, verlangt niemand von Ihnen, zu sagen: „Ich liebe dich“, wenn diese Worte sich in einem solchen Moment nicht stimmig anfühlen. Es gibt jedoch viele positive, heilsame Dinge, die Sie tun können. Zum Beispiel könnten Sie Ihrer Partnerin etwas anbieten, was Sie normalerweise nicht tun würden, wenn Sie sehen, dass sie besonders müde ist. Oder Sie könnten Ihrem Partner auf irgendeine Art und Weise eine Bestätigung geben oder ihm die Gelegenheit anbieten, über etwas zu reden, was ihm Sorgen bereitet.

Wenn es darum geht, solche kleinen Dinge füreinander zu tun, ist es meiner Erfahrung nach äußerst wichtig, anzuerkennen, wie groß die Wirkung dieser *kleinen Dinge* ist.

Ich erinnere mich an eine Frau, die mir erzählte, Ihr Mann bringe ihr jeden Freitag Blumen mit. Das war etwas Schönes, aber richtig begeistert war sie erst, als sie mir erzählte, dass er sie *jeden Tag* beim Heimkommen *hochhebt* und ihr einen Kuss gibt. Sie war ein kleines Persönchen. Sie hochzuheben war für ihn keine große Angelegenheit. Aber für sie war es genau dieses „Extra“, das den üblichen „Hallo-Schatz-ich-bin-wieder-zu-Hause-Kuss“ von einer bloßen Routinehandlung abhob. Es war eine solche Kleinigkeit. Sie erforderte keinerlei zusätzlichen Zeitaufwand. Aber seine Frau wuchs dadurch ein paar Zentimeter – nicht nur im wörtlichen Sinne.

Vergessen Sie also all die großartigen romantischen Gesten. Dafür haben Sie ohnehin nicht genügend Zeit. Aber wieviel Zeit ist dafür erforderlich, einen Moment lang alles stehen und liegen zu lassen, um Ihren Partner richtig in den Arm zu nehmen? Wie viel Zeit kostet es, am Morgen noch einmal ins Bett zu kriechen und Ihre Partnerin mit einem langen Kuss aufzuwecken? Wie viel Zeit kostet es, sich daran zu erinnern, am Telefon zu sagen: „Ich hab Dich lieb"?

Ich beleidige Ihre Intelligenz jetzt nicht länger, indem ich Ihnen noch mehr Beispiele nenne. Es gibt so viele Möglichkeiten, aus denen Sie auswählen können – irgendetwas Nettes, Freundliches, Aufmerksames, Zärtliches.

Alles, was Sie tun, um die Wette zu gewinnen, kann – richtig ausgeführt – eine größere Nähe zwischen Ihnen erzeugen. Nähe hat damit zu tun, unter die Oberfläche zu schauen. Sie sind dann einem anderen Menschen wirklich nahe, wenn Sie an ihm Dinge erkennen, die andere Menschen nicht sehen. Insofern könnten Sie punkten, wenn Sie beispielsweise sagen: „Du scheinst vom heutigen Tag wirklich erschlagen zu sein. Ist irgendetwas bei der Arbeit passiert?" Etwas zu tun, was Ihrem Partner das Gefühl vermittelt, wahrgenommen zu werden, tut der Beziehung immer gut, aber darüber hinaus hilft es auch dabei, sich einander näher zu fühlen.

Und sollten Sie wirklich sehr verärgert sein, können Sie immer noch sagen „Ich weiß, dass wir sauer aufeinander sind, aber du sollst wissen, dass ich dich immer noch liebe" oder „Ich bin so stolz auf dich".

In der gehetzten, anstrengenden Welt des Paares im Zeitstress, in der es so schwer fällt, eine Verbindung herzustellen, wird das eingangs erwähnte Monster jedes Mal ein wenig schwächer, wenn Sie beide irgendetwas Positives füreinander tun.

Es gibt noch eine weitere **Guerillastrategie**, die dazu beitragen kann, die Pattsituation zu beenden. Nehmen wir noch einmal an, dass Sie beide, wie so viele Paare im Zeitstress, an einem

Punkt angelangt sind, an dem Sie sich verletzt und weit weg vom anderen fühlen. Irgendjemand hat etwas gemacht, irgendjemand hat etwas gesagt, keiner weiß eigentlich mehr so recht, worum es genau ging, und jetzt sind Sie einfach sauer aufeinander. Sie würden das Ganze ja gerne beenden, aber jeder wartet darauf, dass der andere den ersten Schritt macht.

Die Guerillastrategie beinhaltet, dass Sie den ersten Schritt machen, selbst wenn Sie das als unfair empfinden und eigentlich keine Lust dazu haben. Sie machen es aber trotzdem, weil Sie zwei oder drei Schritte vorausdenken. Sie wissen genau, dass einer von Ihnen etwas in diese Richtung unternehmen muss. Und Sie wissen ebenso, dass Sie nach Überwindung dieser Pattsituation ohnehin den Wunsch haben werden, so etwas zu tun. Warum also nicht Sie? Und warum nicht sofort?

Nennen wir es „das Eis brechen“. Was eignet sich dazu? *Alles.* Ihren Partner in den Arm zu nehmen. Ein Geschenk mitzubringen. Den anderen zum Essen einzuladen. Irgendetwas Liebevolles zu sagen oder ein Kompliment auszusprechen. Vielleicht sogar einfach nur, der Meinung Ihres Partners zuzustimmen, selbst wenn Sie bisher eine andere Meinung vertreten haben. Es ist so einfach. Und jeder, der diesen Schritt einmal gemacht hat, sagt immer wieder, er wünschte sich, dies wäre schon viel früher geschehen.

10. Zeit finden, wenn die Zeit knapp ist

Als ich anfing, mich näher mit Paaren im Zeitstress zu befassen, sprach ich mit einer Frau in meiner Nachbarschaft darüber. Ihre Situation entsprach genau derjenigen des klassischen Paares im Zeitstress. Ihr Ehemann machte viele Überstunden; sie selbst war Lehrerin, hatte zwei Kinder und trug die Verantwortung für ihre älter werdenden Eltern. In herausforderndem, fast schon bissigem Ton fragte sie mich: „Was wollen Sie tun, wollen Sie den Menschen etwa helfen, mehr Zeit zu finden? Hören Sie zu, ich hab's versucht, und es ist unmöglich, vergessen Sie's."

Ich verstand ihr Gefühl vollkommen. Woher soll denn noch irgendeine zusätzliche Zeit kommen? Das wäre ja in etwa so, als ob Sie einem Freund mitteilen würden, Sie wären pleite, und bekämen daraufhin die Antwort: „Irgendwo musst du noch mehr Geld herumliegen haben. Schau einfach noch einmal nach." Wie können Sie pleite sein und gleichzeitig irgendwo Geld herumliegen haben?

Wer also sollte zusätzliche *Zeit* herumliegen haben? Und außerdem, gehen uns nicht manchmal genau jene Leute auf den Geist, die behaupten, sie könnten uns bei unserem Zeitmanagement helfen? „Lassen Sie mich in Ruhe!", sagte mir eine Frau, als ich dumm genug war, mit ihr darüber zu sprechen, wie sie besser mit ihrer Zeit umgehen könnte. „Ich mache bereits mehrere Dinge gleichzeitig und ich hasse es. Wenn Sie mir wirklich helfen wollen, sollten Sie mir zeigen, wie ich etwas Zeit *verschwenden* kann. Das wäre ein echtes Geschenk."

Und sie hatte vollkommen Recht. Zeitmanagement beschäftigt sich allzu häufig damit, wie man noch mehr in seine Zeit hineinpackt. Für Geschäftsleute mag das hilfreich sein, aber uns Paaren im Zeitstress reicht schon längst das, was wir bisher unterzubringen haben. Wir brauchen niemanden, der uns zeigt, wie man mit noch mehr Bällen jongliert. Wir wünschen uns ein paar Bälle weniger.

Sehen Sie's doch mal so:
Was wir als Paar im Zeitstress wirklich brauchen, ist eine Zeit, die wir auch einfach einmal vertrödeln können. Zeit, die uns zur Verfügung steht, ohne dass wir irgendetwas erreichen oder produktiv sein müssen; eine Zeit, in der wir einfach nur mit dem Menschen Spaß haben können, den wir lieben, und in der wir einander wieder nahe kommen können. Eine solche Zeit lässt sich nicht finden. Man muss sie sich nehmen. Und Sie werden sie sich nur dann nehmen, wenn Sie sich klar gemacht haben, dass anderenfalls die Gesundheit Ihrer Beziehung auf dem Spiel steht.

Ich werde Ihnen also nicht erklären, wie Sie Ihre Zeit noch effizienter einteilen können. Ich werde Ihnen aber zeigen, wie Sie an Zeit herankommen, die Sie für Ihr kostbarstes Gut „verschwenden" können: für Ihre Liebe.

Machen Sie sich nicht die Mühe, irgendjemanden darum zu bitten, Ihnen etwas Zeit abzugeben, denn niemand hat Zeit zu verschenken. Nehmen Sie sich einfach die Zeit, die Sie brauchen. Das ist auf jeden Fall eine **Guerillastrategie**, und falls ich jemals gefragt werde, ob sie von mir stammt, werde ich es abstreiten. Aber andere Menschen, angefangen bei Ihrem Chef, haben tausend und eine Ideen, was Sie in Ihrer Zeit tun sollten. Erfolgreiche Paare im Zeitstress stehlen sich einfach die Zeit, die sie füreinander brauchen.

„Wissen Sie, ich arbeite wirklich sehr hart“, sagte Stephanie. „Niemand kann behaupten, ich würde einen Cent meines Gehaltes nicht verdienen. Und außerdem wird man behandelt, als ob man noch zur Schule ginge. Man bekommt nur eine begrenzte Anzahl von Krankheitstagen zugestanden – Sie kennen ja den Drill. Ich habe vor einiger Zeit einfach beschlossen, mir selbst ab und zu Beziehungstage einzuräumen. Meiner Meinung nach sind diese Tage noch wichtiger als Krankheitstage. Ich sehe, wie Kollegen ihre Scheidungen durchmachen und manchmal monatelang für keine Art von Arbeit zu gebrauchen sind. Was also soll's, wenn ich mir einen Krankheitstag für die Beziehung einräume? Ein solcher Tag hält mich und meine Beziehung gesund.“

Stephanie gehört zu dem Kreis der Menschen, die Guerillastrategien einsetzen, um Zeit zu finden, die sie an ihre Liebe verschwenden können. Manchmal ist das alles, was uns bleibt. Aber es geschieht für einen guten Zweck. Denken Sie einmal folgendermaßen darüber: Wir haben all die Verpflichtungen, die unsere Zeit beanspruchen, als heilig angesehen. Wir haben uns um Himmels willen nie erlaubt, am Wochenende jemals einen geplanten Besuch bei Verwandten oder eine blöde Nachbarschaftsveranstaltung ausfallen zu lassen. Aber in Wirklichkeit haben wir dadurch ausgedrückt, dass uns der Einsatz unserer Zeit überall heilig ist, nur nicht dort, wo es um unsere Beziehung geht. Sie ist das einzige, was wir für alles andere opfern.

Und damit ist alles auf den Kopf gestellt und verdreht. Sie wollen mir sagen, was heilig ist? Außer Gott ist nichts heiliger als die Liebe. Insofern haben Sie vielleicht sogar eine heilige Verpflichtung, sich Zeit für die Liebe zu stehlen.

Nehmen Sie Ihren Kalender zur Hand und schaffen Sie Raum für Zeit miteinander. Jerrys Eltern waren vierzig Jahre lang verheiratet und ihre Ehe war immer noch sehr gut. Ich fragte ihn, was wohl ihr Geheimnis sei, und er antwortete. „Ich bin mir nicht ganz sicher. Vielleicht tun sie Dinge, von denen ich am liebsten gar nichts wissen möchte. Aber eine Sache kann ich Ihnen sagen, die sie immer gemacht haben: Als ich noch zu Hause war, hatten sie ihren Donnerstagabend-Termin. Und über den lassen sie nichts kommen."

Wir alle haben in unserem Leben Termine, die uns heilig sind. Und genau so sollten Sie mit der Zeit umgehen, die Sie sich füreinander nehmen. Behandeln Sie auch diese als heilig. Ich habe von Paaren so viele verschiedene Möglichkeiten erfahren, wie man dies tun kann. Beispielsweise mittwochs und sonntags morgens den Tag früher beginnen, um miteinander schlafen zu können. Oder die Verabredung für den Samstagabend. Oder der ausgiebige Spaziergang am Sonntagnachmittag. Oder jeden zweiten Samstag im Monat gemeinsam ins Fußballstadion zu gehen.

Guerillastrategien: Es ist eine wunderbare Sache, sich abzusprechen, wie viel Zeit Sie pro Woche für Nähe haben möchten. Hierbei geht es um eine Zeit, die nur Ihnen beiden gehört und dazu da ist, sich nahe zu kommen und aneinander zu freuen. Das ist ein Stück geheiligter Zeit, die nicht in Frage gestellt werden darf. Alles andere wird darum herum geplant.

Angenommen, Sie haben beschlossen, sich sieben Stunden Zeit für Nähe zu nehmen, ganz gleich, was geschieht – montags bis freitags eine halbe Stunde pro Tag. Zwei Stunden am Samstag. Zweieinhalb Stunden am Sonntag. Oder so, wie es Ihnen am besten passt. Es ist wunderbar, diese spezielle Zeit zu haben, aber was die positive Energie richtig sprießen lässt, ist Ihr Wissen darum, dass Ihnen diese Zeit bleibt und von nichts und niemandem genommen werden kann. Das wirkt Wunder auf die Moral Ihrer Beziehung.

Nutzen Sie Geld, um Zeit zu kaufen. Bei denjenigen, die keinen Cent zuviel haben oder Geringverdiener sind, entschuldige ich mich dafür, dass ich diese Lösungsmöglichkeit überhaupt anschneide. Ich war selbst einmal finanziell sehr knapp unterwegs – ich weiß, wie das ist. Alles wird dadurch noch schwieriger. Sie können niemanden anstellen, der Ihnen Arbeit abnimmt, damit Sie mehr Zeit mit Ihrem Partner verbringen können. Aber ich möchte Ihnen sagen, was ich damals gemacht habe, als ich kein Geld hatte. Meine Kinder waren klein und ich habe mit anderen Eltern gehandelt. Sie schenkten mir Zeit, indem sie auf meine Kinder aufpassten, und ich wiederum gab ihnen Zeit, wenn ich ihre Kinder beaufsichtigte. Das Schöne daran ist, dass zwei Kinder mehr keine große Mehrarbeit für Sie bedeuten, wenn Sie, so wie ich damals, selbst zwei kleine Kinder haben, und die Kinder lieben es.

Heutzutage verdienen viele Menschen jedoch genug Geld, um zumindest darüber nachdenken zu können, ob sie sich jemanden zu Hilfe holen wollen, damit sie mehr Freizeit bekommen. Franziska bekam ihren Mann Bert unter der Woche niemals zu sehen, weil er immer bis spätabends arbeitete, aber an den Wochenenden hatte er normalerweise frei. Eines Sommers hatte Franziska die Idee, einen Gartenservice zu beauftragen, der den Rasen mähen und sich um andere Gartenarbeiten kümmern sollte. Bert schreckte zunächst davor zurück, weil es ihm zu teuer war. Und schließlich hatten sie das Geld auch nicht tonnenweise herumliegen.

Und doch lohnt es sich, einmal genauer darüber nachzudenken. Während des Sommers verbrachte Bert Stunden beim Rasen mähen, den Garten säubern, Unkraut jäten und Ähnlichem. Und danach war er von all dieser Arbeit müde. Darüber hinaus gab es immer noch andere Dinge, die auch getan werden mussten. Der Verzicht auf den Gartenservice bedeutete, dass Franziska und Bert nichts gemeinsam unternehmen konnten, was ihnen Spaß machte. Franziska grollte Bert deswegen, und dadurch war die Zeit, in der sie dann wirklich zusammen waren, wiederum belastet. Im Hinblick auf die Beziehung war der Preis, den Bert nun zahlen musste, weil er sich die monatlichen Kosten für den Gartenservice sparen wollte, auf jeden Fall zu hoch.

Das ist ein Beispiel dafür, wie man über den Einsatz von Geld nachdenken kann, um sich Zeit zu erkaufen. Wenn Sie einen bestimmten Betrag für einen Babysitter ausgeben, anstatt die Kinder mitzunehmen, wenn sie abends zum Essen ausgehen möchten, überlegen Sie sich, wie viel Zeit Sie sich damit einkaufen, die Ihrer Beziehung zugute kommt. Die meisten Paare haben hinterher das Gefühl, dass sich diese Ausgabe auf jeden Fall gelohnt hat.

Geben Sie weniger Zeit für Zeitfresser her. „Soziale und familiäre Verpflichtungen". Diese Begriffe hängen den meisten Beziehungen wie ein Mühlstein am Hals. Manchmal macht es auch Spaß, aber oft reicht schon wenig aus, um lange vorzuhalten, vor allem, wenn es um Leute geht, mit denen das Zusammensein keine Freude macht.

Jeanette und Mark haben einmal zusammengezählt, wieviel Zeit sie im Monat mit ihren Müttern, Geschwistern und Freunden verbrachten: achtunddreißig Stunden. Sie konnten es kaum glauben. Diese Zeit bedeutete für sie längst nicht immer ein Vergnügen, es war eine Zeit, die ihrem Leben noch mehr Stress hinzufügte, eine Zeit, die sie sonst für sich hätten haben können.

Jetzt werden Sie natürlich nicht alle Kontakte auf einen Schlag abbrechen wollen. Aber Sie müssen beschließen, die wichtigsten Dinge an die erste Stelle zu setzen. Ihre Beziehung auf eine Hungerkur zu setzen, damit Sie andere Menschen füttern, die es gar nicht brauchen, ist unklug. Stellen Sie sich einmal vor, welchen Unterschied es für Jeanette und Mark machen würde, diese achtunddreißig Stunden für sich zu nehmen und gemeinsam zu verbringen. Im Verlauf eines Monats wäre das eine ganze Stunde pro Tag. Für die Beziehung wäre es ein großer Unterschied, während es für alle anderen nicht vergleichsweise viel bedeuten würde.

Diese **Guerillastrategie** ist das Gegenstück zum Ausstöpseln des Telefons: Wenn Sie von jemandem um etwas gebeten werden, sagen Sie einfach, Sie stehen nicht zur Verfügung. Selbst wenn es Ihnen möglich gewesen wäre. Sie können nicht einfach Stücke Ihrer kostbaren Beziehungszeit weggeben, nur weil irgendjemand gerne mit Ihnen zusammen wäre. Ich weiß, dass Sie das niemandem direkt sagen können, aber Sie müssen die innere Einstellung entwickeln *Wir werden uns mit euch treffen, sobald wir genug Zeit für uns gehabt haben.*

Achten Sie darauf, dass die Art und Weise, wie Sie Ihre Zeit verbringen, Ihren Prioritäten entspricht. Ich möchte Sie auf einen Fehler hinweisen, den einige Menschen machen, die Schwierigkeiten damit haben, ein Paar im Zeitstress zu sein. Sie verbringen ihre kostbare Zeit am Wochenende damit, etwas am Haus zu reparieren, aber wenn man sie fragt, was ihnen am wichtigsten ist, antworten sie: „Meine Familie". Irgendetwas kann nicht stimmen, wenn Ihre Familie Ihnen wichtig ist, Sie aber für das Haus leben. Genausowenig kann es angehen, dass Ihre Partnerin, obwohl sie die Liebe Ihres Lebens ist, nur die Reste Ihrer Zeit bekommt, so wie Ihr Hund, der am Tisch mit den Resten des Mahlzeit abgespeist wird.

Angenommen, Sie würden sich jeden Abend auf Ihrem Nachhauseweg und jeden Samstag- und Sonntagmorgen die Frage stellen: Was ist mir das Allerwichtigste? Ich bin mir sicher, Ihre Beziehung wäre gesünder, wenn Sie Ihre Zeit so einteilen, wie es Ihren Prioritäten entspricht.

Erkennen Sie, was Sie gut unerledigt lassen können. Die großen Gewinner unter den Paaren im Zeitstress waren diejenigen, die weniger taten anstatt mehr. Die zwei romantischsten Worte waren für sie *nein* anderen gegenüber und *ja* zu sich selbst. Und wenn wir schon von Guerillastrategien reden: Ich weiß, dass der Entschluss, Dinge liegen zu lassen, heißt, dass Dinge wirklich liegen bleiben. Manches liegt dann einfach da und starrt einem ins Gesicht, wie beispielsweise ein Stück Land, das einmal ein Gemüsegarten war, jetzt aber nur noch ein hässliches

Stoppelfeld ist. Mit der Zeit jedoch wird es Ihnen gelingen, alles Unerledigte mit Stolz zu betrachten als Erinnerung daran, dass Sie dafür sorgen, genügend Liebe zu erleben.

Gönnen Sie sich zur Wochenmitte ein weiteres Wochenende. Es klingt paradox, aber die Wochenendzeit muss nicht nur am Wochenende stattfinden. Für manche Paare hat es sich als sehr effektive **Guerillastrategie** erwiesen, sich gewissenhaft einen Mittwochabend oder Dienstagmittag für ein romantisches Zwischenspiel freizuhalten. Als unsere Kinder noch klein waren, haben mein Mann und ich uns den Donnerstagvormittag ausschließlich dafür freigehalten, weil unsere Arbeitszeiten so unregelmäßig waren. Häufig war dies die einzige qualitativ gute Zeit, die uns als Paar blieb.

Sie werden wahrscheinlich ein wenig mit unterschiedlichen Zeitpunkten herumexperimentieren müssen, um herauszufinden, wann Ihnen das Mini-Wochenende in der Wochenmitte am besten passt. Aber diese Guerillastrategie greift, weil wir aus irgendeinem Grund dazu neigen, das Mini-Wochenende in der Wochenmitte als noch geheiligter anzusehen als ein Großteil der normalen Wochenendzeit.

Tun Sie es einfach und fühlen Sie sich nicht schuldig. Sandra und Christoph konzentrierten sich immer auf das, was nicht ging, anstatt zu schauen, was möglich wäre. Wie die meisten Paare im Zeitstress klagten sie über das Tempo in ihrem Leben und darüber, wie sehr ihnen der andere „fehlte". Als ich ihnen jedoch vorschlug, sich einfach einmal die Zeit, die sie brauchten, zu nehmen, fingen sie an, nach Ausreden zu suchen. Fast alle Ausreden hatten mit Schuldgefühlen zu tun, wenn es darum ging, ihrem Chef, ihren Freunden oder der eigenen Familie gegenüber ein *nein* auszusprechen.

Sie hatten nicht verstanden, dass wir alle dazu neigen, mitten in unserem Leben in eine Art hypnotischen Schlaf zu verfallen und beim Aufwachen zunächst nicht zu realisieren, wie viel Zeit inzwischen verstrichen ist. Natürlich schlafen wir nicht wirklich ein. Aber wir werden vom Tempo und der Routine unseres Lebens in einem solchen Maße aufgesogen, dass wir vollkommen den Bezug zur Zeit verlieren, wie jemand, der ein gigantisches, schnell sich drehendes Karussell pausenlos anstarrt. Es stimmt einfach nicht, dass Sie die Zeit, die Ihnen in diesem Monat für Ihre Beziehung verloren geht, im nächsten Monat nachholen können. Wenn Sie in diesem Monat Zeit verlieren, bedeutet das, dass Sie in eine Trance verfallen sind und erst Jahre später realisieren werden, dass Sie Ihrer Beziehung Zeit vorenthalten haben, die sie Monat für Monat gebraucht hätte.

Schieben Sie also nicht länger das vor sich her, was Sie tun müssen, um Ihrer Beziehung mehr Zeit zu schenken. Manches, was Sie tun, um mehr Zeit zu ergattern, mag sich für Sie radikal anfühlen. Vielleicht fühlen Sie sich dabei sogar etwas unwohl. Aber es wird das Gesündeste sein, was Sie seit langer Zeit getan haben. Und warum sollten Sie sich dafür schuldig fühlen?

11. Es geht nicht um mehr Zeit, sondern um besser verbrachte Zeit

Stefan beobachtete mit wachsender Bestürzung, wie seine Beziehung zu Marion sich stetig verschlechterte. „Wir werden allmählich auch so ein Paar, das Therapie braucht, weil es sich ständig zankt", sagte er zu seinem besten Freund.

Stefan war verunsichert, weil er eigentlich die ganze Zeit versucht hatte, genau das zu verhindern. Als ihr erstes Kind geboren wurde, beschlossen er und Marion, dass sie ihre Arbeit als Immobilienmaklerin aufgeben würde, um zu Hause zu bleiben und sich um das Baby zu kümmern. Stefan hatte als Chemieingenieur ein gutes Gehalt. Beide waren der Meinung, dass ihr Leben vor der Geburt des Babys durch ihre Berufstätigkeit stressig genug gewesen war. Sie wussten, wie viel Fürsorge ein Baby braucht, gingen aber davon aus, dass Marion dadurch, dass sie den ganzen Tag zu Hause war, auch noch genügend Zeit haben würde, sich etwas auszuruhen und alles soweit erledigt zu haben, dass sie sich auf ihre gemeinsamen Abende freuen konnten.

Es kam jedoch ganz anders. Das Baby und der Haushalt forderten Marion in viel höherem Maße, als sie und Stefan sich das je vorgestellt hätten. Obwohl Marion alles tat, um bei Stefans Heimkehr am Abend das Baby fürs Bett fertig zu haben, so dass er es für ein paar Minuten genießen konnte, hatte sich immer noch ein Haufen anderer Dinge angesammelt, die erledigt werden mussten. Und meistens war das Baby am späten Nachmittag noch einmal eingeschlafen, so dass es noch den halben Abend wach war.

Stefan erkannte sehr schnell, dass es für ihn kaum noch eine Zeit mit Marion gab, in der sie nicht vollkommen erschöpft war. Sie verfielen in das Muster des Nörgelns und Zankens, in das so viele Paare im Zeitstress hineinrutschen. Natürlich ist es hier wieder das Zeitstress-Monster, das dafür sorgt, dass zwei nette Menschen mit ganz natürlichen Bedürfnissen unter dem Druck des täglichen Lebens plötzlich zu Gegnern werden. Stefan und Marion wussten, wie wichtig es war, ehrlich miteinander umzugehen, aber beide standen so sehr unter Druck, dass keiner von ihnen hören wollte, was der andere zu sagen hatte.

Deshalb hatte Stefan eine kluge Idee. Er dachte, das Problem läge darin, dass sie einfach nicht genügend Zeit miteinander verbrächten. Stefan hatte abends, wenn er heimkam, versucht zu helfen, wo er konnte. Aber nun war seine Idee, alle Aufgaben gemeinsam zu erledigen, anstatt dass jeder eine andere Aufgabe übernimmt. Daraufhin legten Marion und er gemeinsam die Wäsche zusammen. Räumten gemeinsam die Küche auf. Badeten das Baby gemeinsam.

Theoretisch war diese Idee ausgezeichnet: Sie schuf eine Möglichkeit, mehr Zeit miteinander zu verbringen. Allerdings hatte sie einen grundlegenden Fehler.

Als Stefan und Marion sich kennen lernten, wussten sie, dass ihre Beziehung etwas ganz Besonderes war, weil sie miteinander so viel Spaß hatten. Sie wussten, dass sie beide verantwortungsbewusste, hart arbeitende Menschen waren, aber die grundlegende Vision, auf der ihre Beziehung aufbaute, war die eines gemeinsamen Lebens voller Spaß.

Wie um alles auf der Welt konnte Stefan auf den Gedanken kommen, sie könnten sich einander näher fühlen, wenn sie gemeinsam Dinge erledigen, die keinen Spaß machen? Das Leben entspricht nicht den Werbespots, in denen man wie in der wunderbaren alten Zeit ein Auto wäscht und dabei lacht, während man sich gegenseitig mit Wasser bespritzt. Wäsche zusammenlegen ist einfach nichts anderes als – eben – Wäsche zusammenlegen, vor allem, wenn man erschöpft ist.

Alles, was Stefan mit seiner Lösung „erreicht“ hatte, war, dass er zwar insgesamt mehr Zeit mit Molly verbrachte, dass aber die qualitativ gute Zeit, die ihnen gemeinsam übrig blieb, immer schlechter wurde. Das machte ihnen noch mehr Angst. Sie bekamen allmählich das Gefühl, Gift füreinander zu sein. Es fühlt sich schrecklich an, viel Zeit miteinander zu verbringen und sich dabei aneinander aufzureiben.

Stefan und Marion hatten etwas nicht verstanden, was sich als wichtiges Erfolgsgeheimnis für Paare im Zeitstress herausgestellt hat: Es stimmt, dass man weniger Zeit füreinander hat. Das Problem der Zeitknappheit wird jedoch nicht dadurch gelöst, dass man einfach mehr Zeit miteinander verbringt. Nicht die Menge der gemeinsam verbrachten Zeit ist das Thema, sondern die Qualität dieser Zeit.

Sehen Sie's doch mal so:
Menschen bewerten ihre Beziehung danach, wie schön die gemeinsam verbrachte Zeit erlebt wird und nicht, wie viel Zeit sie miteinander verbringen. Deshalb sollten Sie vermeiden, gemeinsame Zeit mit Dingen zu verbringen, die Sie höchstwahrscheinlich ärgern oder enttäuschen. Versuchen Sie, hauptsächlich in Situationen zusammen zu sein, in denen Sie sich miteinander wohl fühlen und die Sie einander näher bringen.

Guerillastrategie: Für mich lässt sich diese Erkenntnis kurz und prägnant in dem Vorsatz zusammenfassen, *die qualitativ gute Zeit zu maximieren und die Zeiten zu minimieren, die mit Dingen angefüllt sind, die einfach sein müssen.* Viele Menschen sind der Ansicht, sie sollten versuchen, in der verbleibenden Zeit nach altem Muster wenigstens so viel gemeinsam zu tun wie irgend möglich. Das führt jedoch dazu, dass sie am Ende viele Dinge gemeinsam tun, die ihre Beziehung nicht verbessern, sondern nur die Anzahl der Konfliktsituationen vergrößern. So wie Sie wohl kaum bei einer ersten Verabredung mit jemandem gemeinsam einkaufen gehen oder Wäsche waschen würden, sollten Sie als Paar im Zeitstress möglichst vermeiden, irgendetwas gemeinsam zu tun, was keinen Spaß macht, Ihre Beziehung nicht verbessert oder größere Nähe herstellt.

Diese Erkenntnis lässt die Vorstellung, die viele Menschen vom Leben in einer Beziehung haben, ins Wanken geraten. Ihrer Meinung nach hat man zusammen zu sein, wenn man zusammenlebt. Sie versuchen, so viel wie möglich gemeinsam zu tun und bewerten ihre Beziehung danach, wie viel Dinge sie gemeinsam tun können und trotzdem noch gut miteinander auskommen. Wenn diese Menschen dann herausfinden, dass sie bei einer bestimmten Sache nicht so gut mit ihrem Partner auskommen – vielleicht klappt es einfach nicht, miteinander zu kochen –, werden sie traurig. Sie denken, ihre Beziehung bekäme dadurch einen Makel und sei weniger wert. Sie können sich das als Theorie von unbedingter Gemeinsamkeit in Beziehungen vorstellen: „Ob Sonne, Regen, Sturm und Wind/ auch wenn der Himmel stürzen würde/ solange wir nur zusammen sind/ ist nichts und niemand eine Bürde."

Auch ich hatte mich recht lange dieser Theorie verschrieben. Wie so viele andere Menschen auch, deren Eltern eine unglückliche Ehe geführt hatten (und auch wie einige, deren Eltern eine phantastische Ehe hatten); erschien mir das Zusammensein als solches für den Erfolg einer Beziehung der Garant zu sein. Dann jedoch erkannte ich, dass ich meine Beziehung einem Standard unterwarf, der für ein Paar im Zeitstress absolut unangemessen und fehl am Platz war.

Ich weiß, dass der folgende Vergleich nicht umwerfend ist, aber würden Sie etwa behaupten, die Beziehung zu Ihrer Katze sei phantastisch, weil sie mit ihr überall hingehen und alles mit ihr gemeinsam unternehmen können? Ich denke nicht. Sie würden Ihre Katze beispielsweise nicht zum Tanzen mitnehmen. Sie haben eine wunderbare Beziehung mit Ihrer Katze, wenn Sie katzengemäße Dinge mit ihr tun können – mehr nicht.

Wir sollten unsere Beziehung nicht durch unangemessene Erwartungen überfordern. In unserem Leben als Paar im Zeitstress ist unsere Zeit einfach durch viele Anforderungen ausgefüllt, die überhaupt nichts mit den Dingen zu tun haben, die uns das Gefühl geben, eine erfüllende Beziehung zu leben. Glauben Sie etwa, Stefan und Marion wären sich überhaupt nähergekommen, wenn der Beziehungstest darin bestanden hätte, sich beim gemeinsame Zusammenlegen von Wäsche phantastisch zu fühlen?

Mir ist sehr wohl bewusst, dass diese Einsicht einige radikale Auswirkungen haben kann. Sie könnte bedeuten, dass Sie während einer stressigen, mit Arbeit vollgestopften Woche an einigen Abenden möglicherweise nur zehn Minuten gemeinsam verbringen, obwohl Sie sich danach sehnen, mehr Zeit füreinander zu haben. Sie könnten durchaus mehr Zeit für gemeinsame Dinge finden, aber Sie wissen, wie gereizt Sie sind und wie leicht sie sich in dieser gemeinsam verbachten Zeit gegenseitig auf die Nerven gehen würden, während Sie beispielsweise zwischen den Regalen im Supermarkt hin und her laufen.

Denken Sie nur einmal daran, welches Gefühl Sie wohl beim Einschlafen hätten, wenn Sie während des letzten Tages Wert darauf gelegt hätten, die gemeinsam verbrachte Zeit wirklich qualitativ gut auszufüllen. Wäre es kein besseres Gefühl, an Ihren Partner denken zu können, ohne sich an schlechte Momente erinnern zu müssen, in denen Sie sich gegenseitig auf die Nerven gegangen sind? Vielleicht hatten Sie nicht viel Zeit füreinander, aber die wenige Zeit, die Ihnen blieb, war intensiv und wertvoll.

Diese Guerillastrategie sollten Sie allerdings erst dann anwenden, wenn Sie zuvor mit Ihrem Ehepartner darüber gesprochen haben. Er oder sie wird sich ansonsten im Stich gelassen fühlen, wenn Sie plötzlich verkünden, keine anstehenden Aufgaben mehr gemeinsam erledigen zu wollen. Sie können das Ganze in etwa folgendermaßen einfädeln: „ Weißt du noch, als wir gestern xy zusammen gemacht haben, sind wir uns ordentlich auf die Nerven gegangen. Ich weiß, dass wir ursprünglich davon ausgingen, es würde uns einander näher bringen, wenn wir das zusammen täten, aber seien wir ehrlich: Dazu ist es nicht gekommen und das hat eigentlich auch noch nie funktioniert. Ich würde wirklich viel lieber Zeit mit dir verbringen, in der wir Spaß miteinander haben. Was hältst du davon, wenn du ab jetzt x machst und ich y, und wenn wir danach noch Zeit haben, können wir gemeinsam spazieren gehen oder miteinander ein Glas Wein trinken."

Und sollten Sie nach Beendigung der Aufgaben doch keine Zeit mehr übrig haben, ist dies meiner Überzeugung nach immer noch besser, als etwas gemeinsam getan zu haben und sich dabei gegenseitig auf die Nerven gegangen zu sein. Riskieren Sie niemals, Ihre Beziehung aufs Spiel zu setzen, erzeugen Sie nie mehr negative Energie als positive, vor allem, wenn es sich um Aktivitäten handelt, die ohnehin keine Chance bieten, dass Sie sich dabei näher kommen und Freude aneinander haben.

Dieser Vorschlag dient dazu, Ihre Beziehung zu stärken. Wenn Sie als Paar im Zeitstress zuviel wertlose Zeit miteinander verbringen, ärgern Sie sich übereinander und werden am Ende noch weniger den Wunsch danach haben, zusammenzusein. Wenn Sie sich jedoch weigern, Zeit gemeinsam zu verbringen, die an sich keinen besonderen Wert darstellt, wird Ihr Wunsch nach Gemeinsamkeit Sie dazu zwingen, Aktivitäten zu suchen, die Freude machen und mit denen die Zeit auf gute Weise ausgefüllt ist. Sorgen Sie sich also nicht um die Summe der gemeinsam verbrachten Zeit. Konzentrieren Sie sich stattdessen lieber darauf, dass sich die Qualität der gemeinsam verbrachten Zeit immer mehr verbessert.

Wertvolle Zeit zeichnet sich dadurch aus, dass Sie Dinge tun, die auch wirklich von Ihnen beiden als wertvoll empfunden werden. Sie würden wohl kaum Ihren Säugling mit Koliken in Ihr romantisches Lieblingslokal mitnehmen wollen und dann sagen „Hey, wo bleibt die Stimmung?", während Ihr Kind aus Leibeskräften schreit. Gleichermaßen sollten Sie darauf verzichten, bestimmte Themen anzuschneiden, zum Beispiel, ob Sie den Kinderarzt wechseln oder mehr Geld für die Rente zurücklegen sollten, wenn Sie einfach nur zusammen sein und ein gutes Gespräch miteinander haben wollen.

Als ich Paare befragte, was ihre Zeit wirklich zu einer wertvollen Zeit werden lässt, kamen einige interessante Themen zur Sprache:

Für manche wurde eine Zeit dadurch wertvoll, dass sie sich ein Vergnügen gönnten, das mit ein bisschen schlechtem Gewissen einherging. Ein Sonntagmorgen-Spaziergang im Park scheint nichts Besonderes zu sein. Der gleiche Spaziergang könnte allerdings zu einer erfrischend neuen Erfahrung werden, wenn Sie Ihren Sohn beim Fußballtraining in der Obhut eines Freundes zurücklassen können und ihm auf diese Weise nicht zum x-ten Mal zusehen müssen, wie er auf dem Rasen im Park auf und ab rennt.

Manchmal wird eine Zeit durch Dinge wertvoll, die für Sie romantisch sind. Das ist allerdings eine sehr persönliche Angelegenheit. Die einen erleben ein Bett voller Rosenblütenblätter als wunderbaren Zauber, andere sehen darin nur eine Sauerei. Tanzen in einem von Dutzenden Kerzen erleuchteten Raum ist für manche der Gipfel der Romantik. Andere wiederum sehen nur, dass es dunkel ist, dass die Kerzen und das Ganze nur dazu dient, ihnen ihre schlechten Tanzkenntnisse vor Augen zu führen. Es liegt bei Ihnen und Ihrem Partner zu entscheiden, was für Sie wirklich romantisch ist.

Für manche Paare gehört zu einer wertvollen Zeit, dass gute Erinnerungen geweckt werden. „Wir gehen liebend gerne zu ‚Luigi's'. Es ist zwar nicht das beste Restaurant auf der Welt, aber hinten im Raum gibt es so schöne ruhige Tische. In der Anfangszeit unserer Beziehung sind wir normalerweise dorthin gegangen. Es war immer so romantisch."

Für manche Menschen wird eine bestimmte Zeitspanne durch Luxus wertvoll. Wieso wird Sex in einem schönen Hotelzimmer, das Sie gebucht haben, um dem Alltag gemeinsam zu entkommen, häufig besser? Das hängt damit zusammen, dass man sich durch diesen Luxus, den man sich gönnt, das Gefühl gibt, etwas wirklich Kostbares mit seiner Zeit zu tun. Dafür muss man nicht unbedingt Geld ausgeben. Abends noch gemeinsam aufzubleiben, obwohl man längst schlafen sollte, ist ebenfalls ein Luxus.

Eine gewisse Spanne Zeit kann auch dadurch zu etwas Wertvollem werden, dass ein Paar etwas ganz Besonderes macht. Aber seien wir ehrlich: Manchmal muss man ganz schön daraufhin arbeiten, dass besondere Dinge geschehen können. In der Regel lohnt sich die Anstrengung jedoch. Zu anderen Zeiten wiederum fällt Ihnen möglicherweise eine wunderbare Gelegenheit einfach so in den Schoß, wenn Sie nur Ihre Augen dafür öffnen. Hier ist ein Beispiel dafür:

Judy und Peter hatten sich angewöhnt, jeden Freitagabend miteinander zu schlafen. Es ist nicht falsch, in seinem Leben etwas zu haben, auf das man sich verlassen kann, vor allem, wenn man so vollgepackte Terminkalender hat wie ein Paar im Zeitstress.

Eines Freitagabends jedoch, als sie ins Bett gingen, fingen sie aus irgendeinem Grund an, darüber zu reden, wie sie sich damals erlebt haben, als sie sich zum ersten Mal begegnet waren, und welche Vorstellungen sie von ihrem Leben gehabt hatten. Das führte zu einem Gespräch über das, was jeder von ihnen gerne noch tun wollte, bevor er stirbt; Abenteuer, die sie erleben wollten (Peter wollte gerne ein Boot von New Orleans aus den Mississippi hinaufsteuern, soweit er schiffbar ist), Orte, die sie besuchen wollten (Judy wollte schon ihr ganzes Leben lang Südafrika bereisen, einige wirklich exotische Gegenden kennen lernen, wie zum Beispiel Sansibar). Es war ein wunderschönes Gespräch, voller Hoffnungen und freudiger Erwartungen. An einem Punkt war Peter versucht, Judy zu küssen und zu liebkosen, damit sie doch noch Sex miteinander haben würden. Er war froh, dieser Versuchung widerstanden zu haben. Ohne dass sie es bemerkt hatten, waren dreieinhalb Stunden vergangen, in denen sie ihre Hoffnungen und Träume ausgetauscht hatten. Als sie merkten, wie spät es geworden war, waren sie zu müde, um noch miteinander zu schlafen. Aber der Abend war so intim wie schon lange nicht mehr. Peter war froh, dass er diese besondere Zeit nicht unterbrochen hatte.

12. Liebe ist möglich – auch an hektischen Abenden

Seien wir ehrlich, wenn ein Paar im Zeitstress wochentags gemeinsam Zeit verbringt, ist das höchstwahrscheinlich abends. Der Morgen ist für die meisten von uns einfach viel zu hektisch.

Sollten Sie wissen wollen, wie unsere Wunschvorstellung aussieht, müssten Sie sich die amerikanische Fernsehkomödie „I love Lucy“ aus den Fünfzigern anschauen. In einer Szene kommt Ricky zur Tür herein und sagt: „Hallo, mein Schatz, ich bin wieder zu Hause“. Lucy rennt ihm entgegen und fragt ihn: „Hallo, mein Schatz, wie war dein Tag?“ Ricky erzählt, wie erschlagen er ist. Lucy bietet sich an, ihm einen Drink zu holen. Und dann haben sie anscheinend alle Zeit der Welt, um sich zu entspannen.

Heutzutage haben die Abende der meisten Paare im Zeitstress jedoch weniger mit einer Komödie gemeinsam als vielmehr mit einer Actionserie. Das hat nicht nur damit zu tun, dass sie müde sind. Sie sind zusätzlich durch ein Übermaß an Stress belastet, der sich im Laufe des Tages angesammelt hat. Und daheim warten keineswegs Stunden der Entspannung auf sie. Vielmehr wartet die Hausarbeit. Und Pflichten. Und Verantwortlichkeiten. Und die Kinder. Und das Telephon. Gggrrr!

Häufig fühlt es sich so an: Sie kommen heim, öffnen die Türe und geraten sofort in den Wirbel des häuslichen Geschehens. Irgendwann einmal sind auch diese Erledigungen überstanden. Aber Ärger und Erschöpfung machen es schwer, dann noch irgendeine positive Energie für die Beziehung aufzubringen.

Erfolgreiche Paare im Zeitstress leben nicht das Phantasieleben von Ricky und Lucy. Sie sind mit den gleichen Belastungen konfrontiert wie wir alle. Aber anstatt darin zu ertrinken, bauen sie ein Brücke über den Strom aus Terminen und Verpflichtungen.

Sehen Sie's doch mal so:
Ihre Abende sollten eine Brücke bilden zwischen dem Zustand, in dem der Abend für Sie beide beginnt – müde und gereizt – und Ihrer Vorstellung, wie Sie ihn gerne beenden möchten: entspannt, erfrischt und mit Momenten gegenseitiger Nähe. Um dies zu erreichen, müssen Sie sich erst einmal um Ihr Bedürfnis nach Erholung kümmern, damit Sie später gemeinsam Spaß haben oder intim werden können. Sie sollten vorrangig alles tun, was dazu führt, dass Sie positive Energie in Ihre Beziehung hineintragen können.

Wie sieht das bei erfolgreichen Paaren im Zeitstress aus?

Wie alle guten Brückenbauer schauen sie sich genau ihren Ausgangspunkt und ihr Ziel an.

Am Ende eines Tages kommen die meisten von uns völlig kaputt zur Tür herein. Am besten nehmen Sie sich zunächst etwas Zeit für sich selbst. Ich komme gleich noch darauf zurück, was Sie tun können, wenn Sie kleine Kinder haben. Aber wenn Sie kinderlos sind oder bereits ältere Kinder haben, sollten Sie sich zuallererst um das kümmern, was Sie jetzt brauchen.

Dazu brauchen Sie möglicherweise eine **Guerillastrategie**: Ignorieren Sie den anderen zunächst einmal, wenn Sie heimkommen. Oh, natürlich begrüßen Sie sich mit „Hallo, wie war dein Tag?" Aber erzählen Sie sich keine langen Geschichten. Und lassen Sie sich dann für eine Weile in Ruhe.

Das wäre eine Miniversion zum Aufladen Ihrer eigenen Batterie. Es ist besser, die eigene Batterie zwei Stunden lang aufzuladen, um danach eine halbe Stunde lang wirklich etwas zu geben zu haben, anstatt in einem energielosen Zustand aufeinander herumzuhacken. Sie lassen sich zunächst einmal in Ruhe, um eine Brücke für den späteren Abend zu bauen, an dem Sie dann in der Lage sein werden, eine Beziehung zueinander aufzunehmen und nicht, um sich voneinander zu entfernen.

Dieser Punkt stiftet manchmal Verwirrung, weil verschiedene Menschen unterschiedliche Bedürfnisse haben, wenn sie abends heimkommen. Das größte Bedürfnis besteht für manche Menschen darin, erst einmal allein gelassen zu werden, um die eigene Batterie wieder aufzufüllen. Für andere Menschen wiederum, die unter Stress stehen, ist es wichtig, mitten hineinspringen zu können in alles, was erledigt werden muss und sich um jede Kleinigkeit zu kümmern, um sicher zu sein, dass für alles gesorgt ist. Erst danach können sie abschalten und sich entspannen. Wieder andere brauchen ruhige Gesellschaft – sie brauchen nach all dem Stress die Ruhe, aber gleichzeitig auch eine Gesellschaft, weil sie sich sonst allein fühlen würden. Nach einem langen harten Arbeitstag fühlen sich viele Menschen einsam. Vielleicht waren sie den ganzen Tag von Menschen umgeben, hatten aber nur geschäftsmäßige und unpersönliche Kontakte. Und wieder andere sehnen sich nach intensiverem Kontakt. Das sind Menschen, die zum Beispiel sofort mit ihrem Partner schlafen wollen, wenn sie heimkommen oder sich nach der Arbeit zu einem romantischen Abendessen verabreden.

Probleme treten bei Paaren im Zeitstress dann auf, wenn jeder beim Nach-Hause-Kommen etwas anderes haben möchte. In allen anderen Bereichen stimmen Sie ja vielleicht perfekt überein *(Ist es nicht wunderbar, wie sehr wir beide alte Filme lieben?)*, aber Stress und Müdigkeit am Abend bringen diesen einen Bereich zum Vorschein, in dem sie nicht so gut zusammenpassen (*Ich weiß, dass du mit jemandem reden willst, wenn du nach Hause kommst, aber kannst du nicht sehen, dass ich im Moment nichts mehr hören kann?)*

Leider bleiben Ihnen während der Woche nur die Abende für etwas Gemeinsames, und insofern erscheint die geringe Übereinstimmung zwischen Ihnen in diesem Bereich unverhältnismäßig groß. Glücklicherweise habe ich mit diesem Thema viel Erfahrung. Folgendermaßen können Sie sich höchstwahrscheinlich eine Brücke von Stress und Müdigkeit zu Spaß und Nähe bauen.

Angenommen, Sie leben in einer Beziehung, in der einer von Ihnen beim Nach-Hause-Kommen zunächst Zeit für sich selbst braucht, während der andere es kaum erwarten kann, etwas miteinander zu machen. Wessen Bedürfnis soll zuerst erfüllt werden? Ich will einmal König Salomon spielen. Es ist einfach ein großer, weit verbreiteter Fehler, wenn zwei Menschen versuchen, sich zu begegnen, solange einer von ihnen seine oder ihre Batterien erst wieder aufladen muss. Die Person, die erst ihre Batterien wieder aufladen muss, muss sich entweder zu diesem Kontakt zwingen – was sie dem anderen nachtragen wird –, oder sie erweckt den Anschein, nichts geben zu können, und ihr Partner wird es ihr übel nehmen, dass er sich derart anstrengen muss, um überhaupt irgendetwas von ihr zu bekommen.

Woher soll denn auch die positive Energie kommen, wenn die Batterie eines der beiden Beteiligten leer ist? Sollten Sie derjenige sind, der es in der Regel kaum erwarten kann, mit dem anderen zusammen zu sein, müssen Sie verstehen, dass Ihre Verbindung zueinander viel besser sein kann, wenn Sie warten, bis Ihr Partner wieder mehr zu geben hat.

Und was ist mit den Menschen, die das Bedürfnis haben, sofort in alles Anstehende hineinzuspringen und alles, was offen ist, bis ins Detail zu erledigen, obwohl sie müde und gestresst zu Hause angekommen sind? Warum müssen sie alle anderen herumkommandieren, anstatt sich erst einmal selbst etwas hinzulegen? Aus dem gleichen Grund, aus dem manche Menschen nach dem Abendessen so lange nicht entspannt sein können, bis das Geschirr abgewaschen ist. Wir alle müssen bekommen, was wir zu unserer Entspannung brauchen, und diese Menschen brauchen eben genau das. Ich weiß, wovon ich spreche, weil ich selbst solch ein Mensch bin.

Was also tun, wenn zwei Menschen gleichzeitig von der Arbeit heimkommen und der eine zunächst alle Aufgaben bis ins Detail erledigt sehen möchte, während der andere erst Zeit zum Abschalten braucht? Meistens landet derjenige, der gleich alles erledigen möchte, auf demjenigen, der erst abschalten möchte, mit der Wucht einer Tonne Ziegelsteine, und es gibt Krach.

Hier ist König Salomon wieder gefragt. Meiner Erfahrung nach funktioniert es nie, der Person, die gern alles erledigt haben möchte, zu sagen, sie solle damit warten, bis ihr Partner seine Batterien wieder aufgeladen hat. Sie würde nur noch nervöser werden und ihren Partner solange herumschubsen, bis es zu einer Auseinandersetzung käme, die auch den Rest des Abends verderben würde und die kommenden Abende gleichermaßen. Stattdessen muss man ihr um des lieben Friedens willen die Peitsche des Dompteurs überlassen, aber bei allem, was uns heilig und wert ist, muss es dafür eine Zeitbegrenzung geben. Eine halbe Stunde könnte in etwa eine äußerste Grenze sein. In einer halben Stunde lassen sich viele Kleinigkeiten erledigen. Die Person, die erst ankommen muss, gewinnt dadurch die Gewissheit, dass dieses Herumwuseln nur eine begrenzte Zeit dauert.

Folgender Ablauf funktioniert am besten: Laden Sie zunächst Ihre Batterien wieder auf. Kümmern Sie sich dann um Hausarbeit und andere Angelegenheiten (es sei denn, einer von Ihnen muss erst den Kleinkram vom Hals haben, bevor er den Stress loslassen kann – in diesem Fall müssten die Hausarbeit und das andere zuerst erledigt werden). Anschließend ist Zeit für ein ruhiges Beisammensein, um sich allmählich wieder miteinander wohl zu fühlen. Und danach sind Sie bereit für intensiveren Kontakt, ganz gleich, ob damit gemeint ist, Spaß miteinander zu haben, miteinander zu schlafen oder sich auf andere Art wieder nahe zu kommen.

Und was ist mit dem Abendessen?

Erinnern Sie sich noch an meine anfängliche Aussage, dass erfolgreiche Paare im Zeitstress all den Dingen absoluten Vorrang einräumen, die dazu beitragen, positive Energie für die Beziehung aufzubauen? Sie können das daran erkennen, wie anders sie – im Vergleich zu allen anderen – mit dem Abendessen umgehen. Für die meisten von uns wird das Abendessen fälschlicherweise zum zentralen Geschehen des Abends. Alles dreht sich darum, ganz egal, wieviel Zeit es kostet oder wieviel Stress es bedeutet.

Das mag in früheren Zeiten einleuchtend gewesen sein. Der Vater kam abends um sechs Uhr heim. Bis zum Abendessen um sieben oder acht Uhr entspannte er sich bei einem Cocktail und der Zeitung, und das Essen selbst war ziemlich stressfrei, weil es von jemand anderem gekocht und der Familie serviert wurde (auch wenn das unter Umständen für den Koch alles andere als stressfrei war!). Aber wer lebt heute noch so? Heutzutage sind wir unser eigenes Haushaltspersonal.

Für die meisten von uns bedeutet dies, dass das Abendessen einen zusätzlichen Stressfaktor darstellt. Verstehen Sie mich bitte nicht falsch. Es gibt viele Ausnahmen. Manche Menschen können locker eine Mahlzeit für eine Familie auf die Beine stellen, ohne ins Schwitzen zu geraten. Vielleicht kochen Sie gerne miteinander, setzen sich dann gemeinsam an den Tisch und genießen eine vergnügliche Zeit zusammen. In der Realität ist das allerdings eher die Ausnahme, auch wenn es das ist, was wir eigentlich von uns selbst erwarten.

Hier ist die **Guerillastrategie**: Erfolgreiche Paare im Zeitstress stellen das Abendessen in den Dienst der Liebe. Das heißt, sie organisieren es so, dass es sich leicht machen lässt, den geringsten Stress bedeutet, die größtmögliche Entspannung herbeiführt und dazu beiträgt, dass sie sich allmählich näher kommen. Das Ergebnis sind einige sehr kreative Lösungen. Ich will Ihnen einige Beispiele dafür geben:

Einige Paare versorgen zunächst Ihre Kinder mit einem Essen und essen später gemeinsam, wenn die Kinder im Bett sind.

Andere Paare wiederum weigern sich, unter der Woche überhaupt zu kochen. Ihr Abendessen besteht entweder aus auswärts essen, Heimservice oder darin, dass sich jeder irgendetwas aus dem Kühlschrank schnappt.

Wieder andere Paare greifen zu einer noch radikaleren Guerillastrategie. Bei ihnen sorgt einfach jeder für sich selbst. Ihre Meinung ist: *Es kann ja wohl kaum unserer Entspannung dienen und uns einander näher bringen, wenn wir uns zunächst einmal in der Küche im Weg stehen, danach am Tisch sitzen und versuchen, mit vollem Mund zu reden und hinterher auch noch die Küche wieder aufräumen müssen. Jeder soll auf seine Art für sich selbst sorgen.* Diese Taktik ist sicher nicht für jeden geeignet. Aber sie kann eine Menge Zeit sparen. Stellen Sie sich selbst einmal die Frage: Wenn Ihnen nur eine halbe Stunde Zeit mit Ihrem Liebsten zur Verfügung steht, möchten Sie diese Zeit lieber gemeinsam im Bett verbringen oder sich am Esstisch gegenüber sitzen?

Hier geht es darum, dass Sie nicht zulassen dürfen, dass Ihr Bedürfnis, jeden Abend für positive Energie zu sorgen, durch Gewohnheiten oder Vorstellungen von „Ich sollte aber ..." überholt wird. Ich möchte es einmal folgendermaßen ausdrücken: Meinen Sie, dass Sie später einmal, wenn Sie eines der rührenden alten Ehepaare sein werden, die täglich miteinander spazieren gehen, auf Ihr Leben zurückschauen und sagen werden: „Wir hatten sicher einige schöne Abende, aber ich wünschte, wir hätten häufiger ein anständiges Abendessen gehabt?" Oder werden Sie eher sagen: „Wir hatten sicher einige gute Abendessen, aber ich wünschte, wir hätten mehr schöne Abende miteinander verbracht?" Was meinen Sie? Ein Leben voll schöner Abendessen? Oder ein Leben voll schöner Abende? Essen oder Liebe? Die Entscheidung liegt bei Ihnen, aber Sie sollten sich darüber im Klaren sein, dass Sie hier eine Wahl haben.

Und warum geht nicht beides? Moment mal – ich dachte, Sie hätten mir erzählt, Sie seien ein Paar im Zeitstress. Dann bleibt Ihnen höchst selten Zeit für beides.

Wo ist an solch schier aussichtslosen Abenden noch Platz für die Kinder? Ich denke, die meisten berufstätigen Eltern von heute würden sagen, dass sie leicht drei Stunden pro Abend mit ihren Kindern verbringen, indem sie für sie kochen, sie baden, die Hausaufgaben anschauen, mit ihnen spielen, ihnen etwas vorlesen und mit ihnen reden. Das hängt natürlich auch vom Alter der Kinder ab, aber aus meiner Erfahrung weiß ich, dass jedes zusätzliche Kind eine weitere halbe Stunde Zeit verschlingt.

Ich möchte Ihnen ein paar Tipps anbieten, die nach Angabe der erfolgreichen Paare im Zeitstress einen Riesenunterschied machen:

Bringen Sie die Kinder so früh wie möglich ins Bett. Weil es oft ein Drama ist, bis sie schließlich im Bett liegen, schieben manche Eltern diesen Zeitpunkt hinaus und erlauben ihren Kindern, länger aufzubleiben, als sie eigentlich sollten. Das geht dann auf Kosten der abendlichen Zeit, die Ihnen als Paar bleibt und vergrößert den Stress am nächsten Morgen, weil die Kinder noch müde sind und nicht aufstehen wollen. Gewöhnen Sie Ihre Kinder schon früh daran, früh ins Bett zu gehen und früh aufzustehen.

Vermeiden Sie, beide etwas gemeinsam mit dem Kind zu tun. Man könnte das zwar als Familienzeit bezeichnen, aber für Paare im Zeitstress ist es Zeitverschwendung. Am besten hat es sich bewährt, wenn einer etwas mit dem einen Kind tut oder Hausarbeiten erledigt, während der Partner sich um das andere Kind kümmert. Vorsicht: Es kann sich viel Ärger aufstauen, wenn nur ein Partner für die Kinder zuständig ist und der andere sich diesbezüglich um nichts kümmert.

Schaffen Sie eine weitgehend feste Routine. Kinder sind von Geburt zunächst einmal sehr konservativ. Sie lieben es, wenn alles immer gleich abläuft. Das können Sie zu Ihren Gunsten nutzen. Je zuverlässiger die Routine abläuft, desto leichter macht das Kind mit. Und je weniger Widerstand Sie vom Kind erleben, desto mehr Zeit und positive Energie bleibt Ihnen füreinander.

Verwenden Sie niemals die Kinder als Ausrede dafür, dass Sie keine Zeit zu zweit mehr haben. Kinder sind Zeitschwämme: Sie werden soviel von Ihrer Zeit aufsaugen, wie sie nur können. Deshalb lassen sich Paare im Zeitstress nur allzu leicht von den Kindern so beanspruchen, dass für sie als Paar nichts mehr übrig bleibt. Trotz aller Liebe zu Ihren Kindern müssen Sie ein absolutes Minimum an Zeit für sich als Paar festlegen und alles, was die Kinder betrifft, darum herum arrangieren.

Guerillastrategie: Wie alle anderen Guerillastrategien mag auch diese nicht für jedermann geeignet sein. Wenn Ihre Abende jedoch wirklich extrem vollgestopft sind, möchten Sie vielleicht doch einmal ausprobieren, was bei einigen Paaren im Zeitstress wunderbar funktioniert hat: Sie stehen morgens ungefähr eine Stunde früher auf, bereiten sich Ihren Kaffee zu und nehmen ihn mit ins Bett und haben nun eine ganze Stunde Zeit, in einem entspannten Zustand dort einfach nur herumzulümmeln. Und was ist schon die eine Stunde, die Sie dafür möglicherweise früher ins Bett gehen müssen? Sie haben sich einfach eine Stunde von dem Teil des Tages ausgeborgt, an dem sie müde und vom Tag erledigt sind, und diese Stunde dem Teil des Tages zugeschlagen, an dem Sie ausgeruht und erfrischt sind und alles ruhiger zugeht.

Diese Strategie ist gewöhnungsbedürftig. Die meisten Paare berichten, dass sie erst nach mehreren Anläufen damit zurechtkamen. Aber dann hat es großartig funktioniert.

VERLETZUNGEN HEILEN

13. So schützen Sie Ihre Beziehung vor Stress

Die meisten Paare im Zeitstress berichten, ihre Beziehung leide unter zuviel Ärger. Dieser Ärger kann sich in lautem Streit mit viel Geschrei, Beschimpfungen und zugeschlagenen Türen zeigen. Er kann sich aber auch in schwelenden, langanhaltenden Auseinandersetzungen ausdrücken, durch endlosen Zank und Hinterhältigkeit. Oder möglicherweise durch eine Distanz, die manchmal bissig, manchmal höflich, aber immer eisig ist.

Niemand mag Streit, Ärger und Distanz in seiner Beziehung. Wenn Sie aber als Paar im Zeitstress leben, stellt sich für Sie die Frage, wie Sie mit Ihrem Ärger umgehen sollen. Viele von uns wachen jeden Morgen mit dem Vorsatz auf, von nun an nur noch in Harmonie zu leben. Und unmittelbar darauf spüren wir, dass alles Negative unserer Beziehung sofort wieder da ist. Die einzige Lösung, die uns einfällt – abgesehen davon, den Ärger herunterzuschlucken und zu versuchen, nett zu sein – ist die, unsere Probleme „zu bereden". Allzu häufig allerdings hilft es kaum, über die Probleme zu reden. Und viel schlimmer: Es kostet mehr Zeit, als den meisten Paaren im Zeitstress zur Verfügung steht.

Erfolgreiche Paare im Zeitstress haben einen Ausweg aus diesem Dilemma gefunden. Sie haben erkannt, dass es Wege geben muss, die verhindern, dass sich der Ärger aufstaut, und die es möglich machen, verantwortlich mit dem Ärger umzugehen, sobald er entsteht, und zwar so, dass Ihnen nichts von der kostbaren Zeit verloren geht, die Sie brauchen, um sich nahe zu sein und Freude aneinander zu haben. Die Kapitel dieses Teiles verraten die Geheimnisse dieser Paare.

„Jetzt sind wir wieder mal soweit“. Paul schaute Melissa an und sie wusste, dass er Recht hatte – sie beide waren total genervt und konnten niemandem außer sich selbst die Schuld dafür geben. Alles fing damit an, dass sie am Donnerstagabend eine Einladung von Freunden zum Abendessen angenommen hatten. Sie wussten, dass dies für sie problematisch werden könnte, weil sie donnerstags lange arbeiteten. Und außerdem hatten sie um halb sieben noch einen bereits zweimal verschobenen Termin mit jemandem ausgemacht, der vorbeikommen wollte, um mit ihnen zu besprechen, wie sie sich die Renovierung ihres Badezimmers vorstellten.

Beide kamen extrem gehetzt zu dem Termin mit dem Badspezialisten nach Hause. Natürlich dauerte das Gespräch länger als geplant. Und dann hetzten sie weiter zum Haus ihrer Freunde.

Es geht um Folgendes. Ich weiß nicht, ob Paul und Melissa an diesem Donnerstagabend nach einem langen Arbeitstag gegen Ende einer langen Woche überhaupt noch irgendeine positive Energie füreinander gehabt hätten. Aber unter dem Stress, sich beeilen zu müssen, und der Sorge, zu spät zu Hause anzukommen, und der nachfolgenden Besorgnis über die Kosten der Badezimmerrenovierung fingen sie an, sich darüber zu streiten, dass Paul nicht deutlich genug für eine Begrenzung der Kosten eingetreten sei. Das führte schließlich dazu, dass Paul Melissa eine kritiksüchtige Hexe nannte.

Das Timing war perfekt: Gerade, als sie die Einfahrt zum Haus der Freunde herauffuhren, in der Gewissheit, dass alle dort auf sie warteten, entfuhr ihnen der Satz: *Ich weiß überhaupt nicht, warum wir noch zusammen sind.*

Wir alle haben viel zuviel Stress in unserem Leben. Ich weiß, dass Ihnen das bekannt ist. Ein Großteil davon ist überflüssig. Kommen Sie mir jetzt nicht als Opfer daher. Einiges von dem, was Sie belastet, ist selbst gewählt, wie auch im Fall von Paul und Melissa. Und wenn Sie wollen, dass Ihre Beziehung gedeiht, auch wenn Sie ein Paar im Zeitstress sind, dann werden

Sie damit aufhören müssen, sich für Dinge zu entscheiden, die noch mehr Stress in Ihr Leben hineinbringen.

Und zwar deshalb, weil Stress der größte Ärgerproduzent ist.

Ich weiß, dass wir alle der Ansicht sind, wir täten schon alles in unserer Macht Stehende, um Stress zu reduzieren. Aber allzu häufig machen wir uns dabei nur selbst etwas vor. Neben der Reduzierung von Stress stehen einfach noch eine ganze Reihe anderer Dinge auf unserer Prioritätenliste, und die meisten dieser anderen Prioritäten sorgen dafür, dass wir Dinge tun, die unseren Stress in Wirklichkeit sogar noch erhöhen.

Und ich sage Ihnen jetzt, dass die meisten anderen Prioritäten falsch sind. Ich weiß schon, Sie sind stark und können mit vielen Dingen gleichzeitig jonglieren. Leben Sie jedoch als Paar im Zeitstress, riskieren Sie Ihre Beziehung, wenn Sie zu dem chronischen Mangel an Zeit noch zusätzlichen Stress hinzufügen. Stress tötet. Er erhöht nicht nur die Wahrscheinlichkeit, den Sargdeckel eher früher als später zu sehen, sondern er wird auch Ihre Beziehung umbringen.

Sehen Sie's doch mal so:
Paare im Zeitstress erzeugen einen Großteil des Stresses dadurch, dass sie an Stellen *ja* gesagt haben, wo Sie eigentlich hätten *nein* sagen müssen. Sagen Sie also öfters *nein*. Sagen Sie zunächst immer erst einmal *nein*, wenn Sie um etwas gebeten werden, wenn also irgendeine Verpflichtung auf Ihrem Radarschirm auftaucht – es sei denn, es gäbe einen außerordentlich wichtigen Grund für Sie, *ja* zu sagen. Und jedes Mal, wenn Sie sich entscheiden können, eine Sache kompliziert oder weniger kompliziert anzupacken, wählen Sie den weniger komplizierten Weg, ganz gleich, was sonst noch daran hängt. Tun Sie es Ihrer Beziehung zuliebe.

Wenn wir uns als Opfer des Stresses betrachten, tragen wir nur dazu bei, unseren Stress zu vergrößern. Außerdem ist schon das Wissen darum, auf dem Fahrersitz zu sitzen, stressreduzierend. Wenn Sie selbst aufs Gaspedal oder die Bremse treten können, haben Sie das Gefühl, Ihr Leben besser im Griff zu haben.

Ich kenne aus meinem eigenen Leben Situationen, in denen ein Preis dafür zu zahlen war, dass der Stress weniger wurde. Manchmal werden Sie sich ein *nein* wirklich abringen müssen, weil Sie viel lieber *ja* sagen würden. Einige Menschen könnten vielleicht eine Weile lang beleidigt sein. Aber das ist ein vergleichsweise geringer Preis.

Ich möchte Ihnen dabei helfen, Möglichkeiten zu entdecken, wie Sie den Stress in Ihrem Leben zum Wohl Ihrer Beziehung reduzieren können.

Verwandtschaft: Sie können Ihre Eltern lieben und phantastisch mit Ihren Geschwistern auskommen. Falls Sie Kinder haben, können Verwandte als Babysitter einspringen. Aber häufig wird die Verwandtschaft von vielen Menschen nicht nur als Unterstützung erlebt, sondern mindestens ebenso sehr als Quelle zusätzlicher Belastungen. Verwandte können sehr kritisierend sein. Sie können bedürftig sein. Sie mischen sich u. U. in Ihre Angelegenheiten ein. Sie rauben Ihnen Ihre Zeit. Und am meisten Zeit wird Ihnen dadurch geraubt, dass Sie sich mit Ihrem Partner in lähmende Diskussionen darüber verwickeln lassen, was man mit der lieben Verwandtschaft tun sollte.

Nehmen wir beispielsweise Michaelas Schwiegermutter Dorothee. Sie bestand darauf, dass Michaela und Robert in Zukunft freitagsabends zu ihr zum Essen kommen sollten. Michaela wusste jedoch genau, dass sie und Robert am Ende einer strengen Arbeitswoche vollkommen erschöpft sein würden. Und Dorothee hatte immer einige Dinge im Haushalt, bei denen sie Hilfe brauchte. Damit wäre der Abend für Michaela und Robert gelaufen. Darüber hinaus sahen sie Dorothee in der Regel ohnehin schon jeden Montagabend. Das war eigentlich genug!

Aber Michaela bekam Schuldgefühle. Dorothee war eine einsame Witwe. Michaela wünschte, sie hätte mehr Zeit für sie. Interessanterweise fühlte sich Robert nicht schuldig bei dem Gedanken, Dorothee eine Absage zu erteilen, obwohl sie doch seine Mutter war. Er hatte die Nase von ihr voll. Er liebte sie, aber sie hatte sich zu viel eingemischt. Und er hatte sich anhören müssen, wie Michaela von Dorothee kritisiert wurde, ohne dass sie dabei war und sich verteidigen konnte.

Deshalb gab es eine heftige Auseinandersetzung zwischen Robert und Michaela, ob sie zu Dorothee gehen sollten. Und letztendlich waren sie gegangen.

Zählen wir einmal die Punkte zusammen, die Michaela und Robert auf ihr Stresskonto geladen haben. Schuldgefühle bringen einige Stresspunkte ein. Die Auseinandersetzung noch ein paar Punkte mehr. Die Tatsache, dass sie mit der Entscheidung, hinzugehen oder nicht, unter Zeitdruck standen, ist für viele weitere Stresspunkte verantwortlich. Und dann dort zu sein – vergiss es!

Ein Paar im Zeitstress kann sich soviel Stress nicht leisten. Stress ist Gift. Selbst eine geringe Dosis davon wirkt ziemlich lange nach. Beim Aufwachen am nächsten Morgen ist er längst noch nicht verschwunden. Es braucht seine Zeit, sich davon wieder zu erholen, aber Zeit ist ja genau das, was Sie nicht haben.

Stress ist von Haus aus ungut. Stress ist im Wesentlichen eine Angst, sich nicht für sich selbst einsetzen zu können; ein Ärger auf jeden, der es einem schwer macht, seine eigenen Belange zu vertreten; eine Depression aufgrund des Gedankens, auch weiterhin nicht in der Lage zu sein, die eigenen Belange durchzusetzen. Und ein ängstlicher, wütender und depressiver Mensch zieht sich in seinen Panzer zurück und eröffnet das Feuer auf seinen Partner. Bei einem Paar im Stress verhalten sich beide Partner auf diese Weise. Zwei Menschen werden zu Gegnern. Und alles nur, weil Sie, wie Michaela, zur Einladung

Ihrer Schwiegermutter zum Essen am Freitagabend *ja* gesagt haben anstatt *nein*.

Guerillastrategie: Die Schwierigkeiten, *nein* zu sein, entstehen daraus, dass man eine Sache zu persönlich sieht. Wie kann man seiner geschätzten, lieben Schwiegermutter eine Absage erteilen, die einem doch nur ein schönes Abendessen servieren will? So betrachtet, bereitet es tatsächlich Stress, ihr ein *nein* ins Gesicht zu sagen. Erfolgreiche Paare im Zeitstress machen aus einer solchen Absage jedoch eher eine Frage der Höflichkeit. Beispielsweise könnten Sie die Entscheidung treffen, einmal im Monat zur Schwiegermutter zum Essen zu gehen oder in Zeitabständen, die sich für Sie richtig anfühlen. Sagen Sie es ihr unverblümt: „Momentan ist unser Leben wirklich verrückt mit all der Arbeit und den Kindern und allem, was sonst noch ansteht – wir sind einfach erschöpft. Deshalb haben wir beschlossen, uns auf ein gemeinsames Abendessen im Monat mit dir zu beschränken.“ Vielleicht wird sie ein wenig mit Ihnen darüber diskutieren oder sich beklagen. Aber das Wichtige ist, dass Sie sich Zeit verschafft und das Stressniveau reduziert haben. Und das ist immer eine gute Sache.

Bei der Verwandtschaft geht es immer darum, die Grenzen, die man zu setzen hat, in höflicher Form anzukündigen. Gibt es zum Beispiel in Ihrer Verwandtschaft eine unausstehliche Person, beantworten Sie ihre oder seine Anrufe nicht oder machen Sie es sich zur Regel, nicht länger als fünf Minuten mit der betreffenden Person zu sprechen.

Haben Sie jemals nach einem Weihnachtsessen gestöhnt, weil Sie zuviel gegessen hatten? Es waren jedoch Sie selbst, der immer noch mehr in sich hineingeschaufelt hatte. Der Gänseschlegel ist nicht von selbst vom Tisch in Ihre Kehle gesprungen. Sie haben dafür gesorgt. Und genauso liegt es auch in Ihrer Hand, Verwandten ein *nein* entgegenzuhalten, die bei Ihnen Stress auslösen.

Hausarbeit: Es ist keine Frage, dass ein gewisses Maß an Hausarbeit in jedem Haushalt erledigt werden muss. Wäsche, Geschirr, Fußböden müssen saubergehalten werden. Lebensmittel müssen eingekauft und gekocht werden. Unordnung muss beseitigt und Rechnungen müssen bezahlt werden. Für die meisten von uns ist es dabei am allerwichtigsten, diese Hausarbeit perfekt zu erledigen. Sollte dann noch etwas Zeit übrig bleiben… Aber allzu häufig bleibt danach eben keine Zeit mehr für anderes. Und dass bedeutet Stress. Es ist stressig, Hausarbeiten zu erledigen, wenn man sich eigentlich entspannen oder etwas Zeit mit seinem Partner verbringen möchte. Man fühlt sich gehetzt und verärgert.

Guerillastrategie: Viele Paare im Zeitstress gehen die Sache mit der Hausarbeit von der falschen Seite her an. Es geht hier darum, Zeit zu gewinnen. Erfolgreiche Paare im Zeitstress überlegen, wieviel Zeit sie brauchen, um sich entspannen und ein wenig zu sich selbst kommen zu können. Und wenn dann noch Zeit übrig bleibt, erledigen sie Dinge im Haushalt. Sie haben erkannt, dass ihre Arbeit ihnen dienlich sein sollte, nicht umgekehrt. Sie können in Ihrem Leben nicht ausschließlich nur arbeiten.

Wenn Sie diesen Ansatz ausprobieren, wird Folgendes geschehen: Einige Dinge werden unerledigt bleiben oder zumindest nicht so ausgeführt werden, wie Sie es gerne hätten. Aber vielleicht macht es Ihnen gar nicht so viel aus, wie zunächst befürchtet. Einige Zimmer werden nicht mehr so häufig gesaugt werden. Einige Mahlzeiten werden eher hastig als liebevoll zusammengewürfelt. Immer wieder mal werden die Betten ungemacht bleiben.

Andererseits aber werden Sie entspannter sein. Sie können ein Buch lesen. Sie können sich durch die angesammelten Zeitschriften hindurchackern. Sie können einige schöne lange Spaziergänge machen. Sie werden Ihre Batterien aufladen und Ihrem Partner dadurch auch wieder etwas zu geben haben. Vielleicht schlafen Sie wieder ein wenig häufiger miteinander als bisher. Vielleicht sitzen Sie auch einfach nur im Wohnzimmer und unterhalten sich oder hören Musik.

Sie sehen, wie wunderbar die Abmachung sein kann, sich und seine Beziehung wichtiger zu nehmen als die Hausarbeit.

***Arbeit*:** Ich bekomme von Menschen immer wieder zu hören „Sie können das nicht verstehen. Den Stress an meinem Arbeitsplatz kann ich nicht kontrollieren."

Vielleicht haben Sie Recht. Auf manche Menschen trifft das tatsächlich zu. Ärzte in ihrer Assistenzzeit. Jemanden, der versucht, ein neues Restaurant zu eröffnen. Menschen, die neu an einem Arbeitsplatz beginnen. Fernfahrer. Und noch viele andere Menschen.

Vielleicht haben Sie aber auch Unrecht. Der größte Stress am Arbeitsplatz entsteht durch lange Arbeitszeiten, und viele Menschen, die Überstunden machen, tun dies unnötigerweise. Das ist eine Tatsache. Manche von ihnen machen Überstunden, weil sie sich tagsüber ihre Zeit nicht richtig einteilen. Andere haben freiwillig mehr Zusatzaufgaben angenommen, als nötig gewesen wäre. Wiederum andere sind unnötigerweise Perfektionisten. Niemand würde ihnen kündigen, wenn sie ab heute circa eine Stunde früher nach Hause gingen.

Und häufig lässt sich etwas auf längere Sicht verändern. Vielleicht arbeiten Sie deshalb täglich so viele Stunden, weil Ihr Weg zur Arbeit so lang ist. In einem Jahr könnten Sie vielleicht an einem anderen Ort wohnen, wodurch Sie täglich zwei Stunden Fahrzeit einsparen könnten. Das wären immerhin zehn Stunden pro Woche. Fünfhundert Stunden pro Jahr. Ein kostenloses Geschenk von zwölf Arbeits*wochen* voller Freizeit. Oder vielleicht können Sie eine andere Arbeit finden. Oder jemanden, der Ihnen zur Hand geht, oder Sie delegieren einige Ihrer Aufgaben. Es gibt fast immer eine Möglichkeit.

Ich habe zu viele Fälle erlebt, in denen ein zu langer Zeitraum mit zu vielen Überstunden eines Partners eine Beziehung zerstört hat. Das ist dann das denkbar schlimmste Ende für ein Leben als Paar im Zeitstress. Wenn einer oder beide Partner ständig Überstunden machen, kann es sich leicht so anfühlen, als ob Tage oder Wochen vergehen, bis man sich wieder einmal sieht. Nur bei Menschen, die es eher distanziert mögen, kann eine solche Beziehung überleben. Aber das trifft auf die wenigsten von uns zu.

***Freunde*:** Das Thema, wie man mit Freunden umgeht, wenn man kaum Zeit übrig hat, ist schwierig. Die meisten von uns sehen in ihren Freunden eine Art Reichtum. Je mehr gute Freunde wir besitzen, desto besser. Mit ihnen können wir Spaß haben. Sie bieten uns ihre Unterstützung an.

Aber wenn wir ehrlich mit uns selbst sind, müssen wir uns auch eingestehen, dass Freunde manchmal einen zusätzlichen Stressfaktor darstellen. Wenn wir verheiratet sind, bezahlen wir einen Preis für sie. Ich kenne viele Paare, deren Abende ausgefüllt sind mit Anrufen, in denen sie Freunde auffangen. Freunde haben Probleme. Freunde nutzen die Gelegenheit aus, über Gott und die Welt zu quatschen, und Sie können es kaum erwarten, endlich vom Telefon wegzukommen. Freunde wollen mit Ihnen Pläne schmieden, und Sie haben das Problem, alles miteinander koordinieren zu müssen.

Und letztendlich rauben Ihnen Ihre Freunde Zeit für Ihre Beziehung. Die Verabredung mit einem anderen Paar zum Essen zählt nicht als Zeit, in der Sie als Paar einander näher kommen können. Der Abend kann ungeheuer lustig sein. In der Regel jedoch berichten die Paare nach einem solchen Abend mit Freunden nicht, dass es eine Zeit gegenseitiger Nähe war.

Guerillastrategie: Erfolgreiche Paare im Zeitstress setzen ihre Beziehung bedenkenlos an die erste Stelle. Daran haben die anderen schwer zu knabbern. Das bedeutet, manche Freunde fallen zu lassen, in deren Gegenwart Sie nicht viel Spaß haben. Und es bedeutet auch, sich die Zeit einzuteilen, die man mit anderen Freunden verbringt. Mit anderen Worten heißt das, manchmal auch *nein* zu sagen, um sich die kostbare positive Energie zu erhalten.

Ehrgeiz und Perfektionismus: Wenn Sie einen Pakt mit dem Schicksal schließen wollen, ist das in Ordnung, aber machen Sie sich den Preis klar, den Sie dafür zahlen. Viele Menschen treffen zu Beginn ihres Arbeitslebens die Entscheidung, die Erfolgsleiter bis zur Spitze zu erklimmen, koste es, was es wolle und sei es noch so hart. Ich verrate Ihnen, was ein solcher Pakt Sie kostet: Er wird Sie Ihre Ehe oder Beziehung kosten. Punktum. Die einzige Ausnahme von dieser Regel bilden Paare, die dann am besten miteinander auskommen, wenn sie sich kaum zu Gesicht bekommen. Es gibt solche Paare, aber von uns dürften wohl die wenigsten dazugehören.

Wahrscheinlich weisen Sie jetzt auf XY hin, der es an die Spitze seiner Firma geschafft hat und trotzdem eine phantastische Ehe führt. Ich schließe mit Ihnen eine Wette ab. Ich wette, dass XY zu den Menschen gehört, die folgende Klausel in ihren Pakt mit dem Schicksal eingebaut haben: *Ich bin mit Herz und Seele bei meiner Arbeit, aber nur bis zu einem bestimmten Punkt. Ein gewisses Minimum an Zeit bleibt für meine Beziehung reserviert, und ich werde nicht zulassen, dass mein beruflicher Ehrgeiz diese Zeit antastet.* Sie wären überrascht, wenn Sie wüssten, wie viele Erfolgsmenschen es gibt, für die als oberste Priorität gilt, ein bestimmtes Minimum an Zeit für ihre Beziehung bereitzustellen und die auch nicht zulassen, dass ihr Ehrgeiz ihnen dabei in die Quere kommt.

Es liegt ganz bei Ihnen. Aber es ist ein eisernes Gesetz: Wenn Sie ein lebendes Wesen auf Dauer hungern lassen, wird es irgendwann sterben. Und das gilt für eine Beziehung ebenso.

Wenn in Ihrem Fall in erster Linie Ihr Ehrgeiz dafür verantwortlich ist, dass Ihre Beziehung so sehr unter Zeitmangel leidet, dass sie nicht überleben kann, dann stehen Sie vor einer grundlegenden Entscheidung. Sollten Sie Ihren Partner nicht lieben, können Sie sich für Ihren Ehrgeiz entscheiden. Wenn Sie aber mit einem Menschen zusammen sind, der Ihnen gut tut und den Sie lieben, sollten Sie sich für Ihre Beziehung entscheiden. Sie werden später einmal froh darüber sein.

Und was können Sie tun, wenn Sie mit jemandem zusammen sind, der mit seinem oder ihrem Ehrgeiz verheiratet ist? Sie kennen Ihr Gefühl des Unglücklichseins und wissen, dass es einfach nur weiter wachsen wird. In dieser Situation stellt sich die Frage, wie man die Aufmerksamkeit des anderen gewinnen kann. Sie können leicht als jammernder Quälgeist erscheinen, was Ihren Partner wiederum nur darin bestätigen wird, sich seinem Ehrgeiz zu widmen. Die beste Lösung wäre es, zu erklären anstatt zu nörgeln. Beschreiben Sie Ihrem Partner / Ihrer Partnerin den unweigerlichen Zerfall der Beziehung, wenn alles so weitergeht wie bisher. Fragen Sie ihn oder sie, ob er das möchte. Bieten Sie ihm an, dass Sie sich gemeinsam überlegen, wie in Zukunft besser mit dem Ehrgeiz umgegangen werden kann. Sprechen sie detailliert Veränderungen an, die Sie im Kontakt zueinander gerne erleben möchten.

Das Beste, was einmal eine Frau zu ihrem zwanghaft ambitionierten Partner gesagt hat, war Folgendes: „Menschen in unserer Situation, die ihre Ehe retten wollen, werden irgendwann einmal durch irgendein Ereignis richtig wachgerüttelt. Wir können uns wachrütteln lassen, bevor allzu viel zerstört wird oder hinterher. Was ist dir lieber?“

14. Mehr Liebe statt mehr Ärger

Zu einer normalen Beziehung gehört auch, dass man gelegentlich sauer aufeinander ist. Gefühle sind einfach da. Ein gewisses Quantum gesunder Ärger tut einer Beziehung durchaus gut. Er hilft uns, uns authentisch mitzuteilen, uns für unsere Belange einzusetzen und unserem Partner zu sagen, was Sache ist. Und nachdem der Ärger verraucht ist, sprechen Sie darüber, einigen sich auf bestimmte Dinge, haben Versöhnungssex und alles ist wieder in Ordnung.

Aber weder Sie noch ich leben in einer normalen Beziehung. Wir stehen unter Zeitstress. Und deshalb meine Frage: Wenn Sie schon nicht viel Zeit für Ihren Partner haben, wie viel Zeit haben Sie dann für Ärger?

Ich hasse es, wenn mein Mann zu mir sagt: „Sei doch nicht so verärgert." Ich möchte mir nicht von ihm vorschreiben lassen, was ich zu fühlen habe. Ich möchte nicht, dass er denkt, er könne alles mit mir machen und mir dann, wenn ich wütend werde, einfach über den Mund fahren mit seinem „Sei doch nicht so verärgert". Aus diesem Grund fällt es mir schwer, der Tatsache ins Gesicht zu sehen, dass Ärger der größte Zeitverschwender überhaupt ist. Aber es ist so. Zum einen kostet es Zeit, seinen Ärger auszudrücken. Sie wissen, wie das ist. Einmal auf den Ärgerzug aufgesprungen, verbringen Sie viel Zeit damit, Dinge zu sagen, die Sie gar nicht meinen, und müssen sich dann noch das anhören, was Ihnen Ihr Partner sagt, ohne es wirklich zu meinen, weil er sich nun über Ihre Verärgerung ärgert. Puh!

Aber wenn der Ärgerzug einmal ins Rollen gekommen ist, geht es ja noch viel weiter.

Hier ist das typische Verhaltensmuster nach einem Streit: Der Partner, der den Ärger abbekommen hat, fühlt sich verletzt und angegriffen, obwohl natürlich das Gefühl des anderen Partners, zuerst angegriffen und verletzt worden zu sein, den ganzen Streit überhaupt erst ausgelöst hatte. In einer Auseinandersetzung werden schlimme Dinge gesagt. Es dauert Tage oder sogar *Wochen*, bis sich derjenige, der den Ärger zu spüren bekam, vor neuen Angriffen einigermaßen sicher fühlt.

Nachdem Sie schon durch den Ärger Zeit verloren haben, wird nun durch eine Phase der Distanz weitere Zeit vergeudet. Und mit jedem Tag, der vergeht, wird die Mauer zwischen Ihnen höher. Jeder von uns, der bereits einmal an diesem Punkt war, weiß genau, dass diese Wand umso dicker wird, je mehr Zeit vergeht, und dass es immer schwieriger wird, sie zu überwinden. Und kostbare Zeit, die der Liebe hätte dienen können, ist durch Ihre Finger geronnen wie Wasser durch ein Sieb.

Nehmen wir nun einmal an, es gelingt einem vielbeschäftigten Paar, sich pro Tag durchschnittlich eine Stunde Zeit für die Beziehung freizuhalten. Das wäre eigentlich für ein Paar im Zeitstress schon ziemlich gut. Nun bekommen Sie einen Riesenstreit. In den meisten Fällen dauern solche Auseinandersetzungen mindestens drei Stunden. Womit bereits auf einen Schlag fast die Hälfte des wöchentlichen Zeitbudgets für die Beziehung verbraucht wurde. Es dauert jedoch mindestens noch vier Mal so lang, wieder jene Atmosphäre der Wärme und Nähe zu spüren, die vor dem Streit zwischen Ihnen herrschte. Je häufiger es zu Auseinandersetzungen kommt, desto länger werden Sie dafür brauchen. (Das ist der Grund dafür, dass sich einige Paare immer weiter in eine lebenslange Beziehung der Distanz und Kälte hineinstreiten).

Sie können sehen, wie ein einziger Streit Ihnen zwei oder drei Wochen lang positive Energie vorenthält. Aber damit hört der angerichtete Schaden noch nicht auf. Dadurch, dass die Beziehung zwei oder drei Wochen lang auf Eis lag, kann leicht das Gefühl entstanden sein, die Beziehung sei generell schlecht.

Und dieses Gefühl macht eine Heilung noch bedeutend schwieriger.

Am Ende dieses Kreislaufs stehen immer Entschuldigungen und Versprechen, die Sie sich auch schon Wochen vorher hätten geben können, wodurch all die Zeit gespart worden wäre, die nun im Schmerz vergeudet wurde.

Ich frage Sie: „Ist es das wert?"

Sie fragen zurück: „Gibt es eine Alternative?"

Natürlich gibt es eine Alternative.

Ich sage Ihnen nicht, dass Sie Ihre Gefühle nicht haben sollen. Ich weiß ja, wie gut das bei mir selbst funktioniert! Aber es ist wichtig, vorzubeugen, damit Sie nicht diese lange, dumme, zeitraubende Reise auf dem Ärgerzug antreten. Wenn Sie nicht aufpassen, wachen Sie möglicherweise eines Tages auf und erkennen, dass Sie einen Großteil der kostbaren Zeit, die Ihnen für Ihre gegenseitige Liebe zur Verfügung stand, weggeworfen haben.

Sehen Sie's doch mal so:
Ärger kostet ein Paar im Zeitstress soviel Zeit, dass es sich lohnt, alles zu unternehmen, um den Ärger zu reduzieren, der zwischen Ihnen hin und her geschleudert wird. Wir rechtfertigen unseren Ärger mit der Begründung, er gebe uns Kraft. Aber der Preis für den Ärger ist so hoch und es gibt so viele Alternativen, dass es für Sie ein „Muss" ist, diese Alternativen auszuprobieren. Vor allem dann, wenn diese Alternativen Ihnen sogar noch mehr Kraft verleihen.

Nun gibt es zwei Möglichkeiten, den Ärger in Ihrer Beziehung zu reduzieren. Die erste wirkt schnell und kraftvoll, aber sie liegt ganz sicher nicht jedem. Wenn Sie damit umgehen können, wäre das Ihr Weg. Wenn nicht, probieren Sie die andere aus. Sie erfordert ein wenig mehr Arbeit, ist aber so angelegt, dass sie eher dem entspricht, was den meisten Menschen zumutbar ist.

Die erste Möglichkeit, mit Ärger umzugehen, ist eine echte **Guerillastrategie**: *Zeigen Sie Ihren Ärger nicht in Ihrer Beziehung.* Ich weiß, einige von Ihnen werden nun behaupten, nur Menschen wie Jesus oder Gandhi wären dazu in der Lage. Ich weiß von mir selbst, dass mir das äußerst schwer fällt. Aber es wäre ein schlechter Dienst, wenn ich nicht auch die vielen Menschen erwähnen würde, die sich gesagt haben „Schau, wir verschwenden durch den Ärger so viel kostbare Zeit in unserer Beziehung und zerstören so viel positive Energie. Lass uns damit aufhören. Sehen wir zu, dass wir unseren Ärger möglichst für uns behalten. Falls nötig, sollten wir vermeiden, miteinander zu reden, solange wir sauer sind. Sollten wir trotzdem in dieser Zeit etwas Wichtiges zu besprechen haben und befürchten, dass der Ärger diese Diskussion überschattet, sollten wir uns lieber schriftliche Notizen geben oder E-Mails schreiben, in denen wir den Ärger aussparen."

Die folgenden Anregungen können dazu beitragen, dass diese Guerillastrategie auch funktioniert:

Entfernen Sie so viele Ärgerquellen wie möglich aus Ihrem Leben. Das gilt ganz besonders für alle Stressfaktoren.

Achten Sie sehr genau darauf, keinen Ärger auf Ihren Partner zu übertragen, der mit ihm überhaupt nichts zu tun hat. Es ist schlimm genug, sich darüber zu ärgern, dass er spät nach Hause gekommen ist, ohne telefonisch Bescheid gegeben zu haben. Aber es ist noch viel schlimmer, sich über ihn zu ärgern, weil Sie sauer auf Ihren Chef sind.

Nutzen Sie einen Teil der Energie, die bisher in den Ärger auf Ihren Partner eingegangen ist, zum Nachdenken über Möglichkeiten, Ihren Partner zu akzeptieren. Nehmen wir an, er hat gestern Nacht zum x-ten Mal den Toilettendeckel nicht zugeklappt. Sie haben schon tausend Mal mit ihm darüber gesprochen. Aber denken Sie einmal darüber nach: Entweder, er hasst sie und ist an einem finsteren Komplott beteiligt, das Sie zu vernichten trachtet. Oder er zeigt mit seinem Verhalten die Grenzen seiner Fähigkeit, sich zu verändern. Sie haben versucht, ihn zu ändern. Es hat nicht funktioniert. Warum können Sie sich diese Niederlage nicht eingestehen? Sie können nicht überall der Gewinner sein. Und außerdem: Welchen Sinn macht es, wütend zu sein auf etwas, was nicht zu ändern ist?

Denken Sie nicht, von nun an dürften Sie auf keinen Fall mehr irgendeinen Ärger ausdrücken. So perfekt ist niemand. Diese Guerillastrategie funktioniert sogar dann noch, wenn Sie nur einen Teil des Ärgers vermeiden, den Sie bislang offen ausgedrückt haben.

Seinen Ärger nicht auszudrücken, bedeutet jedoch keinesfalls, sich nicht mehr um Probleme zu kümmern. Bitte verwechseln Sie diese beiden Dinge nicht miteinander. Kümmern Sie sich sehr wohl um Ihre Probleme, aber lassen Sie den Ärger draußen.

Und dies ist die zweite Möglichkeit, Ärger in einer Beziehung zu reduzieren: Verhindern Sie unnötigen Ärger. Dies ist der ökologische Ansatz. Sie wissen, dass Ärger etwas vollkommen Natürliches ist, genauso wie das Unkraut im Garten, und genauso, wie Sie verhindern können, dass sich das Unkraut in Ihrem Garten breitmacht, können Sie dafür sorgen, dass der Ärger in Ihrer Beziehung nicht ungehindert wächst. Sie werden überrascht sein, wie leicht das geht. Es lässt sich einiges dafür tun.

Zunächst einmal können Sie verhindern, dass überhaupt Ärger entsteht. Um genauer zu sehen, wie man das anstellt, schauen wir uns einmal die Anatomie einer Auseinandersetzung an.

Wir reagieren mit Ärger, weil wir schockiert oder frustriert sind. Deshalb beginnt unser Wutausbruch so häufig mit Worten wie etwa: „Ich kann einfach nicht glauben, dass du …“ Dieses Element der *Fassungslosigkeit* und *Machtlosigkeit,* das beim Ärger eine Rolle spielt, zeigt uns, worum es in den Auseinandersetzungen wirklich geht.

Ein mögliches Szenario könnte folgendermaßen ablaufen:

Michael und Vivian waren in ihrem Privatleben sozial ziemlich aktiv. Häufig gingen sie auf Partys und besuchten andere Veranstaltungen mit Einladung zum Abendessen. Auch ins Theater gingen sie oft. Viele der Empfänge, an denen sie teilnahmen, hatten mit Michaels Job zu tun. Häufig war es wichtig, zu diesen Terminen auch wirklich pünktlich zu erscheinen. Michaels Ankündigung war in etwa immer folgendermaßen: „Schatz, wir werden um acht Uhr erwartet. Bei dem Verkehr und allen Eventualitäten sollten wir keine Minute später als viertel nach sieben losfahren."

Und Vivian antwortete immer: „In Ordnung, Schatz."

Todsicher steht Michael um viertel nach sieben im Wohnzimmer und ruft die Treppe hinauf: „Schatz, wir müssen jetzt gehen".

Und Vivian ruft zurück „Ich komme sofort." Vielleicht kommt sie tatsächlich in einer Minute, vielleicht aber braucht sie noch eine weitere halbe Stunde.

Auf dem Weg zum Auto beginnt dann der Streit, und Michael eröffnet ihn mit einem Satz, der in der Hälfte aller Auseinandersetzungen vorkommt: „Ich habe dich schon tausend Mal gebeten …" In diesem konkreten Fall hatte er Vivian schon tausend Mal gebeten, zur vereinbarten Zeit auch wirklich fertig zu sein. Ein großer Teil aller Auseinandersetzungen entsteht dadurch, dass ein Partner den anderen schon viele Male darum gebeten hat, etwas zu tun oder etwas anderes zu unterlassen, aber der andere sich immer noch nicht daran gehalten hat. Der Ärger entsteht durch das Gefühl der Fassungslosigkeit und Machtlosigkeit. Sie sind empört und fühlen sich gedemütigt, weil Ihr Wunsch, den Sie so oft geäußert haben und so häufig auch *nett* vorgebracht haben, einfach immer noch ignoriert wird. *Wie ist das möglich?*

Und dann erreichen Sie irgendwann einmal den Punkt, an dem sie einfach losschimpfen. Dieser Teil gehört unausweichlich zu den Ich-habe-dich-schon-tausend-Mal-darum-gebeten -

Auseinandersetzungen. Sie waren geduldig, Sie haben es immer wieder versucht, und jetzt können Sie einfach nicht mehr. Sie explodieren.

Ein anderes Szenario:

Es war Katrins neunundzwanzigster Geburtstag. Für sie eine große Sache, weil der nächste Geburtstag die große Drei mit sich bringen würde – ein schmerzlicher Meilenstein für viele Menschen. Katrin betrachtete ihren neunundzwanzigsten Geburtstag als den letzten, den sie als junge Frau feiern würde.

Und Ben hatte ihn einfach vergessen. Gut, er war sehr durch ein bestimmtes Projekt seiner Arbeit beansprucht. Und sicher kam noch dazu, dass die letzten paar Geburtstage von Katrin eher im Hintergrund verlaufen waren. Außerdem hatte Katrin keine klaren Hinweise gegeben. Aber *wie kann man nur den Geburtstag seines Ehepartners vergessen – vollkommen vergessen?* So etwas ist einfach undenkbar. Das hat man ja noch nie gehört.

Am Morgen hatte Ben nichts erwähnt. Katrin dachte, *vielleicht tut er ja nur so, als ob er's vergessen hätte.* An diesem Abend aber kam Ben noch später nach Hause als sonst und sagte: „Hallo, ich bin wieder da. Tut mir Leid, dass ich so spät komme. War wieder ein total verrückter Tag bei der Arbeit. Gibt's irgendwas zum Abendessen?"

Von „So tun als ob" konnte keine Rede mehr sein. Ben hatte Katrin komplett aus der Fassung gebracht. Und in diesem Moment sprach Katrin jenen Satz aus, der in der anderen Hälfte aller Auseinandersetzungen fällt: „Wie konntest du nur..." Sie sagte: „Wie konntest du nur meinen Geburtstag vergessen? Das ist bereits der vierte Geburtstag, seit wir zusammen sind. Er ist für dich also keine Überraschung mehr. Du hast ihn einfach vergessen? So etwas kann man nicht einfach vergessen." Und Katrin wurde wütender und wütender, als sie sah, wie blöd der arme Ben vor ihr stand, einerseits ganz taub vor lauter Schuldgefühlen, andererseits bestrebt, ihr klarzumachen, dass sie das Ganze viel zu sehr aufbauschte.

Das war ein Beispiel für die andere Hälfte aller Auseinandersetzungen. Sie werden dadurch ausgelöst, dass jemand auf kränkende Weise eine offensichtliche Grenze überschritten hat. In der Regel löst das ein tiefes Gefühl der Demütigung aus. Sie haben etwas getan, von dem jeder weiß, dass man so etwas einfach nicht machen kann. Und das heißt, Sie bekommen ein schlechtes Gewissen und das ungute Gefühl, Ihren Partner wie ein Nichts behandelt zu haben. Das wiederum erzeugt das Gefühl von Fassungslosigkeit und Machtlosigkeit. Und es entsteht natürlich Angst auf Seiten desjenigen, der gekränkt wurde: Wenn Ihr Partner Ihren Geburtstag vergessen konnte, sie fürchterlich beschimpft hat, Ihre Freundin auf der Weihnachtsfeier auf den Mund geküsst hat, sein ganzes Geld an der Börse verloren hat, ein neues Auto gekauft hat, ohne sich vorher mit Ihnen abzusprechen – dann muss er oder sie endlich einmal aufwachen, denn wer weiß, was er sich sonst als nächstes erlauben wird.

Hier kann man sehen, wie Auseinandersetzungen aus einem Gefühl von Fassungslosigkeit und Machtlosigkeit entstehen. Und sie beziehen ihre Dynamik fast immer daraus, dass entweder eine Grenze überschritten wurde, vor der etliche Male gewarnt wurde, oder dass einer von beiden etwas getan hat, das vollkommen „daneben" war.

Wenn Sie also verhindern wollen, dass Ärger überhaupt entsteht, sollten Sie sich davor hüten, derlei Untaten zu begehen und sehr vorsichtig in solchen Situationen sein, in denen Ihr Partner Ihnen irgendetwas bereits tausend Mal gesagt hat und Sie Ihr Verhalten immer noch nicht geändert haben.

Zum Thema Untaten lässt sich nichts Klügeres sagen als: *Lassen Sie sie bleiben.* Sie können aber zu Ihrem eigenen Schutz immer wieder überprüfen, was Ihrem Partner besonders wichtig ist. Menschen verlieren diesen Aspekt häufig aus dem Auge, wenn sie zu viel zu tun haben. Sie verlieren auch das Gefühl der Verbundenheit mit dem anderen. Das führt dazu, dass sie manchmal auch danebenlangen, um festzustellen, wie weit sie gehen können. Miteinander in Verbindung zu bleiben ist wichtig, um solche „Vergehen“ zu verhindern.

Hier ist ein Vorschlag, wie Sie mit Situationen umgehen können, in denen einer von Ihnen schon tausend Mal vom anderen um etwas gebeten wurde und sich immer noch nicht geändert hat: *Sie müssen miteinander darüber reden, was hier verflixt nochmal los ist.*

Vielleicht hatten Sie unangemessene Erwartungen. Ein ganz offensichtlicher Grund dafür, dass jemand nicht tut, worum er schon x-mal gebeten wurde, liegt manchmal darin, dass es ihm buchstäblich unmöglich ist. Anderen mag es durchaus möglich sein, aber Sie und ich haben gelegentlich wirklich blinde Flecken. Eine feste Beziehung zeigt uns die Grenzen auf, die manche von uns haben. Und in einem solchen Fall können Sie nichts anderes tun, als Ihren Wunsch loszulassen und sich so gut wie möglich anderweitig zu arrangieren.

Vielleicht weiß Ihr Partner gar nicht, wie wichtig Ihnen etwas Bestimmtes ist. Wenn das herauskommt, ist es häufig ein Schock für ihn oder sie. Aber müsste er es denn nicht wissen, nachdem Sie es ihm schon so viele Male gesagt haben? Dazu ist zu sagen, dass es ein häufig begangener Fehler ist, Ärger als Mittel einzusetzen, um die Bedeutung des eigenen Anliegens zu unterstreichen. Die Chance, dass Ihr Partner versteht, *wie* wichtig Ihnen etwas ist, vergrößert sich enorm, wenn Sie ihm in Ruhe erklären, *warum* es so wichtig ist.

Vielleicht weiß Ihr Partner auch nicht, wie er es schaffen kann, sich zu ändern. Menschen, die beispielsweise die Gewohnheit haben, regelmäßig zu spät zu kommen, versuchen immer wieder, pünktlich fertig zu sein, und doch gelingt es ihnen trotz aller Anstrengungen aus irgendeinem Grund einfach nicht. Sie brauchen einen geduldigen Tutor. Sie brauchen jemanden, der ihnen dabei hilft, die Fallstricke zu lösen, die sie sich immer wieder selbst knüpfen.

Vielleicht haben Sie mit Ihrem Partner noch nicht darüber gesprochen, wie Sie ihm dabei helfen könnten, sich zu verändern.

Wenn Sie ihm etwas schon tausend Mal gesagt haben, muss es sich um etwas handeln, was Ihrem Partner schwer fällt. Nachdem die Sache Ihnen offensichtlich wichtig genug ist, um deshalb wütend zu werden, könnte sie Ihnen auch wichtig genug sein, um dranzubleiben und Ihrem Partner zu helfen.

Auf diese Weise können Sie verhindern, dass der Ärger überhaupt auftritt.

Gehen wir nun einmal davon aus, dass bereits Ärger vorhanden ist. Ihr Partner ist ungehalten, und daraus könnte sich leicht noch viel mehr Ärger und eine große Auseinandersetzung entwickeln. Im Folgenden finden Sie eine Reihe von Anregungen, mit deren Hilfe Sie einen Ärger, der bereits vorhanden ist, besänftigen können. Jeder einzelne von ihnen trägt zu einer beachtlichen Reduzierung des Ärgers bei. Schauen wir sie uns der Reihe nach an:

Zuhören: Es wird weiter hinten noch ein eigenes Kapitel zum Thema Zuhören geben. An dieser Stelle ist für Sie zunächst einmal wichtig, zu verstehen, dass Ärger am besten durch gutes Zuhören verhindert werden kann. Nehmen wir einmal an, Ihre Partnerin wäre über irgendetwas ungehalten. Sie können nun mit ihr darüber diskutieren, versuchen, es ihr auszureden, oder selbst ärgerlich werden, weil sie Ihre wunden Punkte erwischt hat. All das würde aber nur dazu führen, dass sich das Ungehalten-Sein in einen veritablen Ärger verwandelt.

Angenommen, Sie würden stattdessen zuhören. Dann würden Sie vielleicht herausfinden, warum Ihre Partnerin ungehalten ist. Was das Ganze für sie bedeutet. Welche Bedürfnisse sie hat. Falls es nötig wäre, könnten Sie auch durch Fragen versuchen, das herauszufinden. Das Zuhören sorgt dafür, dass der Ärger aus dem, was Ihre Partnerin gestört hat, herausgenommen wird. Das Thema ist noch nicht erledigt, aber der mögliche Schaden, der durch Ärger hätte entstehen können, wurde abgewendet.

Machen Sie sich bewusst, dass Sie jedes Mal neu entscheiden können, aber es wird immer aufs Gleiche hinauslaufen: Sie können den Ärger Ihrer Partnerin anstacheln, indem Sie nicht zuhören, oder Sie können ihren Ärger dauerhaft besänftigen, indem Sie wirklich gut zuhören. Es liegt ganz bei Ihnen.

Geben Sie sich eine zweite Chance: Damit haben Sie den magischen Ärgervernichter zur Hand. Angenommen, Sie waren dumm genug, zu sagen: „Was, bitte, hast du dir eigentlich dabei gedacht, als du…?" Daraufhin schlägt Ihr Partner Ihnen vor: „Fang noch einmal von vorne an" oder „Zweite Chance" oder „Versuch's noch einmal". Es ist erstaunlich, wie effektiv das ist. Anstatt sich in eine Spirale wachsenden Ärgers hineinzumanövrieren, bekommen Sie beide eine zweite Gelegenheit, sich mit demselben Thema auseinander zu setzen, aber diesmal ohne den Ärger.

Lisa erzählte mir, welche Sätze bei ihrem Mann immer funktionierten: „Lass uns damit aufhören. Ich meine es ernst. Wir brechen hier einen Riesenstreit vom Zaun und ich glaube kaum, dass einer von uns das im Moment wirklich haben möchte. Versuchen wir das Ganze noch einmal ohne Streit."

Machen Sie niemals etwas im Alleingang: Ein „Alleingang" ist eine Entscheidung, die Sie treffen, ohne sich mit Ihrem Partner zu beraten. Ich rede hier nicht vom Kauf einer Lakritzstange. Ich rede von Entscheidungen, die sich erheblich auf die Person und das Leben Ihrer Partnerin auswirken. Bei Erwägung solcher Dinge muss sie von Ihnen von Anfang an mit einbezogen werden. Zum Beispiel, wenn es darum geht, für etwas mehr Geld auszugeben als vereinbart. Oder um die Kündigung Ihrer Arbeitsstelle. Oder um die Entscheidung, Ihre Mutter zu sich ins Haus zu holen, um unter einem Dach zusammenzuleben. Sie wissen, was ich meine. Wenn Sie solche Dinge im Alleingang entscheiden, wird die Reaktion Ihrer Partnerin sein: „Was hast du gemacht?! Und das, ohne zuerst mit mir darüber zu reden!?!"

Halten Sie sich wirklich an Ihre Abmachungen: Kaum etwas macht Menschen so wütend wie das Gefühl, betrogen worden zu sein. Das hängt damit zusammen, dass wir ein so grundlegendes Bedürfnis nach Vertrauen haben. Ihre Partnerin hat eingesehen, dass Sie nicht perfekt sind. Sie kann zum Beispiel damit umgehen, dass Sie manchmal vergessen, den Abfall herauszutragen, wenn Sie nicht daran erinnert werden. Sie vertraut darauf, dass Sie in der Regel diese Arbeit schon übernehmen. Aber wenn Sie ein Versprechen abgeben – und die Zusage, etwas zu tun, ist ein Versprechen –, dann hängt der Fortbestand ihres Vertrauens davon ab, dass Sie das Versprochene auch wirklich tun. Nicht nur manchmal. Nicht nur vielleicht. Nicht nur zum Teil. Sondern wirklich vollständig. *Versprechen Sie nie etwas, was Sie nicht halten können. Und wenn Sie etwas versprechen, halten Sie es auch ein.*

Jedes Mal, wenn Sie gegen eine Abmachung verstoßen oder Ihr Wort nicht halten, tun Sie nicht, was Sie zugesagt haben. Auch wenn Ihr Partner anfangs vielleicht etwas enttäuscht sein wird, ist es viel besser, weniger zu versprechen, als Sie Ihrer Meinung nach einhalten können, als mehr zu versprechen und Ihren Partner dann gewaltig zu enttäuschen.

Sparen Sie sich Gemeinheiten: Niemand möchte gemein sein. Aber manchmal sind wir es einfach. Gelegentlich kommt es dazu, weil die Verbindung zwischen unserer Zunge und unserem Hirn aussetzt. Oder wir möchten unseren Standpunkt durch Gemeinheiten verdeutlichen. Manchmal erhoffen wir uns auch, dadurch in Ruhe gelassen zu werden. Es gibt für Gemeinheiten jedoch keine Entschuldigung. Alles, was auf gemeine Art gesagt wird, könnte mindestens genauso effektiv respektvoll und freundlich gesagt werden.

Es passiert leicht, dass wir uns zu Gemeinheiten hinreißen lassen. Mit dem Satz: „Mensch, bist du ein Blödmann“, hoffen Sie vielleicht, die Aufmerksamkeit Ihres Partners zu gewinnen und gleichzeitig Ihren Standpunkt anzubringen. Vielleicht denken Sie sogar, dadurch Zeit sparen zu können. Sie erreichen jedoch genau das Gegenteil. In Wirklichkeit haben Sie seine Aufmerksamkeit auf Ihre Gemeinheit gelenkt anstatt auf Ihr Bedürfnis. Und dann rennen Sie beide los und spielen das Ärgerspiel.

Vermeiden Sie Eskalationen: Einer Eskalation entspräche folgendes Verhalten: Ihr Partner schüttet Benzin auf den Boden und Sie sagen: „Ach, so ist das?" und werfen ein brennendes Zündholz hinein. In unserer stressigen, unter Zeitknappheit leidenden Welt betreiben wir ständig verbale Eskalation. Ein Mensch reagiert nur leicht verärgert, der andere kontert bereits ziemlich heftig. Eine kleine Androhung führt zu einer großen Bedrohung. Eine harmlose Beleidigung zieht eine schlimme Kränkung nach sich. Menschen erzählen mir, dass sie so reagieren, weil sie dem anderen das, was er ihnen angetan hat, nicht „durchgehen lassen" wollen. Wie Sie jedoch von der politischen Bühne her wissen, führt eine Eskalation einzig und allein zu einer noch viel größeren Eskalation.

Es ist unmöglich, an dieser Stelle Vorschläge zu machen, durch welche Worte eine Eskalation verhindert werden könnte, weil es immer auf die jeweilige Situation ankommt. Mein Mann neigte früher dazu, Dinge eskalieren zu lassen, aber er hat sich sehr gebessert. Er sagt mir, dass er inzwischen Folgendes tut: „Ich überlege mir einfach, was ich sagen oder tun will, und wenn ich denke, es könnte Öl ins Feuer gießen, halte ich meinen Mund oder unterlasse es. Und dann bin ich solange still, bis mir etwas einfällt, was kein Öl ins Feuer gießt, und das sage ich dann."

Finger weg vom Gedankenlesen oder Psychologisieren: Haben Sie jemals die Erfahrung gemacht, dass Sie einem Menschen erzählt haben, was Sie wollten, und diese Person Ihnen daraufhin erst einmal gesagt hat, dass Sie in Wirklichkeit eigentlich etwas ganz anderes wollten? Das hat Sie ganz schön wütend gemacht, oder? Niemand lässt sich gerne sagen *Ich kenne dich besser als du selbst*. Damit unterstellt man in Wirklichkeit versteckte Motive. Wenn Ihre Partnerin Ihnen sagt, was sie braucht oder wie sie sich fühlt, können Sie Ärger vermeiden, indem Sie das auch so nehmen, wie es gesagt wurde. Sie können nachfragen, ob sie vielleicht noch etwas anderes braucht, falls Sie das möchten. Aber das gehört ohnehin zum guten Zuhören dazu. Vermeiden Sie es auf jeden Fall, Psychoanalytiker zu spielen!

Entschuldigen Sie sich: Frauen erzählen mir, dass Männer sich höchst selten entschuldigen. Männer wiederum beklagen sich, dass sich die Frauen zu spät entschuldigen. Sagen wir kurzgefasst, einfach, wir alle sollten uns häufiger und früher entschuldigen.

Der Grund für unsere mangelnde Entschuldigungsbereitschaft liegt darin, dass wir uns angegriffen fühlen und den Eindruck haben, dieser Angriff sei unfair. Wenn wir uns dann entschuldigten, hätten wir das Gefühl, wir würden damit ein Vergehen eingestehen, das wir gar nicht begangen haben. Eine Beziehung ist allerdings kein Gerichtshof. Sie ist vielmehr ein Ort, der von zwei Menschen mit soviel positiver Energie wie möglich aufgeladen werden sollte, um die Situation zu verbessern. *Es tut mir Leid* ist kein Schuldeingeständnis. Es zeigt eher, dass Sie um den anderen bemüht sind, dass Sie sehen, wie verletzt er oder sie ist und dass es Ihnen weh tut, ihn oder sie so leiden zu sehen. Der Satz *Es tut mir Leid* hat überhaupt nichts mit Ihnen zu tun. Er ist nur da, um dem Bedürfnis Ihres Partners/Ihrer Partnerin Rechnung zu tragen.

Zeigen Sie dem anderen, dass Sie seine Sichtweise verstehen: Wenn Ärger dazu dient, die Lautstärke aufzudrehen, können Sie die Lautstärke wieder zurückdrehen, indem Sie Ihrer Partnerin zeigen, dass Sie sie auch ohne Ärger hören. Das geht am besten, indem Sie zeigen, dass Sie verstehen, warum ihr dieses bestimmte Thema so wichtig ist. Im Umgang mit verärgerten Menschen machen wir häufig den Fehler, ihnen zeigen zu wollen, dass sie das, was ihnen so wichtig ist, gar nicht wichtig nehmen sollten. In diesem Zusammenhang fallen dann die klassischen Sätze wie: „Ich verstehe überhaupt nicht, warum du dich da so aufregst. Du ärgerst dich über etwas, was überhaupt nicht der Rede wert ist."

Sagen Sie stattdessen: „Ich kann wirklich verstehen, warum dir das so wichtig ist." Und fügen Sie dann noch etwas an, wodurch Sie zeigen, dass Sie wirklich verstanden haben, worum es geht. Sollte Ihnen gar nichts dazu einfallen, wiederholen Sie einfach das, was vom anderen kam.

Sagen Sie: „Du hast Recht". Vor allem unter Zeitdruck werden wir leicht wütend, wenn wir meinen, jemand sei anderer Meinung als wir. Das verstärkt unser Gefühl der Uneinigkeit. Man nennt das auch Polarisierung. Wer Beziehungen studiert, weiß seit Jahrzehnten, wie leicht in einer Beziehung aus einer kleinen Unstimmigkeit zwischen zwei Menschen am Ende das Gefühl einer riesigen Distanz entstehen kann. Das ist aus folgendem Grund einfach dumm: In der Regel streiten sich Menschen so, als ob sie hundertprozentig anderer Meinung wären, dabei sind sie sich zu 90 Prozent einig. Welch eine Zeitverschwendung!

Suchen Sie also zuerst nach dem Bereich, in dem Sie einer Meinung sind, und klären Sie dann den kleinen Teil, den Sie unterschiedlich sehen. Und das gelingt am besten, indem Sie all die Punkte herauszufinden suchen, in denen Ihr Partner Ihrer Meinung nach Recht hat.

Bieten Sie Ihre Hilfe an: Ärger ist meistens ein Hilfeschrei. Er ist ein Weg, auszudrücken *Aua, ich habe ein Problem*. Reagieren Sie deshalb auf jemanden, der sauer ist, mit der Frage: „Wie kann ich dir helfen?" oder „Was brauchst du jetzt im Moment?" Ihr Partner erkennt daran, dass Sie konstruktiv sein wollen und nicht blockierend.

Tina hatte es zum Beispiel satt, sich das ewige Gemeckere ihres Ehemanns darüber anzuhören, dass ihnen das Geld wie Wasser durch die Hände rann. Verständlicherweise hatte sie genug davon, dass Nick es immer so hinstellte, als sei es allein ihre Schuld. Nick daraus einen Vorwurf zu machen, brachte sie jedoch auch nicht weiter. Nicks Ärger wurde erst dann zerstreut, als Tina sagte: „Schau, ich weiß, dass das ein großes Problem ist. Setzen wir uns doch einfach mal zusammen und reden darüber, was wir anders machen können. Sag mir, was du brauchst, um dir nicht mehr so viele Sorgen darüber machen zu müssen."

Fragen Sie nach, wann ein guter Zeitpunkt dafür wäre, etwas Bestimmtes miteinander zu besprechen: In der Regel haben wir das Gefühl, unser Partner überfällt uns mit seinem Ärger. Er erwischt uns im falschen Moment. (Gibt es überhaupt je einen richtigen Moment dafür?) Aber jedermann hasst es, gesagt zu bekommen: „Darüber möchte ich nicht sprechen." Man fühlt sich abgeblockt und wird allein dadurch noch wütender. Auf der anderen Seite aber würde es Sie ebenso wütend machen, zur unpassenden Zeit miteinander reden zu müssen. Wenn Sie Ihren Partner fragen, wann er mit Ihnen über eine bestimmte Angelegenheit sprechen möchte, können Sie diese beiden Probleme auf einen Schlag lösen. Dann sollten Sie allerdings auch dafür sorgen, dass dieses Gespräch tatsächlich stattfindet. Es ist sehr befriedigend, einen Termin vereinbart zu haben, zu dem ein wichtiges Thema besprochen wird.

15. Wie man Probleme schnell lösen kann

Normalerweise setzt man sich als Paar zusammen, wenn wichtige Entscheidungen zu treffen sind („Soll ich diesen angebotenen Job annehmen, auch wenn das bedeutet, dass wir in eine andere Stadt ziehen müssen?“) oder ein Problem zu lösen ist („Was machen wir mit Peters Lernstörung?“) Paare im Zeitstress haben keine Zeit zum Hinsetzen, geschweige denn zum Reden. Deshalb bleiben Entscheidungen offen und Probleme ungelöst. Und wenn sie einmal miteinander reden, ist das so stressig und gehetzt, dass sie sich beim nächsten Mal gut überlegen, ob sie sich das antun wollen.

Nehmen wir David und Sarah. Für Paare im Zeitstress können selbst schöne Dinge zu einem Problem werden, weil wir gar keine Zeit haben, uns darüber auszutauschen, was wir tun möchten und wie wir etwas gestalten wollen. David und Sarah freuten sich auf ihren fünften Hochzeitstag. Für sie war er eine große Sache. Nachdem ihre beiden Eltern geschieden waren, empfanden sie diesen Tag als Meilenstein für sich, weil sie es so weit geschafft hatten.

Vor allem für Sarah war dieser Tag besonders wichtig. Sie hatte das Gefühl, um ihre Traumhochzeit betrogen worden zu sein. Sie und David hatten bereits einige Jahre zusammengewohnt, als sich plötzlich die Gelegenheit ergab, ein Haus zu erstehen, das sie sich leisten konnten, und noch unvermittelter war der Entschluss aufgetaucht, vor dem Einzug zu heiraten. Aber es war weder genügend Zeit noch Geld vorhanden, um es richtig aufzuziehen. Also musste Sarah den Traum von der großen Hochzeit, die sie sich immer gewünscht hatte, begraben.

Deshalb machte Sarah nun Druck bei David, dass sie zu ihrem fünften Hochzeitstag etwas wirklich, *wirklich* ganz Besonderes unternehmen sollten. Beispielsweise die Reise ihres Lebens nach Paris. David stand jedoch im letzten Jahr seiner Zeit als Assistenzarzt. Er arbeitete unglaublich vie, und ihre finanzielle Lage war angespannt. Er wollte Sarah glücklich machen, aber keiner ihrer Pläne machte ihn glücklich.

Und ihre Beziehung war ohnehin an einem Punkt des Unwohlseins angekommen, an dem Paare im Zeitstress häufig landen. Sarah und David waren beide vielbeschäftigt, müde und ausgepowert. David wollte abends einfach nur noch ausruhen wie ein alter Hund nach einem langen Auslauf. Ein Jahr zuvor hatte Sarah eine nette kleine Boutique für Damenkleidung eröffnet. Das Geschäft lief gut. Aber Sarah kam abends in einem seltsamen Zustand nach Hause. Sie hungerte nach Gesellschaft. Aber gleichzeitig war sie ziemlich gereizt.

Sarah und David machten immer wieder die Erfahrung, dass jeder Versuch, Dinge auszudiskutieren, bald in einem Streit endete. Sarah behauptete, David wolle eigentlich überhaupt nie wirklich über etwas sprechen. David hielt dagegen, für ihn seien solche Diskussionen sehr wohl in Ordnung, aber warum müssten sie immer so schwierig, kompliziert und intensiv werden?

Sie hatten also diese Gespräche, die eigentlich eher Auseinandersetzungen waren und letztlich nirgendwohin führten. Und während dessen kam ihr fünfter Hochzeitstag auf sie zu wie ein riesiger Schwertransporter.

Den meisten Paaren im Zeitstress geht es wie Sarah und David. Wie sollen Sie sich darüber einigen können, was Sie tun wollen, wenn Ihre Bedürfnisse verschieden sind und Ihnen die Zeit fehlt, nach Möglichkeiten zu suchen, diese Unterschiede zu überbrücken? Wenn zur selben Zeit die gleichen Bedürfnisse vorhanden sind, ist das kein Problem. Und weil wir uns häufig genau in jemanden verliebt haben, der zur gleichen Zeit die gleichen Bedürfnisse zu haben schien wie wir, sind wir auch anspruchsvoll. Ich bin mir jedoch sicher, dass es bereits vor dreißigtausend Jahren bei den Höhlenmenschen Auseinandersetzungen zwischen Mann und Frau gab, weil er auf Bärenjagd gehen wollte und sie sagte: „Immer musst du Bären jagen gehen. Warum bleibst du nicht zu Hause und hilfst mir, Beeren und Nüsse zu sammeln?"

Leider ist es ein schlechter Witz, dass uns so viele Ressourcen und Möglichkeiten zur Verfügung stehen, aber die Zeit fehlt, solange darüber zu reden, bis eine gute und faire Lösung zustande gekommen ist. Denn so sieht es doch aus. Schließlich kennen die meisten von uns aus ihrer eigenen Beziehung die Erfahrung, dass viel zu häufig stundenlange Gespräche notwendig sind, um überhaupt zu irgendeiner Abmachung zu kommen.

Wissen Sie, wie das Leben eines Paares im Zeitstress aussieht? Hoffnungslos chaotisch. Entweder werden Entscheidungen überhaupt nicht getroffen und man hangelt sich durchs Leben, ohne die Dinge zu klären, die eigentlich geklärt werden müssten, oder es kommt zu einer Art von Auseinandersetzung, die abrupt durch irgendeine wenig zufriedenstellende Lösung beendet wird, meist mit den Worten: „Okay, wenn du das so willst." Oder einer von beiden geht einfach seiner Wege und überlässt es dem anderen, mit dem Problem fertig zu werden.

Das ist insofern chaotisch, als dadurch keine gute, schnelle und faire Klärung herbeigeführt wird, zu der zwei halbwegs intelligente Menschen durchaus in der Lage wären. Unberücksichtigte Bedürfnisse und aufgeschobene Entscheidungen verwandeln eine Beziehung in ein unglücklich dahintreibendes Floß zankender Schiffbrüchiger.

Dieses Chaos müsste jedoch nicht sein, denn notwendige Lösungen lassen sich immer finden, ganz gleich, wie beschäftigt die jeweils Beteiligten sind. Als Paar im Zeitstress müssen Sie nur die Abkürzungen dorthin kennen.

Hier ist zunächst einmal das, was *nicht* funktioniert. Sie können es sich einfach nicht mehr leisten, entspannt und unstrukturiert ausführlich über Themen zu sprechen und zu hoffen, dass sich die Klärung auf wundersame Weise von selbst einstellt. Das hat vielleicht am Anfang Ihrer Beziehung geklappt, als Sie noch viel mehr Zeit hatten. Aber inzwischen funktioniert es nicht mehr. Jetzt setzen Sie sich gezielt zusammen, um „etwas zu besprechen", und eine halbe Stunde später sind Sie keinen Deut weiter. In Wirklichkeit reicht diese halbe Stunde in der Regel gerade einmal dazu aus, damit deutlich wird, wie weit Sie mit Ihren Ansichten auseinander zu liegen scheinen. *Nun aber ist Ihre Zeit abgelaufen.*

Es ist verrückt! Diese Situation ist vergleichbar mit der Vorbereitung einer Mahlzeit, deren Zubereitung eine Stunde dauert, für die Ihnen aber inklusive des Verzehrs insgesamt nur eine halbe Stunde zur Verfügung steht. In dieser Situation bleiben nur zwei verhungernde Menschen zurück, umgeben von einem Haufen halbfertiger Gerichte. Genau das Gleiche passiert, wenn es um Lösungen geht, nach denen wir uns sehnen.

Folgendes dagegen *funktioniert:* Sie werden es als ein Drei-Schritte-Programm wiedererkennen, das Sie ohnehin schon bei Freunden, am Arbeitsplatz und anderswo benutzen:

1. Jeder von Ihnen äußert, was er braucht.

Verschwenden Sie *keine* Zeit damit, zu diskutieren, warum das Bedürfnis des anderen Ihnen unangebracht oder wenig sinnvoll erscheint. Mir ist schon klar, welch enorme Zeitersparnis es wäre, wenn man einfach sagen könnte: „Deine Bedürfnisse sind blödsinnig", und der Partner würde sich an den Kopf greifen und antworten: „Meine Güte, du hast Recht, danke, dass du mich darauf aufmerksam gemacht hast." Diskussion überflüssig! In Wirklichkeit wird dadurch jedoch überhaupt keine Zeit gespart, weil niemand seine eigenen Bedürfnisse als blödsinnig empfindet. Sie vergeuden vielmehr viel Zeit, weil Sie über etwas diskutieren, was Sie nicht ändern können.

An dieser Stelle geht es *noch nicht* um Lösungen. Wenn Sie versuchen, zu diesem frühen Zeitpunkt über Lösungen zu reden, vergeuden Sie Zeit, weil Sie noch nicht genug wissen, um wirklich klug handeln zu können.

Und gehen Sie sorgfältig mit sich um, wenn Sie nicht wissen, was Sie brauchen. Dies ist nicht der Moment, Probleme zu lösen und Entscheidungen zu treffen. Es geht erst einmal um etwas anderes. Sie müssen herausfinden, was Ihr Bedürfnis ist. Und das geht am besten folgendermaßen: Denken Sie darüber nach. Sprechen Sie mit Freunden darüber. Spielen Sie die Situation in Gedanken durch und fragen Sie sich, was Sie brauchen. Bleiben Sie solange auf dieser Entdeckungsreise, bis Ihre Bedürfnisse klar geworden sind. Erst dann können Sie mit Ihrem Partner darüber reden, was zu tun ist.

2. Verwenden Sie nun, nachdem jeder von Ihnen seine Bedürfnisse klar ausdrückt hat, einige Zeit darauf, die wichtigsten Aspekte dieses Problems oder dieser Entscheidung zu beleuchten – Ihre Gefühle, wichtige Tatsachen, Ihre Prioritäten. Diese Phase könnten Sie als *„sich die Bälle zuspielen"* bezeichnen. Erforschen Sie alles. Schauen Sie sich Dinge von verschiedenen Seiten an. Wunderbarerweise kann das recht schnell gehen, wenn Sie nicht ständig versuchen, sich Ihre Bedürfnisse gegenseitig auszureden oder über vorschnelle Lösungen zanken.

3. *Erst jetzt* kann einer von Ihnen eine Lösung vorschlagen, die versucht, all das bisher Erarbeitete mit einzubeziehen. Der andere kann Veränderungen oder Ergänzungen hinzufügen, um die Lösung noch weiter zu verbessern.

Und dann kommt es darauf an, das, worauf Sie sich geeinigt haben, auch wirklich einzuhalten.

Das Schöne an dieser kleinen Prozedur ist, dass Sie dazu dient, in *kürzester Zeit* zu guten Lösungen zu gelangen. Je weniger Zeit Ihnen zur Verfügung steht, desto bessere Dienste leistet sie Ihnen. Denken Sie daran: das Wesentliche ist, dass jeder von Ihnen seine Bedürfnisse ausspricht, dass die Situation erforscht wird und sich daraus dann eine Entscheidung entwickelt.

Schauen wir einmal, wie David und Sarah mit ihrem Problem hätten umgehen können.

Sarah hätte David zunächst einmal mitgeteilt, welches Bedürfnis sie in Bezug auf diesen fünften Hochzeitstag hat und warum er so wichtig für sie ist. Sie hat den Fehler gemacht, sich die Feier, die sie glücklich machen würde, sehr detailliert in wunderschönen Bildern auszumalen. David sollte ihren Wunsch wirklich verstehen. Sie wollte ihm ganz klar zu verstehen geben, dass er diesmal nicht mit einer billigen Lösung davonkäme.

Letzten Endes hatte Sarah dadurch jedoch nur bewirkt, dass David Angst bekam. Viel schlimmer noch, Sarah tat sich selbst einen schlechten Dienst. Sie *wollte* so etwas wie eine Reise nach Paris. Aber in Wirklichkeit *brauchte* sie nur etwas ganz Besonderes, was ihr unvergesslich bliebe. Deshalb hätte es für Sarah anfangs genügt, einfach nur zu sagen: „Ich kann dir ein paar Beispiele geben, aber Hauptsache ist, es ist etwas Besonderes und Unvergessliches, mehr brauche ich gar nicht."

Häufig reicht es schon aus, das Bedürfnis einfach auszusprechen, und die Sache ist erledigt. Ihr Partner weiß dadurch genau, was Sie brauchen. Und vielleicht kann er dem sofort zustimmen.

Es ist seltsam, aber wahr: In Beziehungen beklagt sich häufig einer über den anderen, aber eigentlich weiß niemand so genau, was der andere wirklich braucht. Wie ist das möglich? Sobald in der Äußerung des anderen ein Vorwurf gehört wird, kann man kein Bedürfnis mehr heraushören. Man ist überlastet, durcheinander und hat die Nase voll. Der Grund dafür, dass beim anderen vor dem Bedürfnis erst ein Vorwurf geäußert wird, liegt natürlich darin, dass er selbst überlastet, durcheinander und genervt ist, wenn er endlich so weit ist, sein Bedürfnis zu erkennen. Und er findet, dass Sie das ruhig wissen dürfen.

Was würden Sie machen, wenn Sie erfahren, dass Ihre Partnerin Ihr Bedürfnis gar nicht hören kann, weil sie schon durch Ihre Vorwürfe extrem gestresst ist? Vielleicht würden Sie sich trotzdem weiterhin beschweren. Vielleicht ist Ihnen in diesem Moment nichts wichtiger, als sich Ihren Groll von der Seele zu reden. Vielleicht gibt es für Sie nichts Zufriedenstellenderes, als sich einfach Gehör zu verschaffen.

Unter Umständen aber möchten Sie vor allem, dass Ihr Partner/ Ihre Partnerin Ihr Bedürfnis versteht. Wenn dies der Fall ist, habe ich hier eine **Guerillastrategie** für Sie: Lassen Sie die Vorwürfe sein. Äußern Sie einfach Ihr Bedürfnis. Und nicht mehr.

Angenommen, es ist Samstag und Ihr Partner sagt, dass er dringend noch etwas einkaufen muss. „Ich bin gleich wieder zurück“, sagt er. In Wirklichkeit dauert es jedoch Stunden, bis er zurückkommt. Sie haben die ganze Zeit auf ihn gewartet, ohne eigene Pläne machen zu können.

Was ist Ihr Bedürfnis? Sie brauchen von ihm eine genaue Angabe darüber, wie lange er wegzubleiben gedenkt. Sollte ihm etwas dazwischen kommen, sollte er sie anrufen.

Wie könnten Sie ihm das sagen? „Wenn du das nächste Mal weggehst, brauche ich von dir eine Angabe, wie lang du ungefähr wegbleiben wirst, und die Zusage, dass du mich anrufst, wenn du länger brauchst.“ Und das war’s auch schon. Es geht darum, keinen Atemzug mit Erklärungen, Appellen oder Vorwürfen zu verschwenden und damit die Geduld Ihres Partners auf die Probe zu stellen. Drücken Sie einfach nur genau das Bedürfnis aus, das Sie in dieser Situation haben.

Und dann tun Sie Folgendes: Stellen Sie die Frage: „Kannst du mir das versprechen?“ Beenden Sie das Gespräch nicht, ohne dieses Versprechen von ihm bekommen zu haben.

Nun könnte Ihr Partner versuchen, sich aus dem Versprechen herauszuwinden. „Natürlich werde ich mich bemühen, aber ich habe nicht immer die Kontrolle über [bla, bla, bla]". An dieser Stelle müssen Sie abschätzen, ob er sich nur herauswindet oder ob seine Einwände realistisch sind. Sollten sie realistisch sein, können Sie entweder nur eine Lösung für sich selbst finden oder damit leben. Wenn Sie spüren, dass er sich herauswinden möchte, sagen Sie: „Hör mal, für mich ist es wichtig, dass du mir versprichst, dein Bestes zu tun."

Als Paar im Zeitstress haben Sie nur die Zeit, sich auf Ihre Bedürfnisse zu konzentrieren, nicht aber, auch noch alles negative Beiwerk mit einzubeziehen, und das ist der Punkt, um den es hier geht.

Manchmal muss natürlich doch mehr geschehen, als ein Bedürfnis nur auszusprechen. Sie müssen sich darum bemühen, einen Weg zu finden, die Bedürfnisse zweier Menschen unter einen Hut zu bekommen.

In unserem Beispiel wäre nun der nächste Schritt, dass David sein Bedürfnis äußern würde. Stattdessen hatte er lamentiert und sich beschwert: „Das ist zu teuer… Wir haben gar keine Zeit für eine Reise… Du bist zu extravagant." Er hat sich aber nie die Mühe gemacht, zu sagen, was er eigentlich braucht, wie zum Beispiel: „Für mich ist ein schöner Hochzeitstag auch wichtig. Aber wir können uns nicht länger als eine Woche frei nehmen und nur einen begrenzten Betrag dafür ausgeben."

Und nun kommt der entscheidende Schritt: Nachdem beide gesagt haben, was sie brauchen, sollte jeder die Aspekte ansprechen, die ihm am wichtigsten sind, bevor Sie sich auf Lösungen stürzen. Dieser Punkt leuchtet Paaren im Zeitstress nur schwer ein. Es sieht so aus, als würde dieser Schritt zusätzlich Zeit kosten. Aber an dieser Stelle bringt Ihnen die Zeit, die Sie sich nehmen, einen echten Zeitgewinn.

Unser Beispiel könnte folgendermaßen weitergehen. David und Sarah könnten einen Spaziergang zu Ihrem Lieblingscafé machen. Auf dem Weg dorthin würde Sarah darüber sprechen, dass sie allmählich das Gefühl bekommt, kaum mehr eine Verbindung zu David zu haben, weil er so beschäftigt ist. Und dass sie sich sehnlichst wünscht, in einem Urlaub wieder mehr Nähe zueinander zu erleben. Wenn David sorgfältig zuhören würde, könnte er heraushören, worum es in Wirklichkeit geht: nicht um irgendeine Extravaganz von Sarah, sondern um ihren Wunsch, etwas Wichtiges für die Beziehung zu tun.

Mindestens genauso bedeutsam wie der Austausch dessen, was beiden wichtig ist, ist die Tatsache, dass sie dadurch auch den großen Fehler vermeiden würden, den anderen davon überzeugen zu wollen, dass sein oder ihr Bedürfnis gar nicht berechtigt sei. Das ist in jedem Fall ein Fehler. Jeder, dem Sie sagen, sein Bedürfnis sei unnötig, wird das Gefühl haben, sein ureigenstes Selbst werde von Ihnen mit einem Vorschlaghammer angegriffen. Das würde wohl jeden Menschen ziemlich in die Defensive treiben!

Zum Glück gibt es eine einfachere Alternative, als dass irgendjemand erst seine Bedürfnisse verändern muss, um zu einer Lösung zu gelangen, die die Bedürfnisse beider Seiten berücksichtigt.

Folgendes Bild mag Ihnen vielleicht dabei helfen. Stellen Sie sich immer dann, wenn einer von Ihnen ein Bedürfnis ausspricht, eine Walnuss vor. Sarahs Aussage: „Ich muss meinen Hochzeitstag in Paris verleben“, ist die Schale der Walnuss. Diese Schale ist wertlos, aber sie lenkt die Aufmerksamkeit auf sich. Ihre Aufgabe ist es nun, stattdessen das wahre Bedürfnis herauszufinden. Das ist der innere Kern. Und der könnte sein: „Für mich ist es wichtig, dass wir an unserem Hochzeitstag etwas ganz Unvergessliches unternehmen.“

Wenn Sie zum Kern der Walnuss vordringen wollen, müssen Sie die Schale so lange zusammenpressen, bis sie platzt, oder sie einfach zerschlagen. Mit Ihrem Partner geht das jedoch nicht! Sie können aber mit Hilfe von Fragen zu den wahren Bedürfnissen Ihres Partners vordringen. Fragen Sie Ihren Partner.

„Warum ist dir das wichtig? Wie kommt es, dass du dich so sehr dafür einsetzt? Welchen Aspekt davon würdest du auf keinen Fall aufgeben wollen?“ Solche Fragen bringen Sie zum Kern der Bedürfnisse Ihres Partners. Aus diesem Grund müssen Sie das überaus wichtige und letztlich zeitsparende Gespräch führen, in dem Sie mit dem Problem, Ihren Befürchtungen und den verschiedenen Möglichkeiten eine Weile herumspielen, bevor Sie auf eine Lösung anspringen. Das wahre Bedürfnis steckt unter der Schale. Erst wenn Sie diese geknackt haben, haben Sie einen Erfolg versprechenden Ausgangspunkt für eine Lösung.

Manchmal stellt sich beim Herumspielen mit verschiedenen Aspekten heraus, dass Sie beide eine ganze Menge an Bedürfnissen haben. Das ist bei Paaren im Zeitstress ziemlich verbreitet. Je härter Sie arbeiten und je größerem Druck Sie ausgesetzt sind, desto mehr unbefriedigte Bedürfnisse sammeln sich an. Wenn Sie dann anfangen, über irgendeine Entscheidung zu reden, kommen all diese Bedürfnisse auf den Tisch. Das kann sehr verwirrend und entmutigend sein – wie ein Mikrokosmos Ihrer Situation als Paar im Zeitstress. Zu viele Bedürfnisse auf einmal!

Erfolgreiche Paare im Zeitstress gehen folgendermaßen damit um. Sie gestehen sich ein: *Wir haben eine Menge Bedürfnisse, aber nicht alle sind gleich wichtig. Wenn ich es mir genau überlegen, ist mein Hauptbedürfnis…* Das ist das Wesentliche. Zu viele Bedürfnisse machen eine Entscheidungsfindung unmöglich, vor allem, wenn Sie keine Zeit haben.

Meiner Erfahrung nach kann jedoch jede Lösung, die Ihr wichtigstes und vielleicht noch das zweitwichtigste Bedürfnis erfüllt, und ebenso die zwei wichtigsten Bedürfnisse Ihres Partners, fast genauso gut sein wie eine perfekte Lösung, aber sie kostet nur einen Bruchteil Ihrer Zeit.

David und Sarah würden also anschließend versuchen, eine Lösung zu finden, die ziemlich gleichwertig die Bedürfnisse beider berücksichtigt. In der Regel geschieht dies schneller und führt zu einer besseren Lösung, weil sie vorher die Zeit investiert haben, mit den verschiedenen Aspekten herumzuspielen und sich gegenseitig zugehört haben.

Guerillastrategie: Ich möchte Ihnen gerne erzählen, was viele erfolgreiche Paare im Zeitstress in diesem Stadium der Suche nach einer Lösung tun, weil ich es großartig finde.

Mögen Sie Besprechungen? Machen sie Ihnen Spaß und sind sie Ihrer Meinung nach produktiv? Wohl kaum! Warum also sollten Sie und Ihr Partner eine Besprechung anberaumen, um eine Lösung zu finden? Es wäre ohnehin schwierig, die Zeit dafür zu finden. Und dann würden Sie sich gegenseitig durch überkritische Einwände zu den Ideen des anderen bis zum Gehtnichtmehr ärgern.

Machen Sie stattdessen Folgendes: Entscheiden Sie, nachdem Sie Ihre Bedürfnisse angemeldet und mit den verschiedenen Aspekten des Problems herumgespielt haben, wer von Ihnen sich eine Lösung ausdenken soll, mit der beide glücklich sein können. Vielleicht ist die Lösung, die dabei herauskommt, nicht vollkommen oder wunderbar, aber sie könnte richtig gut sein.

David und Sarah würden Folgendes tun: Wenn sie von ihrem Spaziergang zurück wären, bekäme Sarah den Auftrag, einen Plan für ihren Urlaub zum Hochzeitstag zu entwerfen, der Davids Bedenken, wie zum Beispiel die Kostenfrage, in allen Punkten berücksichtigt. Dieser Job ist richtigerweise bei Sarah gelandet, weil die beiden, wenn sie ehrlich zueinander waren, gemerkt haben, dass ihr dieser Hochzeitstag am meisten am Herzen liegt. Und mein Tipp lautet: Derjenige, dem das betreffende Thema am wichtigsten ist, muss sich trauen, die Verantwortung für den Lösungsvorschlag zu übernehmen. Auf diese Weise hat er den größten Einfluss auf das, was am Schluss herauskommt, und genau das möchte er ja auch, weil es ihm so wichtig ist.

Aber natürlich kann Sarah nicht allein bestimmen. Sie hat nur einen Vorschlag entworfen. Als Nächstes ist es nun an David, sich diesen Entwurf anzuschauen und eventuelle Verbesserungen, die er für nötig hält, anzubringen. Er kann auch noch Aspekte hinzufügen, die diese Lösung für beide verbessern. Aber er kann diesen Entwurf nicht mehr umschreiben. Bei dieser Vorgehensweise spielt das Vertrauen eine sehr wichtige Rolle. Wenn es Sarahs Job war, einen Plan zu entwerfen, sollte David sich im Großen und Ganzen an das halten, was von Sarah vorgeschlagen wurde.

Ich kann Ihnen gar nicht sagen, wie viel Zeit und aufreibende Diskussionen Ihnen durch diese Art der Entscheidungsfindung erspart werden. Es geht so schnell und einfach!

Sehen Sie's doch mal so:
Eine Entscheidung ist ein Werkzeug, mit dem Bedürfnisse erfüllt werden können. Die meisten Paare im Zeitstress machen den Fehler, sich zu wenig Zeit für die Mitteilung ihrer echten Bedürfnisse zu nehmen und zu viel Zeit für den Versuch, sich die Bedürfnisse gegenseitig ausreden zu wollen und über bestimmte Details der Lösungen zu diskutieren. Sie setzen Ihre knapp bemessene Zeit am nützlichsten ein, wenn Sie all Ihre Bedürfnisse vollständig zur Sprache bringen. Vielleicht machen Sie dazu einen Spaziergang oder setzen sich bei einer Tasse Kaffe oder einem Mittagessen zusammen und sprechen darüber. Und dann spielen Sie mit den Aspekten und Bedenken herum, die Ihnen wichtig sind. Danach zieht sich einer von Ihnen zurück und entwirft unter Berücksichtigung aller Bedürfnisse eine Lösung. Zum Schluss überprüfen Sie diese Lösung noch einmal und alles ist erledigt.

Sie müssen sich dann allerdings auch an diese Vereinbarung halten. Und das ist bei Paaren im Zeitstress häufig ein Problem. Es entsteht eine Menge Ärger, wenn Sie sehen, dass der andere sich nicht an das hält, was abgemacht war. Dann kommt es zu gegenseitigen Vorwürfen, nachlässig zu sein oder die Beziehung nicht wichtig genug zu nehmen.

Die beste Lösung dafür besteht jedoch nicht darin, mit den Zähnen zu knirschen und sich nach dem Motto „Augen-zu-und-durch“ vorzunehmen, sich in Zukunft besser an die Abmachung zu halten. Die beste Lösung an dieser Stelle wäre, einen Vorschlag zu machen, hinter dem beide stehen können. Sollten Sie also herausfinden, dass Sie sich an eine vereinbarte Lösung nicht halten können, machen Sie sich deswegen gegenseitig keine Vorwürfe. Geben Sie der Entscheidung die Schuld. Im Verlauf der Entscheidungsfindung ist irgendwo irgendein Bedürfnis oder die Realität des einen oder anderen nicht berücksichtigt worden. Und dieser Umstand kommt nun wie ein Bumerang zu Ihnen zurück.

Erinnern Sie sich noch daran, dass ich die Menschen anfangs eingeteilt habe in einen Hunde-Typus, der keine Konfrontation scheut, und einen Enten-Typus, der Konfrontationen hasst? Sie haben schon herausgefunden, welcher Typ Sie selbst sind. Das wird bedeutsam, wenn es darum geht, Entscheidungen als Paar zu treffen, weil Hunde und Enten dabei mit sehr unterschiedlichen Problemen zu tun haben.

Enten äußern keine klaren Bedürfnisse. Sie erleben es als viel zu konfrontativ, sagen zu müssen, was sie brauchen.

Hunde dagegen kämpfen viel zu verbissen selbst um das kleinste Bedürfnis, das sie haben. Sie wollen nicht einsehen, wie hoch der Preis für diesen Kampf ist.

Was ergibt sich daraus? Enten geraten immer wieder in die Situation, einer Sache zuzustimmen, die sie eigentlich gar nicht wollten, und das macht sie ärgerlich. Wenn Sarah eine Ente wäre, hätte sie vielleicht gesagt: „Du hast Recht, wir sollten jetzt nicht so viel Geld verbrauchen. Unser Hochzeitstag ist keine Notwendigkeit. Wir können ja einfach ein paar Freunde zum Abendessen einladen.“ Das einzige Problem dabei wäre, dass sie sich schrecklich fühlen würde. Und auch wütend wäre, obwohl David bis zu diesem Punkt nichts anderes getan hatte, als ihrem Bedürfnis zuzustimmen. Sarah wäre jedoch wütend auf ihn, weil sie das Gefühl hätte, von David zu diesem Abendessen gedrängt worden zu sein, als Ersatz für die Reise.

Enten fühlen sich immer zu etwas gedrängt. Überlegen Sie einmal, wie häufig Sie dadurch Probleme bekommen haben, dass Sie Ihre Bedürfnisse nicht klar geäußert haben. Ich weiß, dass dies ein besonderes Problem für Paare im Zeitstress ist. Das Tempo und der Druck unseres Lebens scheinen uns nicht zu erlauben, unseren Bedürfnissen Raum zu geben. Wie wichtig Ihnen ein Bedürfnis ist, erkennen Sie daran, dass sich bei Ihnen Wut und Verärgerung einstellen, wenn Sie es nicht erfüllt bekommen.

Die einzige Maßnahme zur Zeitersparnis besteht darin, sich weniger entenhaft aufzuführen und ihrem Partner genau zu sagen, was Sie brauchen.

Hunde geraten immer wieder in die Situation, sich zu stark für ihre Bedürfnisse einzusetzen. Es fällt ihnen schwer, dies nicht zu tun. Solange noch geredet wird, was geschehen soll, besteht schließlich immer auch die Möglichkeit, ihre Vorstellungen durchzusetzen. Es könnte sich um ein Luftschloss handeln, aber sie wittern die einzigartige Chance, vielleicht doch darin wohnen zu können. Alles, was mir dazu einfällt, ist: Machen Sie mal halblang. Wie weit sind Sie mit dieser Art bisher gekommen? Wenn Sie sich zu sehr durchsetzen wollen, verlieren Sie vielleicht alles.

Wenn Sie in einer Beziehung mit einem anderen Menschen vom Hunde-Typus leben, kennen Sie die schrecklichen endlosen Kämpfe, die selbst über kleinste Entscheidungen geführt werden.

Leben Sie in einer Beziehung mit einem Menschen vom Enten-Typus, wissen Sie, wie verrückt es zugeht. Sie bekommen immer, was Sie wollen, aber irgendwie lässt Ihr Partner Sie das gelegentlich auch spüren.

Deshalb ist es für alle, die zum Hunde-Typus gehören, so wichtig, an der Stelle des Gesprächs, an der es um die Bedürfnisse jedes einzelnen geht, wirklich zuzuhören. Wenn die Lösung, die Ihnen eingefallen ist, nicht beiden gleichermaßen entspricht, ist sie keinen Pfifferling wert.

Guerillastrategie: Es scheint auf der Hand zu liegen, dass man sich bei anstehenden Problemen oder Entscheidungen mit seinem Partner zusammensetzt und sie gemeinsam bespricht. Bei Paaren ist das fast so etwas wie eine feste Gewohnheit. Solche Gespräche kosten aber Zeit und können Dinge eher verkomplizieren.

Hier ist eine unglaublich effektive Alternative, die viele erfolgreiche Paare im Zeitstress einsetzen: Sprechen Sie *niemals* über Ihre Probleme. Lösen Sie Ihre Probleme stattdessen auf dem Weg schriftlicher Notizen oder mit Hilfe von E-Mails. Manchen Menschen ist das Schreiben so verhasst, dass sie diese Strategie erst gar nicht ausprobieren möchten. Das ist auch in Ordnung. Sollte Ihnen das Schreiben jedoch nichts ausmachen, können Sie alle Probleme auf dem Weg von Notizen und E-Mails lösen und müssen nie mehr Zeit damit vergeuden, von Angesicht zu Angesicht über Probleme zu reden! Welch eine Erleichterung.

Das heißt auch, dass Sie sich aus der unguten Reaktionskette befreien können, die bei Paaren im Zeitstress einsetzt, wenn einer dem anderen ins Gesicht schaut und denkt: *O Gott, wir werden über Probleme reden müssen.* Jetzt können Sie Ihrem Partner mit der Gewissheit ins Gesicht schauen, nie über Probleme reden zu müssen.

Und darüber hinaus wird durch die Schriftform alles klarer und einfacher, und die Wahrscheinlichkeit für eine Auseinandersetzung sinkt. Schreiben ist ein distanzierteres Medium als Sprechen. Man kann auf diese Weise sogar hervorragend seine Gefühle ausdrücken.

Eine Sache müssen Sie allerdings bei dieser Strategie berücksichtigen, damit sie gut funktioniert: Die Tatsache, dass etwas schwarz auf weiß geschrieben steht, besagt noch lange nicht, dass damit unbedingt das letzte Wort gesprochen ist. Das einzige Problem des Niederschreibens besteht darin, dass geschriebene Worte manchmal den Eindruck vermitteln, sie seien endgültig. Sie müssen sich klar machen, dass Sie sich erst dann zu etwas verpflichten, wenn Sie es als endgültige Abmachung definiert haben.

Lassen Sie mich anhand eines Beispiels erklären, wie Sie mit Hilfe dieser Taktik zu einer Entscheidung kommen können. Sie beschreiben ein Problem, Thema oder Bedürfnis in einer E-Mail. An dieser Stelle gilt die Regel, dass jede E-Mail nur einen Punkt ansprechen darf. So phantastisch die Strategie des Aufschreibens prinzipiell ist, so schrecklich wird sie in dem Moment, in dem Sie Ihre E-Mails dazu benutzen, ellenlange Forderungskataloge aufzustellen.

Als Nächstes antwortet der andere, welche Bedürfnisse er oder sie hat.

Möglicherweise gehen noch ein, zwei weitere E-Mails hin und her, in denen Befürchtungen geäußert oder Informationen angeboten werden.

Danach schickt einer von Ihnen eine E-Mail mit dem Titel „Was hältst du von dieser Lösung?“ Im Text wird ein Lösungsvorschlag angeboten.

Der andere antwortet, indem er die Lösung noch etwas präzisiert.

Im Ganzen waren das sechs E-Mails, die Sie sehr viel weniger Zeit gekostet haben, als Sie für ein Gespräch zum selben Thema gebraucht hätten. Darüber hinaus können Sie Ihre Korrespondenz in kleine Häppchen über die Woche verteilen. Und außerdem lässt sich das von der Arbeit aus erledigen, und Sie haben dadurch mehr Zeit für Ihre Beziehung. Das Ganze funktioniert natürlich genauso gut mit Notizzetteln.

Im Folgenden noch einige weitere Vorschläge, wie Sie mit verbreiteten Problemen umgehen können, die bei Paaren im Zeitstress immer wieder auftauchen, wenn es um Entscheidungen geht.

Ich habe das Gefühl, es lohnt sich überhaupt nicht, meine Bedürfnisse auszusprechen. Das ist viel zu schwierig. Es bringt nichts. Und außerdem haben wir dafür ohnehin nicht genug Zeit. Es gibt zwei verschiedene Arten von Bedürfnissen. Bedürfnisse, die wieder verschwinden, wie beispielsweise das Bedürfnis, die gleiche Pizza essen zu wollen, die Sie gerade im Fernsehen gesehen haben. Und Bedürfnisse, die mit der Zeit immer intensiver werden, wie das Bedürfnis, einfach nur etwas zu essen. Es ist ein Fehler, sich immer um die zuerst genannten Bedürfnisse zu kümmern. Es ist eine Katastrophe, die Art der zuletzt genannten Bedürfnisse zu ignorieren.

Jemand, der einen Punkt erreicht hat, an dem er meint, es lohne sich nicht, seine Bedürfnisse zu benennen, sieht den Grund dafür fälschlicherweise in den Beschränkungen seines Partners.

Ich weiß, was Sie jetzt sagen: Was heißt hier *fälschlicherweise*? Er *ist* beschränkt.

Meiner Erfahrung nach sind drei Dinge im Spiel, wenn wir denken, unser Partner könne unsere Bedürfnisse nicht befriedigen:

Erstens haben wir seine Aufmerksamkeit nicht bekommen. O ja, natürlich haben wir uns pausenlos beschwert. Aber Vorwürfe führen nur dazu, dass der andere abschaltet. Sie können die Aufmerksamkeit Ihres Partners folgendermaßen erhalten:

Paare im Zeitstress machen oft den Fehler, nur beiläufig miteinander zu sprechen. Ihre Partnerin erledigt gerade irgendeine Hausarbeit oder ist mit irgendetwas anderem beschäftigt. Und Sie stellen ein Bedürfnis, das Ihnen sehr wichtig ist, einfach so in den Raum, in der Hoffnung, dass Ihre Partnerin es schon auffangen wird. Damit täuschen Sie sich selbst. Viel wahrscheinlicher ist, dass Ihre Partnerin es wie ein Ärgernis lässig abschmettern wird. Wenn Sie in Zeitnot sind, ist das einfachste Wort der deutschen Sprache: *Nein!*

Die Zauberformel, die Sie benutzen sollten, lautet: „Hast du einen Moment Zeit? Es geht um etwas, was mir wichtig ist. Setz dich einen Moment und lass uns darüber reden." Ehrlich gesagt, wenn Sie nicht das Gefühl haben, Ihr Bedürfnis sei es wert, Ihren Partner dazu zu bewegen, sich hinzusetzen und ein paar Minuten mit Ihnen darüber zu reden, sollten Sie es überhaupt nicht mit ihm ansprechen. Wenn es jedoch diesen Wert hat, wird Ihre eigene Frustration nur steigen, solange Sie nicht seine Aufmerksamkeit gewinnen können.

Zweitens haben Sie Ihrem Partner nicht mitgeteilt, wie wichtig dieses Bedürfnis für Sie ist. Ich werde sehr traurig, wenn ich an all die Beziehungen denke, in denen sich Menschen von ihren Partnern nicht geliebt fühlen, obwohl ihre Partner sie sehr lieben. Sie würden nahezu alles für den anderen tun, wenn sie ahnen würden, wie wichtig ihm oder ihr ein bestimmtes Bedürfnis ist. Es wurde ihnen jedoch nicht klar vermittelt.

Ich denke, ein wichtiger Grund dafür, dass Ihr Partner vielleicht nicht weiß, wie wichtig Ihr Bedürfnis für Sie ist, liegt darin, dass er nicht weiß, *warum* Ihnen dieses Bedürfnis so wichtig ist. David hatte solange Schwierigkeiten, zu erahnen, warum dieser fünfte Hochzeitstag für Sarah so wichtig war, wie er dachte, es handele sich nur um einen Mädchentraum, dem sie nachhing – nichts, was er ernst nehmen müsste. Als Sarah ihm jedoch erklärte, welche Bedeutung dieser Tag für sie vor dem Hintergrund ihrer persönlichen Geschichte (Scheidung ihrer Eltern) wirklich hatte, konnte er sie verstehen.

Hier ist eine phantastische **Guerillastrategie**, mit der Sie ganz schnell vermitteln können, wie wichtig Ihnen Ihr Bedürfnis ist. Stellen Sie sich eine Skala von 1 bis 10 vor. Reservieren Sie die 10 für Ihre allerwichtigsten Bedürfnisse. Zum Beispiel: „Ich brauche am Abend mehr Hilfe von dir bei der Hausarbeit. Das hat für mich den Wert einer 10. Wir sind beide von einem langen Arbeitstag müde, aber ich finde es unfair, wenn ich herumrennen, das Abendessen zubereiten und hinterher die Küche wieder aufräumen muss, während du mit den Kindern spielst. Ich bin dann auf dich sauer, und wie sich das auf unsere Beziehung auswirkt, kannst du dir ja denken."

Das Phantastische mit der Zahl auf der Skala besteht darin, dass sie die meisten Diskussionen sofort auflöst. Vielleicht ging es Ihrem Partner beim Spiel mit den Kindern wunderbar, aber sobald er verstanden hat, wie wichtig dieses Bedürfnis für Sie ist, würde er vielleicht sagen: „Das Spiel mit den Kindern, während du das Abendessen kochst, rangiert bei mir nur unter fünf. Ich kann noch den ganzen Abend mit ihnen spielen." Und Sie haben, was Sie wollten.

Drittens haben wir unseren Partnern nicht genau gezeigt, wie sie unser Bedürfnis erfüllen können. Hier besteht das Problem darin, dass Dinge, die für uns ganz offensichtlich sein können, für unseren Partner möglicherweise sehr geheimnisvoll sind. Wir sagen beispielsweise: „Ich brauche mehr Raum" oder „Für mich ist es wichtig, dass du nett zu mir bist" oder „Mein Bedürfnis ist, dass du hier auch etwas Verantwortung übernimmst". Wir haben uns mit Sicherheit so ausgedrückt, dass selbst ein Kind uns hätte verstehen können.

Aber obwohl Sie gesagt haben, dass Sie etwas Raum brauchen, will Ihr Partner weiterhin sofort mit Ihnen reden, wenn Sie von der Arbeit kommen. Ist er denn ein Idiot? Keineswegs. Er hatte nur gedacht, „Raum lassen" hieße für Sie, keine Fragen über Ihren Arbeitstag gestellt zu bekommen. Solange er von Ihnen keine Antworten erwartete, dachte er, er könne problemlos weiterreden.

Als Paar im Zeitstress haben Sie nur eine einzige Möglichkeit, Zeit zu sparen und das zu bekommen, was Sie brauchen: Sie müssen Ihren Partner vorübergehend wie ein Kind behandeln und alles genau durchbuchstabieren: „Schau, wenn ich sage, ich brauche meinen Raum, heißt das für mich, dass ich so behandelt werden muss, als ob ich allein leben würde. Wenn ich nach all dem Druck in der Arbeit in unsere kleine Wohnung zurückkomme, habe ich überhaupt keine Zeit für mich alleine.

Du musst deshalb nicht weggehen, aber es wäre wunderbar, wenn du mich eine Weile lang so behandeln würdest, als ob ich überhaupt nicht da wäre. Behandle mich, als ob ich Luft wäre. Sprich nicht mit mir."

Mein Partner ist so unvernünftig/geizig/extravagant/etc. Aber anscheinend kann ich ihn nicht dazu bringen, seine Bedürfnisse zu ändern. Hierfür habe ich eine wunderbare Lösung, aber sie ist so radikal, das sie als **Guerillastrategie** bezeichnet werden kann: Lassen Sie sich niemals dazu hinreißen, die Bedürfnis Ihres Partners zu kommentieren. Versuchen Sie niemals, diese Bedürfnisse zu ändern. Lassen Sie sich auf keine Diskussion ein, warum diese Bedürfnisse verrückt, blöd oder sonst etwas sein könnten. Akzeptieren Sie sie einfach so, wie sie sind. Das heißt noch lange nicht, dass Sie alle Bedürfnisse Ihres Partners erfüllen müssen. Wenn irgendetwas für Sie unakzeptabel ist, sagen Sie einfach *nein*. Wenn es um etwas Extravagantes geht, machen Sie deutlich, warum Sie sich das nicht leisten können.

Beschäftigen Sie sich mit den Bedürfnissen Ihres Partners, indem Sie für sich klären, was Sie selbst brauchen. Unabhängig davon, wie unvereinbar Ihre Bedürfnisse zu sein scheinen, gibt es Lösungen, denen Sie beide zustimmen können.

Versuchen Sie jedoch nicht, Ihren Partner davon zu überzeugen, dass irgendetwas mit ihm nicht stimmen kann, weil er ein bestimmtes Bedürfnis hat. Den meisten Menschen fällt es ohnehin schon schwer genug, überhaupt über ihre Bedürfnisse zu sprechen. Wenn sie dann einmal so weit sind, in ihrer Beziehung ein Bedürfnis anzusprechen, muss es schon sehr wichtig für sie geworden sein. Und es ist vielleicht deshalb so wichtig, weil es damit zu tun hat, wie sie sich als Person fühlen. Für sie hängt ihre ganze Identität daran. Wenn Sie ihr Bedürfnis angreifen, fühlen sie sich in ihrer gesamten Existenz angegriffen und werden zurückschlagen. Sie haben aber nicht die Zeit für den Schlamassel, der aus so etwas entsteht.

Alex und Lea hatten zwei Kinder im Teenageralter. Alex war der Meinung, sie hätten eine feste Vereinbarung getroffen, dass damit das Thema Kinder für sie erledigt sei. Stellen Sie sich seine Überraschung vor, als Lea im Alter von zweiundvierzig Jahren ankündigte, sie wolle noch ein Baby. Alex fand das absolut verrückt. Er beschäftigte sich bereits mit den Kosten, die durch ein eventuelles Studium der beiden vorhandenen Kinder in den kommenden Jahren auf sie zukommen würden. Alex war fast fünfzig und ein erfolgreicher Anwalt, der vom Ruhestand träumte. Ein Baby war das Letzte, was er sich wünschte.

Alex und Lea hatten nur wenig gemeinsame Zeit, und diese Zeit wurde bald von den Auseinandersetzungen über ein weiteres Kind vollkommen vereinnahmt. Alex beging den klassischen Fehler, Lea klar machen zu wollen, dass irgendetwas mit ihr nicht stimmen könne, sonst würde sie dieses Bedürfnis gar nicht haben. Er versuchte sie davon zu überzeugen, dass sie dadurch nur etwas kompensieren wolle, was ihr in ihrem Leben fehle, dass es für sie nur eine Art Leugnung der bevorstehenden Menopause wäre.

Wie Sie sich vorstellen können, arbeitete Lea in dem Maße daran, Alex zu zeigen, dass sie ein Recht auf ihr Bedürfnis habe, in dem Alex versuchte, sie zu der Einsicht zu bringen, dass ihr Bedürfnis verrückt sei. Durch seinen Versuch, ihr Bedürfnis abzuwerten, verstärkte Alex genau das, was er eigentlich schwächen wollte.

Und sie vergeudeten so viel Zeit dadurch.

Als Alex schließlich aufhörte, Lea davon überzeugen zu wollen, dass sie ihr Bedürfnis gar nicht haben dürfe, konzentrierte er sich darauf, seine Bedürfnisse auszusprechen, und die bestanden daraus, in seinem Leben kein Baby mehr zu haben.

Ehe sie sich versahen, hatten sie, nachdem sie mit dem Thema ein wenig herumgespielt hatten, eine Lösung gefunden, mit der beide leben konnten. Bei den beiden ersten Kindern war Alex ein sehr engagierter Vater gewesen. Lea versprach, sie würde dieses Mal nichts von ihm verlangen, was er nicht tun wolle. Sie übernahm die Verantwortung dafür, dass sie auch einen Großteil der Arbeit übernehmen müsse, wenn sie noch einmal ein Baby haben wollte. Sie hielt diese Zusage auch ein. Das war nur fair. Er hatte seine Pflichten erfüllt. In seinem Alter wollte er die tägliche Arbeit mit einem Baby nicht mehr haben. Und das verstand Lea und akzeptierte es auch. Der Wunsch nach einem weiteren Kind war es ihr wert, diese Arbeit selbst zu übernehmen. Beide waren mit ihrer Entscheidung sehr glücklich.

Wenn wir über etwas reden, werden unsere Gespräche immer so weitschweifig, ohne dass sie uns irgendwohin führen. Eigentlich haben wir gar nicht die Zeit dafür, und außerdem ist es frustrierend. Jede Beziehung besteht aus praktischen Interaktionen und liebevollen Interaktionen. Je weniger Zeit Sie miteinander verbringen, desto wichtiger ist es, Ihre praktischen Interaktionen möglichst geschäftsmäßig durchzuziehen und Ihre liebevollen Interaktionen so liebevoll wie möglich zu gestalten. Das erspart Ihnen enorm viel Zeit.

Wenn Sie sich also zusammensetzen, um ein Problem zu diskutieren, verhalten Sie sich wie in einer Besprechung. Achten Sie darauf, dass es eine Tagesordnung mit einer klaren Zielvorgabe gibt. „Wir setzen uns jetzt zusammen, um miteinander darüber zu reden, ob wir dieses Jahr ein neues Auto kaufen oder damit bis zum kommenden Jahr warten, und wir werden diese Entscheidung am Ende dieses Gesprächs treffen". Und daran halten Sie sich dann auch.

Ich höre schon Ihren Einwand: In einer Beziehung hängen alle Entscheidungen miteinander zusammen. Das ist wahr. Aber wenn Sie dem zuviel Beachtung schenken, sind Sie auf dem besten Weg, sich selbst lahmzulegen. Sie werden sich enorm zufrieden fühlen, wenn Sie jeweils bei einem Thema bleiben. Dadurch erhöht sich Ihre Chance, am Ende eine Lösung zu finden.

Der Vorteil dieser Vorgehensweise liegt darin, dass durch die größere Geschäftsmäßigkeit in Ihren praktischen Interaktionen mehr Zeit und Raum für das Liebevolle in Ihren liebevollen Interaktionen entsteht.

16. Sich in der Beziehung zu Hause fühlen

Jens hatte etwas getan, was für ein Paar im Zeitstress immer gefährlich ist: Er hatte versprochen, in seiner freien Zeit eine bestimmte Aufgabe im Haushalt zu übernehmen – die alte Badewanne zu entfernen und einen Whirlpool einzubauen. Man sollte annehmen, das wäre kein Problem für ihn, da er von Beruf Installateur ist. Die alte Badewanne zu entfernen, gelang ihm gut. Sie war aus Fiberglas. Keine große Sache. Der Einbau des Whirlpools allerdings entwickelte sich zu einer größeren Aktion. Und das wurde für seine Frau ein Riesenproblem.

Natürlich duschte Annette sich in der Regel. Aber wenigstens einmal in der Woche wollte sie durch ein wunderschönes langes Bad ihre Batterien wieder aufladen. Jens sagte ihr schon seit einer ganzen Weile, dass er nicht genau wisse, wann er dazu komme, den Whirlpool einzubauen. Es dauerte seine Zeit, das richtige Modell zu einem erschwinglichen Preis zu finden. Außerdem benötigte er zum Einbau die Hilfe eines Kollegen. Und er hatte genug andere Dinge zu tun.

Nach einem weiteren Wochenende, an dem Jens versprochen hatte, den Whirlpool einzubauen, ohne dass etwas geschehen war, fühlte sich Annette verletzt, ignoriert und nicht ernst genommen. Sie flippte aus. Sie wurde wirklich wütend und begann Jens anzuschreien. Und doch war es letztlich nicht so schlimm gemeint. Sie wollte ihn nicht bestrafen. Was sie wollte, war, dass er merkte, wie wichtig ihr das wöchentliche Bad war.

Jens konnte jedoch nur eine Frau sehen, die wütend war, und nur hören, dass er angeschrieen wurde. Alles, was Annette durch ihre tiefen leidenschaftlichen Gefühle erreichte, war sein

„Um Himmels willen, hör auf zu schreien." Annette hatte den Eindruck, dass Jens nichts von dem mitbekam, was sie sagte. Das frustrierte sie sehr. Sie hatte das Gefühl, dass sich nun auch der letzte Rest ihrer positiven Energie in negative Energie verwandelt hatte.

Was sollen wir in solchen Situationen machen? Menschen werden eben ab und zu wütend, oder etwa nicht?

Das stimmt. Die Frage ist jedoch, wieviel Wut Sie sich leisten können, wenn Sie ein Paar im Zeitstress sind. Und, welche Alternative es gibt.

Ärger ist grundsätzlich ein Gefühl, das sich lautstark Ausdruck verschafft. Aber er ist ein großer Zeitverschwender. In der Regel ist die Lautstärke so groß, dass die eigentliche Botschaft vom anderen überhaupt nicht mehr gehört werden kann, so wie eine Stereoanlage mehr Rauschen als Musik liefert, wenn man sie zu stark aufdreht. Und außerdem werden im Ärger Dinge gesagt, die unsere eigentliche Botschaft verzerren. Wenn bei einem Paar im Zeitstress, das ohnehin so wenig Zeit hat, miteinander zu reden, der Ärger vorherrscht, besteht die Gefahr, dass unser Bedürfnis, gehört zu werden, unter den Tisch fällt. Und trotzdem brauchen wir das Gefühl, dass der andere mitbekommt, was uns wichtig ist.

Genau um dieses Bedürfnis, gehört zu werden, geht es letztlich.

Stellen Sie sich vor, Sie gingen durch die Welt, aber niemand sähe oder hörte Sie. Sie würden versuchen, die Aufmerksamkeit der anderen auf sich zu lenken, aber Sie würden vollkommen ignoriert. Wenn sich das nicht ändern würde, würden Sie zunächst wütend werden, später in Panik verfallen, und schließlich verzweifelt sein. Diese Vorstellung ist ein echter Albtraum.

Diesen Albtraum haben die meisten von uns jedoch schon ganz real in ihrem normalen Leben erfahren. Beispielsweise in einem Restaurant, in dem der Kellner Ihnen keine Aufmerksamkeit geschenkt hat. Oder in einem Geschäft, in dem sich jeder so verhalten hat, als ob Sie gar nicht anwesend wären. Und die meisten von uns haben oft genug in ihrer Kindheit erleben müssen, dass wir ungeachtet unseres Protestes beispielsweise einfach einen Tag lang bei einer Großtante abgestellt wurden.

Ein wenig von diesem Albtraum erleben wir täglich. Zum Beispiel am Arbeitsplatz. Ihre Gefühle und Bedürfnisse sind dort weniger bedeutsam als Ihnen lieb sein kann, es sei denn, Sie sind der Boss. Mit wem können Sie dort schon darüber reden, dass Sie Angst haben oder sich manchmal inkompetent fühlen?

Dieses Bedürfnis, gehört und gesehen zu werden, bringen wir mit in unsere Beziehungen. In der Anfangszeit unserer Beziehung zum Partner haben wir irgendwann einmal die Erfahrung gemacht, sehr persönliche Dinge von uns mitteilen zu können. Und wir fanden heraus, dass wir akzeptiert wurden. Dieser Mensch, den wir angefangen hatten zu lieben, hat uns wirklich zugehört, und dafür liebten wir ihn noch mehr. Und es ging sogar noch weiter, denn er wollte scheinbar noch mehr von dem hören, was wir zu sagen hatten.

Dieses: *Ich sehe dich; ich höre dich; deine Gedanken und Gefühle sind mir wichtig* ist eines der größten Geschenke, das wir als Menschen durch die Liebe erhalten.

Eng verbunden damit ist unser Traum, eine Beziehung zu haben, die von gegenseitiger Ehrlichkeit geprägt ist. Was könnte sich noch sicherer, warmherziger und geborgener anfühlen als eine Beziehung, in der Sie alles sagen können und gehört und akzeptiert werden? Und in der Sie davon ausgehen können, dass Ihr Ehepartner Ihnen nichts verheimlicht? In der das Vertrauen besteht, alles, was Ihr Partner Ihnen sagt, in Liebe akzeptieren zu können? All diese Dinge vermitteln Ihnen das Gefühl, garantiert den einen Lebenspartner gefunden zu haben, der für Sie der Richtige ist.

Wenn Sie sicher sind, dass Ihr Partner wirklich gehört hat, welche Themen und Gefühle Sie umtreiben, was Ihr Herz bedrückt, was Sie mitten in der Nacht beschäftigt, worüber Sie sehnsüchtigst mit jemandem reden möchten, dann *fühlen* Sie, dass Sie in einer Beziehung leben, die auf gegenseitiger Ehrlichkeit fußt. Dann haben Sie echte Nähe erreicht. Sie haben Ihr Innerstes bloßgelegt und wurden akzeptiert. Wenn wir gläubig sind, richten wir diesen Wunsch eigentlich primär an Gott. Wie wunderbar ist die Vorstellung, ihn bereits von dem Mann oder der Frau erfüllt zu bekommen, den oder die wir lieben.

Dann aber kommt das Monster Zeitstress dazwischen und versucht, diesen Traum zu zerstören. Sie fühlen sich von Ihrem Arbeitstag überlastet. Sie mussten bereits alle möglichen wichtigen Bedürfnisse über Bord werfen. Sie fühlen sich von den Anforderungen Ihres Lebens so überflutet wie eine Maus auf der Titanic. Und dann kommt Ihr Partner mit Vorwürfen daher. *Da geht nichts mehr!* Sie können einfach nichts mehr an sich herankommen lassen. Sie haben kein Interesse daran. Es ist zuviel. Außerdem haben Sie selbst einen Haufen Dinge, die Sie loswerden möchten. (Erinnern Sie sich noch an Jens und den Whirlpool? Verstand Annette denn nicht, wie schwer er arbeitete, wieviel in seinem Kopf herumging, wie schwierig es war, teures Installationszubehör zu reduzierten Preisen zu finden?)

Vielleicht werden Sie in der Lage sein, Ihrem Partner zuzuhören, wenn Sie den Rücken von alldem frei haben, aber wann wird das jemals so sein?

Unser Traum von gegenseitiger Ehrlichkeit wird in Mitleidenschaft gezogen, wenn sich niemand gehört fühlt. Oder ist es etwa sinnvoll, zu sagen: *Wir können uns alles erzählen – wir können uns nur nicht zuhören?* Das ist keine Ehrlichkeit. Das ist nur Rauschen.

Die Liebe verspricht vieles, aber eines ihrer größten, beständigsten Versprechen ist, beim Partner allzeit ein verständnisvolles, offenes Ohr vorzufinden. Wenn wir in unserer Beziehung das Gefühl haben, nicht gehört zu werden, fühlen wir uns betrogen und gedemütigt.

Sehen Sie's doch mal so:
Sie werden sich nur dann in Ihrer Beziehung zu Hause fühlen, wenn Sie darauf vertrauen können, dass Ihr Partner wirklich weiß, was Sie fühlen und Ihre Erfahrungen versteht. Wenn Sie sich entschieden haben, dies erleben zu wollen, ist es Ihre Verantwortung, dafür zu sorgen, dass Sie es auch bekommen. Sorgen Sie dafür, dass Sie wirklich gehört werden und achten Sie darauf, dies so zu tun, dass sich Ihr Partner von Ihnen respektiert fühlt.

Dies ist so wichtig, weil jeder Mensch viele Themen mit sich herumträgt, mit denen er gehört werden möchte.

Sie möchten in Ihrer Trauer über Vergangenes gehört werden – über Verletzungen, Verluste, Enttäuschungen. „Ich glaube, du hast niemals nachfühlen können, wie verletzt ich damals war, als ich herausgefunden habe, dass du noch einmal mit deiner Ex-Freundin geschlafen hast, obwohl wir uns bereits mehrere Male getroffen hatten". Jemand, der so etwas in seinem Herzen trägt, will nicht gesagt bekommen, es sei doch „gar nichts" gewesen. In allen Sprachen der Welt gibt es kein einziges Wort, mit dem Sie ausdrücken könnten, dass Sie verstehen können, wie tief die Kränkung ging. Nur echtes Zuhören kann das bewirken. Keine Erklärung, keine Verteidigung. Einfach nur zuhören.

Sie möchten gehört werden, wenn wichtige Bedürfnisse, die Sie im Moment haben, nicht berücksichtigt werden. Zum Beispiel: „Du sagst, deine Arbeit kostet dich so viel Zeit, aber du kriegst nicht mit, wie einsam ich bin, wie schwierig es für mich ist, nur darauf warten zu können, dass du irgendwann einmal nach Hause kommst, und darauf zu hoffen, dass du gut aufgelegt bist, damit wir ein wenig Zeit füreinander haben. Aber dazu kommt es überhaupt nie." Männer und Frauen wünschen sich unmittelbare Lösungen für ihre anstehenden Probleme.

Wenn die Probleme allerdings so leicht zu lösen wären, hätten Sie dies schon längst getan. In der Zeit bis zur Lösung braucht Ihre Partnerin das Gefühl, dass Sie verstanden haben, wie sehr dieses Problem sie belastet, was sie braucht und warum ihr Bedürfnis so wichtig für sie ist.

Sie und Ihr Partner möchten *bei allem* Gehör bekommen, was Ihnen wichtig ist, ganz gleich, ob es sich um die Umwelt dreht oder den sich verschlechternden Gesundheitszustand seines Vaters oder Ihr Investment-Portfolio oder die Ferienpläne oder was sonst noch ansteht. „Es sieht so aus, als ob entweder ich oder Fred befördert wird. Das macht mich ganz nervös. Ich denke, jeder weiß, dass ich mehr ins Geschäft eingebracht habe als Fred. Aber er kann einfach besser mit dem obersten Chef. Ich weiß, ich sollte versuchen, näher an ihn heranzukommen, aber ich habe Angst, dass er dann denkt, ich wolle mich nur beliebt machen."

Manchmal hat es den Anschein, als ob Menschen gar nicht mehr damit aufhören wollten, über das zu reden, was in ihrem Kopf herumschwirrt. Aber wie wollen Sie wissen, ob es wirklich so sein wird, wenn Sie dem anderen gar keine Chance geben? Vielleicht redet Ihr Partner sehr viel, aber nicht über das, was wirklich wichtig ist. Machen Sie einen Test. Hören Sie ihm zu, ohne zu unterbrechen. Fragen Sie nach. Zeigen Sie ihm, dass Sie verstehen, worum es ihm geht. Vielleicht hört er auf, pausenlos zu reden, wenn Sie ihm einmal bewiesen haben, dass Sie ihn wirklich gehört haben.

Jetzt wenden Sie möglicherweise ein: Moment mal, wir sind doch ein Paar im Zeitstress. Uns fehlt die Zeit, einander zuzuhören. Wie schaffen wir es, unser Bedürfnis, gehört zu werden, mit dem in Einklang bringen, was unsere Beziehung braucht, nämlich weniger Stress? Für Paare im Zeitstress ist dies ein echtes Problem. Wenn zwei Menschen es dringend brauchen, bei zu vielen, vor allem auch negativen Dingen Gehör zu bekommen, muss dafür irgendetwas anderes auf der Strecke bleiben.

Guerillastrategie: Bevor Sie irgendeine Zeit verschwenden, halten Sie inne und überprüfen Sie, ob Ihr Bedürfnis nach Gehört-Werden nicht nur vorübergehend ist. Dieser Gedanke ist für manche Menschen revolutionär, für andere inakzeptabel. *Wie bitte? Ich soll aufpassen, was ich sage?* Ja, in der Tat, wenn Sie möchten, dass Sie als Paar im Zeitstress eine so große gegenseitige Ehrlichkeit erleben möchten wie möglich.

Es ist einfach so, dass ein Innehalten, um über das nachzudenken, was man sagen möchte, manchmal die gegenseitige Ehrlichkeit fördert. Wenn zuviel „Negativitäts-Durcheinander" herrscht – zu viel eigene Negativität, die zur Negativität Ihres Partners hinzukommt, die sich wiederum auf die Negativität von … gründet – dann bleibt kein Raum mehr, das auszudrücken, was einem im Grunde des Herzens wirklich wichtig ist. Dann gibt es nur noch zwei erschöpfte Menschen, die aufeinander reagieren. Und solch ein „Negativitäts-Durcheinander" entsteht auch, wenn beide Partner das Gefühl haben, sich jeden Schmerz und jedes Problem von der Seele reden zu müssen.

Angenommen, Ihr Arbeitstag war wirklich schrecklich. Auf der Heimfahrt haben Sie nichts als den einen Wunsch, Ihrem Partner zu erzählen, wie schlimm dieser Tag war. Das ist in Ordnung. Stellen Sie sich jedoch zunächst zwei Fragen: *Werde ich an die Decke gehen, wenn ich mir nicht von der Seele reden kann, wie mies der Tag war?* und: *Wie geht es mir bei dem Gedanken, dass mein Partner vielleicht einen genauso scheußlichen Tag hatte – ist es wirklich nötig, dass wir beide uns die Zeit nehmen, uns darüber zu beklagen, wie unerträglich heute alles war?*

Es liegt an Ihnen. Machen Sie sich jedoch klar, dass Sie eine Wahl haben, und überlegen Sie sich, welche Auswirkungen Ihre Entscheidung auf die positive Energie und gegenseitige Ehrlichkeit in Ihrer Beziehung haben wird. Gerade weil es so wichtig ist, negative Energie loszuwerden, empfehle ich Ihnen, vierundzwanzig Stunden zu warten, bevor Sie Ihrem Partner Dinge miteilen, die er wirklich hören sollte. Sollten Sie vierundzwanzig

Stunden später immer noch das Gefühl haben, sich den Druck von der Seele reden zu müssen, ist das ein Indiz dafür, dass es Ihnen wirklich wichtig ist, in dieser Angelegenheit gehört zu werden. Und dann sollten Sie besser dafür sorgen, am Ende auch wirklich verstanden worden zu sein. Anderenfalls bleibt bei Ihnen Ärger zurück.

Gegenseitige Ehrlichkeit beginnt damit, dass Sie merken, dass Ihnen Ihre Ehrlichkeit nichts nützt, wenn Sie nicht gehört werden. Deshalb ist die wichtigste Frage nicht: *Was ist meine Wahrheit?*, sondern: *Wie muss ich meine Wahrheit mitteilen, damit ich wirklich das Gefühl haben kann, gehört zu werden?* Wahrheiten auszusprechen, ohne dafür zu sorgen, dass sie auch gehört werden, ist so, als ob man eine Party organisiert und vergisst, jemanden einzuladen.

Eines kann ich Ihnen versprechen: Sie können Ihren Partner immer dazu zu bringen, Ihnen besser zuzuhören. Das ist etwas, was in Ihrer Macht steht: eine größere Empfangsbereitschaft herzustellen.

Beim Versuch beider Partner, über sich selbst zu sprechen, entwickeln Paare im Zeitstress eine sehr ungünstige Dynamik. Schauen wir uns noch einmal die Anfänge Ihrer Beziehung an, um diese Dynamik zu verstehen. Da lagen Sie einfach ausgestreckt auf dem Sofa. Sie verbrachten Zeit miteinander. Es gab ein langes Schweigen. Dann sagten Sie: „Bist du wirklich gerne mit Susanne und Wolfgang zusammen? Mir macht es eigentlich keinen Spaß, meine Zeit mit ihnen zu verbringen. Könnten wir den Kontakt zu ihnen nicht reduzieren?“

Perfekte, einfache, klare Kommunikation. Ihr Partner hat Sie sofort verstanden. Er verstand das Problem und Ihren Wunsch. Und weil Sie so ruhig und entspannt waren, konnte er auch ganz einfach sagen, „Klar, kein Problem.“ Oder: „Na ja, ich mag die beiden wirklich und Wolfgang ist mein bester Freund, aber natürlich können wir uns mit ihnen weniger häufig treffen als bisher.“

Welch ein Unterschied zur heutigen Situation, in der Sie als Paar im Zeitstress bis obenhin in Verpflichtungen stecken. Jeder von Ihnen ist so unglaublich abgelenkt und steckt gleichzeitig voller Bedürfnisse. Anstatt also zu sagen „Treffen wir uns einfach seltener mit Wolfgang und Susanne", haben Sie Ihre Gefühle darüber lange zurückgehalten, weil es nie einen geeigneten Zeitpunkt gab, sich darüber auszutauschen. Aber dann haben sich diese Gefühle aufgestaut, und irgendwann einmal entfährt Ihnen ein langer, lauter Protestschrei, der Ihren gesamten Schmerz und Ihre Wut zum Ausdruck bringt. Jetzt versuchen Sie, mit Ihrer Botschaft wirklich durchzudringen: *Sieh doch, wie wichtig es für mich ist. Erkenne, was für ein Riesenidiot du bist, wenn du mir das, was ich brauche, nicht gibst.*

Dieser Aufschrei trifft jedoch auf jemanden, der bereits völlig überlastet ist. Aus seiner Perspektive laden Sie ihm auf den ohnehin schon vorhandenen Stress nur noch eine weitere stressige Botschaft auf. Seine instinktive Antwort darauf ist nicht: *Mal sehen, ob ich herausfinden kann, wie ich dir das, was du möchtest, geben kann,* sondern: *Ich will das nicht hören, und außerdem ist es unfair, dass ich mich damit jetzt auseinandersetzen soll.*

Der Stress wird dadurch noch größer, dass Sie Ihre eigenen Gefühle möglicherweise auch vorher schon nicht geheim gehalten haben. In der Regel ist so etwas ein ständiger Kampf: Ihnen ging es darum, gehört zu werden, Ihrem Partner darum, nicht mehr zuhören zu müssen. „Hatten wir das nicht schon mal?", haben Sie Ihren Partner des Öfteren sagen hören. Natürlich hatten Sie das schon mal, aber Sie sind nie bis auf den Grund vorgedrungen.

Anstatt sich verstanden zu fühlen, führen Sie eine Art unterschwelligen Krieg, bei dem Sie kleine Seitenhiebe und Hinweise darüber fallen lassen, wie hart Sie arbeiten. Und das stellt niemanden zufrieden.

Fast jedes Paar im Zeitstress, mit dem ich gesprochen habe, hat mir erzählt, dass es in seiner Beziehung zuviel Negativität gab. Vorwürfe, Sorgen, Bedauern, Gegenvorwürfe: „Ich hätte dieses tun sollen", „Du hättest jenes tun sollen", „Wenn wir doch nur etwas ganz anderes gemacht hätten".

Es ist paradox: Es gibt zuviel von dieser Negativität, aber die Lösung besteht nicht darin, zu sagen: *Halt den Mund.* Leider tun Paare im Zeitstress genau das auf die eine oder andere Weise. Aber in Wirklichkeit ist diese Negativität nur ein unglücklich gewählter, verärgerter Ausdruck einer Bitte um Gehör.

Es gibt nur eine Lösung: Wenn Sie das Bedürfnis haben, gehört zu werden, müssen Sie solange dranbleiben, bis Sie gehört worden sind. Gehen Sie also auf Nummer sicher, indem Sie genau darum bitten: „Ich möchte, dass du hörst, wie es mir damit geht." Damit haben Sie etwas Gutes getan. Anstatt einen großen Schlamassel hervorzurufen, haben Sie eine einfache Sache angesprochen, die Ihnen wichtig ist.

Bleiben Sie nun konzentriert auf das, was Sie stört und was Ihr Partner daran ändern kann. Darum geht es Ihnen ja. Wie übermitteln Sie dies nun so, damit es auch ankommt?

Bei der Mitteilung einer persönlichen Wahrheit geht es letztlich vor allem darum, die Empfangsbereitschaft des anderen zu vergrößern. Und an diesem Punkt gibt es jede Menge Hoffnung. Ich bin ehrlich überzeugt, dass, von wenigen Ausnahmen abgesehen, jeder Mensch nahezu alles hören und annehmen kann, wenn er ebenfalls als Person mit eigenen Bedürfnissen respektiert und angenommen wird. Wenn Sie das berücksichtigen, können Sie vollkommen ehrlich zu Ihrem Partner sein und von ihm auch größere Ehrlichkeit einfordern.

Betrachten Sie es folgendermaßen: Worin würde sich die Aussage eines Kochs: „Ich bin von gesundem Essen überzeugt, aber mir ist gleich, ob es appetitlich ausschaut oder nicht", von dem Versuch unterscheiden, den Leuten gesundes Essen auszureden? Wenn es Ihnen ein Anliegen ist, dass Menschen gesundes Essen zu sich nehmen, müssen Sie auch dafür sorgen, dass es appetitlich aussieht.

Nun haben Sie also das Bedürfnis, gehört zu werden. Wie bekommen Sie garantiert die Bereitschaft des anderen, dafür offen zu sein?

Als Kind wussten Sie genau, dass es sinnlos war, Ihre Eltern um etwas zu bitten, wenn sie schlecht gelaunt waren. Und wenn Sie schon als Kind soviel darüber wussten, dass die Empfangsbereitschaft des anderen so wichtig ist, um wieviel bewusster können Sie diese Erkenntnis heute einsetzen?

Sie können die Bereitschaft Ihres Partners unglaublich erhöhen, wenn Sie einfach nur an das Wer, Was, Warum, Wann und Wo denken.

Wer: Wem erzählen Sie das, was Sie sagen möchten? Einem lebendigen Menschen, einer Person mit eigenen Bedürfnissen und echten Gefühlen. Vielleicht hat Ihr Partner sich in letzter Zeit selbst schrecklich gefühlt. Dann wird er viel empfänglicher für Ihre Rückmeldung sein, wenn sie unterstützend und lobend formuliert ist. Vielleicht wissen Sie auch, dass er kein großes Talent für das hat, worum Sie ihn bitten. In diesem Fall muss Ihre Anfrage mit viel Ermutigung und konkreten Vorschlägen für die Umsetzung gekoppelt sein.

Ich verrate Ihnen ein Geheimnis: Ein wichtiger Grund dafür, dass unsere Partner häufig nicht allzu empfänglich für das sind, was wir zu sagen haben, liegt darin, dass wir uns bisher nicht groß Gedanken darüber gemacht haben, wer sie eigentlich sind. Und das ist für Sie die gute Nachricht. Sie müssen kein Genie sein, um Erfolg zu haben. Wenn Sie einfach nur daran denken, wem Sie Ihre Botschaft mitteilen, wird der Unterschied zu Ihren bisherigen Versuchen so deutlich sein, dass Ihr Partner viel empfänglicher sein wird. Er kann wirklich spüren, dass Sie ihn auch berücksichtigen.

Was: Was genau wollen Sie sagen? Ja, ich weiß schon – alles hängt Ihnen zum Hals raus, Sie haben die Nase voll. Es reicht Ihnen. Sie können kaum glauben, dass Ihr Partner dermaßen verständnislos ist. Aber geht es Ihnen wirklich darum?

Erinnern Sie sich: Die Botschaft sollte das sein, was Ihr Partner „mitnehmen“ soll – was Ihr Partner wirklich von dem, was Sie gesagt haben, behält. Ich hatte einmal mit einem Paar zu tun, bei dem die Frau wirklich verletzt war, weil ihr Ehemann nicht zärtlich und romantisch war. Im Verlauf ihrer Klage erwähnte sie „... der Mann meiner Freundin schreibt ihr kleine Liebesbriefchen...“ Sie hatte dies nur als kleines Beispiel eingeworfen, um zu zeigen, worum es ihr ging. Aber er hängte sich daran auf. Er hörte heraus: *Ich sollte ihr besser kleine Liebesbriefchen schreiben.*

Das war aber gar nicht ihre Botschaft. Sie wollte ihm vermitteln: Sei zärtlicher und romantischer, wenn wir zusammen sind. Sei, wenn du mit mir sprichst, *ein wenig sexy, neckisch und verführerisch.*

Machen Sie also Folgendes: Stellen Sie sich vor, Sie haben gesagt, was Sie sagen wollten. Das Gespräch ist vorüber. *Welcher eine wichtige Punkt sollte nun bei Ihrem Partner angekommen sein?* Das ist das, was er behalten sollte. Diesen einen Punkt müssen Sie so formulieren, dass er ihn auch wirklich hört.

Angenommen, Sie würden am liebsten sagen „Weißt du eigentlich, wie unverantwortlich du bist?“, aber die Botschaft, die Ihr Partner behalten sollte, wäre: „Wow, ich wusste bisher gar nicht, wie glücklich ich sie machen könnte, wenn ich die Rechnungen pünktlich bezahlen würde – vor allem, wenn ich es ihr versprochen habe“.

Wenn Sie also möchten, dass er das im Kopf behält, sagen Sie: „Ich bin momentan so überlastet – weißt du, wie du mich wirklich glücklich machen könntest? Indem du die Rechnungen gleich bei ihrem Eintreffen zahlst, damit wir sie nicht vergessen und Schwierigkeiten bekommen. Ich kann dir gar nicht sagen, wie sehr ich das schätzen würde.“

Glauben Sie nicht auch, dass Ihre Botschaft wirklich gut ankommt, wenn sie das übermittelt, was Ihr Partner behalten soll?

Ein Zusatztipp: Sprechen Sie jeweils immer nur ein Thema an. Es ist ein Fehler, zu versuchen, sich für mehrere Thema auf einmal Gehör zu verschaffen. Mir ist schon klar, dass alles miteinander verbunden ist. Aber denken Sie an Ihr Bedürfnis, gehört zu werden. Wenn Sie anfangen, ein Thema auf das andere draufzupacken, wird Ihr Partner anfangen, sich als Mülleimer zu fühlen und sich verschließen, und Sie bleiben mit dem Gefühl zurück, nicht gehört worden zu sein.

Warum: Eines der ersten Dinge, die bei einem Paar im Zeitstress leicht in Vergessenheit geraten, ist die Tatsache, dass Ihr Partner Sie wirklich liebt und Sie glücklich machen will. Sie haben das nur einfach aus den Augen verloren, und das ist kein Wunder. Alle beide stehen Sie derart unter Druck, dass Sie sich kaum um Ihre eigenen Bedürfnisse kümmern können, geschweige denn um die des anderen. Aber folgende Frage sei dennoch erlaubt: Würde Ihr Partner alles für Sie stehen und liegen lassen, wenn Sie in ernsthaften Schwierigkeiten wären? Natürlich. Falls nicht, sollten Sie gar nicht zusammen sein.

Vielleicht können Sie sich mit etwas mehr Vertrauen ineinander das Leben süßer machen?

Sollte Ihr Partner mauern, hat das wahrscheinlich nichts damit zu tun, dass Sie ihm nichts bedeuten, sondern damit, dass er nicht nachvollziehen kann, warum Ihnen etwas Bestimmtes wichtig ist. Warum zum Beispiel sollte es Ihnen etwas ausmachen, wenn sich bei ihm die unbezahlten Rechnungen stapeln? „Weil es dann schwer für mich ist, dir zu vertrauen und ich anfange, mich über dich zu ärgern. Meine Gefühle dir gegenüber kühlen sich ab. Und dann fällt es mir schwer, dir nahe sein zu wollen."

Solch eine Erklärung ist unglaublich hilfreich. Jetzt weiß Ihr Partner, was auf dem Spiel steht. Es geht nicht darum, dass Sie einen besseren Menschen aus ihm machen wollen. Es geht vielmehr darum, dass Sie sich weiterhin mit ihm verbunden fühlen möchten.

Aus genau diesem Grund sollten Sie Ihrem Partner sagen, warum Sie um etwas Bestimmtes bitten. Sie teilen dem anderen die jeweiligen Konsequenzen mit. Dabei geht es nicht um Strafandrohungen oder Vorwürfe. Sie beschreiben nur auf realistische Weise, dass etwas Ungutes passiert, wenn Sie nicht das bekommen, was Sie wollen, und zeigen auch auf, was das wäre. Und Sie beschreiben das Gute, das geschieht, wenn Sie bekommen, was Sie wollen. Sie teilen klar mit, was auf dem Spiel steht. Und während Sie auf diese Punkte hinweisen, können Sie so kühl bleiben wie eine Salatgurke.

Wann: Sie müssen kein Spitzenforscher sein, um herauszufinden, wann Ihr Partner am ehesten für das, was Sie ihm sagen möchten, empfänglich ist. Sicher nicht gerade, wenn er müde oder gehetzt ist, die Nase voll hat oder akut unter Stress steht. Sie können ihm nicht alles, was Ihnen gerade einfällt, sofort sagen. Ich weiß, dass ein Paar im Zeitstress ohnehin höchst selten Zeit dazu hat, aber es gibt manche Momente, die immer noch besser geeignet sind als andere. Ihr Partner ist am ehesten dann offen, wenn er relativ entspannt ist, wenn Sie etwas Zeit füreinander haben, und wenn gerade etwas Gutes passiert ist oder unmittelbar bevorsteht.

Ein solcher Moment ist sicher nicht gegeben, wenn Sie gerade im Begriff sind, ins Bett zu gehen. Die Zeit vor dem Schlafengehen ist ein schlechter Zeitpunkt für ernsthafte Diskussionen. Ihr Partner mag zwar entspannt sein, aber er ist müde, er möchte entspannt bleiben und er hat keine Zeit zum Reden, weil er schlafen muss. Und Vorsicht: Paare im Zeitstress kommen in Teufels Küche, wenn sie lange aufbleiben, um über Probleme zu reden.

Die beste Möglichkeit zu erfahren, wann Ihr Partner am ehesten empfangsbereit ist, besteht darin, ihn zu fragen. Vielleicht wird Sie seine Antwort überraschen. Vielleicht ist es unmittelbar nach dem Abendessen. Oder möglicherweise während einer Autofahrt, solange Sie beide allein sind und nicht unter dem Druck stehen, irgendwo rechtzeitig ankommen zu müssen. Oder vielleicht bei der Arbeit am Telefon, obwohl das für andere wiederum der schlimmste denkbare Zeitpunkt überhaupt sein könnte.

Wo: Es gibt zwei Situationen, in denen Sie mit Sicherheit nicht damit rechnen können, dass Ihr Partner empfangsbereit ist: Zum einen jede Situation, in der gleichzeitig viele Ablenkungen existieren, beispielsweise vor dem Fernseher oder in Gegenwart anderer Menschen. Zum anderen Situationen, in denen sich Ihr Partner in die Falle gelockt fühlen könnte, wenn Sie ihn mit einer Bitte angehen. Manche Menschen haben dieses Gefühl im Auto. Vielleicht geht es Ihrem Partner so, wenn er im Badezimmer ist. Achten Sie also darauf, dass er sich nicht in die Ecke gedrängt oder abgelenkt fühlt.

Folgendes berichtete mir eine Frau, der es gelungen war, ihre Beziehung als Paar im Zeitstress vor dem Abgrund zu retten. „Ich erinnere mich an einen Donnerstagabend. Wir kamen beide spät von der Arbeit heim. Es war nichts zu essen im Haus. Mein Mann und ich stritten uns fürchterlich. Ich weiß nicht mehr, was ich damals zu ihm gesagt habe, aber offensichtlich war es eine riesige Abwertung. Und dann erinnere ich mich daran, gesagt zu haben: Hey, ich bin doch nur ehrlich zu dir. Worauf er erwiderte: Nun gut, dann werde ich auch einmal ehrlich zu dir sein. Und dann sagte er diese wirklich verletzenden Dinge. Ich erinnere mich noch daran, dass ich dachte, das kann mit Ehrlichkeit nichts mehr zu tun haben. So sollte Ehrlichkeit nicht aussehen. Sie sollte dazu dienen, einander näher zu kommen, und nicht dazu, sich gegenseitig zu attackieren. Wozu soll diese so genannte Ehrlichkeit gut sein, wenn wir nicht hören können, was der andere sagt?"

Aus diesem Grund ist die Empfangsbereitschaft der Schlüssel für gegenseitige Ehrlichkeit. Sie garantiert, dass Ihre Wahrheit auch bei der Person ankommt, für die sie bestimmt ist. Sie würden ja auch nicht ein Päckchen packen, um es anschließend in einem Loch im Boden zu versenken. Sie würden es bei der Post oder bei einem Kurierdienst abgeben. Natürlich müssen

Sie sich erst ein paar Gedanken über die Empfangsbereitschaft Ihres Partners machen. Aber mehr braucht es danach nicht. Ihre Botschaft findet ihren Weg. Sie fühlen sich verstanden. Und das kostet Sie langfristig gesehen weit weniger Zeit als die endlosen Streitereien, bei denen niemand den anderen wirklich hört.

Ehrlichkeit und klare Kommunikation sind etwas ganz anderes als das, was gemeinhin „Dampf ablassen" genannt wird. Ich denke, dieser Ausdruck trifft die Sache ganz gut. Es ist so, als ob sich giftige emotionale Gase angestaut hätten, derer Sie sich nun entledigen müssten. Aber Dampf ablassen ist in der Regel mehr als nur zu sagen, wie Sie sich fühlen. Es beinhaltet auch, Ihre Gefühle zu zeigen. Das kann ganz schön intensiv werden.

Mit dem Dampf ablassen ist es wie mit dem Feuer. An sich ist es eine gute Sache, aber es kann sehr gefährlich werden, wenn man nicht richtig damit umgeht.

Guerillastrategie: Wenn Sie sich richtig Ärger ersparen wollen, sollten Sie Ihrem Partner ankündigen, dass Sie jetzt das Bedürfnis haben, Dampf abzulassen. Sagen Sie: „Hör zu, ich bin über eine bestimmte Sache wirklich wütend, und ich muss meine Gefühle jetzt rauslassen. Nimm all das, was ich jetzt sage, nicht allzu ernst. Ich will einfach nur, dass du weißt, wie es mir geht."

Nun kann es allerdings auch für den Zuhörer ganz schön intensiv werden, wenn der andere Dampf ablässt. Wenn Ihnen eine Sache also wichtig genug ist, um Dampf abzulassen, sollten Sie Ihrem Partner die Möglichkeit geben, zu sagen, wann er Ihnen zuhören kann und für wie lange. Und daran sollten Sie sich auch halten. Wenn Ihr Partner Ihnen drei Minuten zugesagt hat, machen Sie nach drei Minuten Schluss. Das ist eine lange Zeit, um jemandem zuzuhören, der Sie anschreit, wie voll er die Nase davon hat, so hart zu arbeiten und trotzdem das Gefühl zu haben, dass nie genügend Geld übrig ist, um etwas ansparen zu können.

Dampf ablassen heißt, alles sagen zu können, was Sie wollen. Die giftigen emotionalen Gase sind, was sie sind. Sie können Menschen abstempeln, beschimpfen, ihnen drohen, sie verfluchen, sie beleidigen – das volle Programm. Das ist in Ordnung. Ihre Worte sind nur Ausdruck Ihrer Gefühle. Sie sind keine Taten. Sie müssen hinterher nichts davon unterschreiben. Das, was Sie sagen, ist gar nicht so gemeint, aber es ist gut, alles einmal auszusprechen, weil es Ihre Gefühle ausdrückt. Und da Sie es als „Dampf ablassen“ angekündigt haben, müssen Sie sich später nicht für Dinge entschuldigen, die Sie gar nicht so gemeint haben. Das ist mit „Dampf ablassen“ gemeint.

Manchmal fragen Menschen mich, wie verbale Angriffe und Beleidigungen in diesem Zusammenhang zu sehen sind. Selbstverständlich sind verbale Angriffe ein echtes und großes Problem. Unterschätzen Sie das nicht. Psychologisch ist eine verbale Beleidigung genauso schmerzhaft und zerstörerisch wie eine körperliche Verletzung. Beim Dampf ablassen jedoch sind Sie geschützt, weil es sehr klare Regeln dafür gibt, wie der Dampf abgelassen wird. Und Sie beide werden diese Regeln einhalten, weil Sie möchten, dass der jeweils andere sich auch daran hält.

Wenn es darum geht, Dampf abzulassen, stellen Sie ganz klar, dass es Ihnen jetzt darum geht, einmal unverblümt Ihre Gefühle loszuwerden. „Ich muss mich jetzt abreagieren. Das sind nur Gefühle. Die müssen jetzt einfach raus“. Verbale Attacken hingegen hören sich so an, als ob das Gesagte eine Aussage über die Realität wäre.

Wenn Sie sich abreagieren wollen, bitten Sie um die Erlaubnis, Dampf ablassen zu dürfen: „Passt es dir jetzt gerade?“ Bekommen Sie ein *nein* zu hören, so halten Sie sich daran. Eine verbale Attacke erzeugt im Gegensatz dazu beim anderen immer das Gefühl, überfallen und gefangen genommen worden zu sein.

Das Dampf ablassen erfolgt mit Zeitbeschränkung: „Ich kann dir zwei Minuten lang zuhören.“ Nach zwei Minuten ist Schluss.

Das gibt Ihnen beiden Sicherheit. Verbale Angriffe hingegen haben die Tendenz, immer weiter zu gehen und sich nicht stoppen zu lassen.

Hinter dem Abreagieren steht eine gute Absicht. Sie wollen Dampf ablassen, damit Sie nicht länger an Ihren eigenen Emotionen fast ersticken. Wenn der Dampf erst einmal teilweise draußen ist, können Sie vernünftig über das reden, was dahinter steckt. Verbale Attacken dagegen verfolgen die Absicht, Macht über andere zu gewinnen.

Solange Sie sich an diese Regeln halten, sollte niemand das Gefühl haben, auf verbale Weise misshandelt zu werden. Dann gehen beide aus der Situation gestärkt hervor und nicht einer geschwächt.

Ein letztes Wort zum Abreagieren: Paare im Zeitstress sollten nicht allzu häufig davon Gebrauch machen. Selbst wenn es kontrolliert abläuft, ist es höchst negativ. Es ist gut, dass es diese Möglichkeit zur gelegentlichen Entlastung gibt, aber wenn einer von Ihnen häufig das Bedürfnis hat, sich abzureagieren, sollten Sie in erster Linie nicht noch mehr Dampf ablassen, sondern überprüfen, welche Stressfaktoren in Ihrem durch Zeitknappheit geprägten Leben so viel Frustration und Konfliktpotential erzeugen.

17. Wie Zuhören Zeit spart

Auch die Paare im Zeitstress, die recht gut mit ihrer Situation zurechtkommen, stehen vor dem gleichen Dilemma wie alle anderen. Sie fühlen sich genauso überlastet. Sie sehnen sich genauso danach, gehört zu werden. Was machen sie anders?

Wenn es darum geht, vom anderen gehört zu werden, gleicht eine Beziehung einem Fest, zu dem jeder etwas beiträgt: Es gibt Unmengen zu essen, aber der Eintrittspreis muss in Form eines eigenen Gerichts beglichen werden. Sie müssen zunächst für andere kochen, bevor Sie essen können, was andere zubereitet haben. Und trotzdem beklagt sich niemand „Diese blöden Einladungen – so kriegen diese Kerle dich ran". Vielmehr ist es ein wunderbares Gefühl, eine Kleinigkeit beizusteuern und soviel dafür zurückzubekommen.

Genauso gibt es in Ihrer Beziehung viele Gelegenheiten, gehört zu werden, aber der Eintrittspreis besteht daraus, dass Sie auch selber zuhören. Ich weiß, ich habe davon gesprochen, dass wir überlastet sind und unsere Nerven blank liegen. Das stimmt auch. Der Hauptgrund dafür jedoch, dass wir nicht zuhören, liegt nicht darin, dass wir es nicht könnten, sondern dass wir es nie richtig gelernt haben. Unseren Beziehungen fehlt die gegenseitige Ehrlichkeit, die wir uns wünschen, weil wir uns – entgegen unserer eigenen Vorstellung – immer noch nicht richtig zuhören.

Das aber müssen wir tun. Das Zuhören lässt uns die Liebe spüren.

Sehen Sie's doch mal so:
Zuhören ist die Kunst, dem anderen zu helfen, sich emotional zu offenbaren. Jemand, der ein Gefühl mitteilt, auch wenn es negativ ist, sagt: Ich möchte mich solange aller schützenden Schichten entledigen, bis ich alles gesagt habe, und ich stehe dir gegenüber vollkommen schutzlos da. Menschen haben das Gefühl, gehört worden zu sein, wenn sie alles aussprechen konnten, was sie loswerden mussten, und darauf vertrauen können, dass beim anderen das, was ihnen wichtig war, auch angekommen ist. Dem anderen zuzuhören trägt dazu bei, dass dieses Gefühl sich einstellen kann.

Es gehört jedoch noch ein weiterer Aspekt dazu. Ein Mensch kann einem anderen nicht zuhören, solange er nicht das Gefühl hat, dass ihm selbst auch zugehört wurde. Das bedeutet, dass Sie Ihren eigenen Hunger nach Gehör nicht gestillt bekommen, bevor Sie nicht dafür gesorgt haben, dass Ihr Partner sich von Ihnen gehört fühlt.

Ich weiß, was Sie jetzt sagen wollen: *Und was ist mit mir*? Ich kann Sie verstehen. Das ist eine der Schwierigkeiten, mit denen Paare im Zeitstress umgehen lernen müssen. Da sind zwei Menschen, die nur wenig Zeit haben, und jeder von beiden sehnt sich nach dem Gefühl, gehört worden zu sein. Deshalb wird jeder immer lauter, und trotzdem hat keiner das Gefühl, gehört zu werden.

Welche Erfahrung haben Sie gemacht? Vermutlich doch die, dass das Aufdrehen der Lautstärke bei Ihnen nicht funktioniert hat, oder? Es funktioniert bei niemandem. Es erzeugt nur größeren Ärger und noch mehr Sehnsucht nach Gehörtwerden.

Sehen Sie das Ganze deshalb folgendermaßen: Wenn jeder von Ihnen weiterhin mit zunehmender Lautstärke Gehör einfordert, vergeht vielleicht eine Million Jahre, bis beide endlich Gehör bekommen haben. Beginnen Sie jedoch heute damit, Ihrem Partner zuzuhören, auch wenn es in gewisser Hinsicht unfair ist, dass Sie den ersten Schritt machen sollen, ist Ihr Partner vielleicht morgen in der Lage, Ihnen Gehör zu schenken. Und wenn Sie beim Zuhören wirklich gut waren, vielleicht sogar schon heute.

Hier sei noch einmal darauf hingewiesen, worum es beim Zuhören *nicht* geht: Zuhören hat nichts mit einem Tribunal zu tun. Es geht auch nicht darum festzulegen, wer Recht hat. Es geht darum, dass sich Ihr Partner gehört fühlen möchte. Nichts anderes. Herauszufiltern, was am Gesagten wahr ist, ist erst später dran. Wenn Sie also Ihrem Partner zuhören und er Dinge sagt, die unwahr, unfair, unrealistisch, gewissenlos, sogar richtiggehend verrückt sind und alles in Ihnen danach schreit, diesen oder jenen eklatanten Irrtum richtig zu stellen, dürfen Sie diesem Impuls nicht nachgeben. Sonst fallen Sie zurück in den alten Wettkampf der größeren Lautstärke, in dem zwei Menschen reden und niemand gehört wird.

Ich möchte an dieser Stelle etwas ganz klar sagen: Sollte Ihr Partner im Grunde seines Herzens nicht fair sein, keine Beweise anerkennen und den Standpunkt eines anderen nicht an sich heranlassen können, sollten Sie diese Beziehung beenden. Dann sind Sie mit einem Machtmenschen zusammen, der nur gewinnen will. Aber verwechseln Sie nicht einen Menschen, der gewinnen will, mit jemandem, der nur gehört werden will. Zwischen diesen beiden besteht ein großer Unterschied, auch wenn sie sich in ihrer Frustration recht ähnlich anhören können. Der Unterschied besteht darin, dass eine grundsätzlich faire Partnerin/ein fairer Partner Ihren Standpunkt wird sehen können, nachdem er/sie gehört wurde.

Hier kommen nun die Geheimnisse des erfolgreichen Zuhörens:

Einfach nur zuhören: Sie geben Ihrer Partnerin das Gefühl, wirklich hören zu wollen, was sie zu sagen hat, wenn Sie mit geschlossenem Mund und offenen Ohren dabei sind, vor allem dann, wenn Sie etwas hören, bei dem Sie am liebsten aufspringen und *Nein!* rufen würden. Ich werde häufig gefragt: „Warum kann ich eigentlich nicht gleichzeitig schnell etwas notieren, Zwiebeln schneiden, mein Konto in Ordnung bringen, die Wäsche zusammenlegen und den Toaster auseinander bauen?" Ich kann diese Frage verstehen. Manche Menschen sind einfach unruhig, genau wie mein Ehemann. Manche Menschen fühlen sich bei emotionalen Ausbrüchen unwohl. Andere wiederum haben einfach die Angewohnheit, ihrem Gegenüber beim Zuhören nicht in die Augen zu schauen.

Ich kann Ihnen auf diese Frage nur wahrheitsgemäß antworten. Wenn Sie sich nicht einfach nur ruhig hinsetzen und den Menschen, der mit Ihnen spricht, anschauen, wird er sich fragen: *Hörst du mir überhaupt zu? Kannst du mich hören*? Er wird immer lauter und dramatischer werden, um Ihre Aufmerksamkeit zu bekommen.

Wenn Sie also Zeit sparen wollen, setzen Sie sich hin und hören Sie ruhig zu.

Stellen Sie Fragen: Sie sollten beim Zuhören solange schweigen, bis es darum geht, um des besseren Verstehens willen bestimmte Dinge nachzufragen, und das sollten Sie ausführlich tun. Ihre Fragen sollten so angelegt sein, dass sie immer mehr von dem, was in Ihrem Partner vor sich geht, an die Oberfläche bringen. Es ist schwer, Ihnen hier konkrete Fragen vorzuschlagen, weil das, was Sie fragen können, von der jeweiligen Situation abhängt. Es könnten jedoch in etwa folgende Fragen sein:

Wie lange fühlst du dich schon so?
Warum ist dir das so wichtig?
Welche anderen Gefühlen hängen damit zusammen?
Wie war das für dich?
Was ist deiner Ansicht nach meine Rolle dabei?

Wodurch wurde das Ganze ausgelöst?
Was brauchst du?
Wie kann ich dir helfen?
Was ist der nächste Schritt?

Nun könnte es sein, dass Sie nur ungern Fragen stellen möchten, weil Sie von der ganzen Negativität ohnehin schon genug haben und alles, was Sie hier lesen, in erster Linie ein Vorschlag zu sein scheint, sich noch mehr Negativität aufzuladen. In Wirklichkeit aber ist tatsächlich eine Möglichkeit, einen bereits existierenden Klumpen von Negativität loszuwerden, der sich ansonsten nicht auflösen würde.

Erinnern Sie sich daran, dass Negativität in den meisten Fällen nicht Ausdruck eines negativen Gefühls ist. Sie bringt vielmehr zum Ausdruck, dass ein negatives Gefühl, das man geäußert hat, nicht gehört wurde. Ihr Partner knurrt beispielsweise nicht deswegen „du warst nicht für mich da" weil Sie real nicht für ihn da waren. Sein Knurren bezieht sich auf sein Gefühl, Sie hätten seine immer wieder eingestreuten Hinweise, dass Sie nicht für ihn da waren, nicht gehört. Ihr Zuhören bewirkt, dass sich die Negativität auflöst.

Die Kunst, solche Fragen zu stellen, die dem anderen das Gefühl vermitteln, seine Geschichte erzählen zu können, besteht darin, den Eindruck zu vermeiden, man sei ein Rechtsanwalt, der einem etwas anhängen möchte. Sie sollten vielmehr den Eindruck erwecken, jede Facette der Geschichte, die Ihnen Ihr Partner erzählen möchte, wirklich wertzuschätzen.

Ich vergleiche dies oft mit dem Auspacken einer Reisetasche. Stellen Sie sich vor, Ihr Partner hat Ihnen eine Reisetasche übergeben. Sie machen den Reißverschluss auf und sehen das, was obenauf fliegt. Aber Sie schauen auch darunter. Wenn Sie den gesamten Inhalt der Tasche sehen möchten, müssen Sie so lange ein Stück nach dem anderen herausnehmen und genau anschauen, bis in der Tasche nichts mehr zurückgeblieben ist, was noch anzuschauen wäre.

Mit einem solchen Vorgehen geben Sie Ihrem Partner das Gefühl, wirklich gehört zu werden. Sie packen die Tasche aus, in der seine Geschichte oder Gefühle enthalten sind. Und das tun Sie, indem Sie Fragen stellen, die alles, was innerlich rumort, nach außen bringen. Sie müssen durch ihre Fragen am Ball bleiben. Denken Sie daran, dass alles wirklich Interessante meist tiefer unten in der Tasche liegt, und dass nur Ihre Bereitschaft, dabeizubleiben und wirklich zuzuhören, Ihrem Partner die Sicherheit vermittelt, die er braucht, um diese tiefliegenden Dinge mitzuteilen.

Und erst, wenn Ihr Partner nichts mehr zu sagen hat, wissen Sie, dass Sie am Boden der Tasche angekommen sind.

Halten Sie sich selbst aus der Sache raus: Beim Zuhören geht es nicht um Sie. Selbst wenn Ihr Partner nur über Sie redet, sollten Sie ihm beim Zuhören das gleiche Interesse entgegenbringen, das Sie zeigen würden, wenn Sie sein bester Freund wären. Die Menschen sehnen sich danach, ihren Partner zum besten Freund zu haben – als jemanden, bei dem man alles loswerden kann, ohne dass er es zu persönlich nimmt. *Und das ist möglich.* Gehen Sie einfach nicht in die Defensive. Reagieren Sie nicht so, als ob Sie angegriffen worden wären, auch wenn es bei dem Gesagten nur darum ging, was Sie alles falsch gemacht haben. In Wahrheit handelt es sich nicht um einen Angriff auf Sie. Sicher, Ihr Partner hat zwar einige negative Gefühle. Und die haben zum größten Teil mit Ihnen zu tun. Doch sein *Bedürfnis* an dieser Stelle ist, gehört zu werden. Und dieses Bedürfnis können Sie nur durch Zuhören zufrieden stellen. Und ganz nebenbei: Die Tatsache, dass Sie nur zuhören und keine Gegenargumente bringen, bedeutet nicht, dass Sie inhaltlich dem zustimmen, was Ihr Partner sagt. Seien Sie unbesorgt, Sie kommen auch noch dran.

Zeigen Sie durch kleine Kommentare, dass Sie zuhören: Würde eine Freundin Ihnen erzählen, was sie gerade Schlimmes erlebt hat, würden Sie vielleicht sagen: „Du Arme, das ist ja wirklich schrecklich". Ein solcher Kommentar dient nur dazu, zu signalisieren: „Ich höre dich". Sie drücken damit aus, dass Sie aufgenommen haben, was der andere gesagt hat. Vielleicht würden Sie auch sagen: „Heißt das, als du mittendrin in alldem stecktest, hattest du niemanden, mit dem du darüber reden konntest? Du musst dich furchtbar einsam gefühlt haben." Es ist keine Hexerei, zurückzuspiegeln, was Sie zuvor gehört haben. Hören Sie einfach zu und sagen Sie, was Sie verstanden haben. Aber zensieren Sie es nicht. Achten Sie darauf, dass Ihr Partner nicht das Gefühl bekommt, gegen eine Wand zu reden.

Hören Sie so lange zu, bis Ihr Partner ausgeredet hat: Woran erkennen Sie, dass Ihr Partner sich gehört fühlt? Fragen Sie ihn einfach: „Hast du das Gefühl, ich habe gehört, was du sagen wolltest?" Sie möchten in etwa zur Antwort bekommen: „Ich habe den Eindruck, jetzt hast du mich endlich verstanden." Das Ganze erfordert weniger Zeit, als Sie denken. Und, noch wichtiger, es nimmt weniger Zeit in Anspruch als die Alternative eines schier endlosen Kampfes, den eine Person, die gehört werden möchte, mit einer anderen Person führt, die versucht, sie zum Schweigen zu bringen.

Teilen Sie mit, was Sie verstanden haben: In Beziehungen ist es weit verbreitet, einen sehr ungeeigneten Weg zu wählen, um dem Partner zu verstehen zu geben, dass man ihn gehört hat. Man sagt „Ja, aber…". Das eine Wörtchen *Ja* ist dazu da, anzuzeigen, dass man alles verstanden hat. Mit dem Wörtchen *aber* jedoch lässt man die eigene Seite der Geschichte vom Stapel. In Wahrheit zeigt dieses „Ja, aber…" Ihrem Partner, dass sie überhaupt nichts gehört hat und auch keine Anstalten machen, irgendetwas hören zu wollen.

Nur wenn Sie das, was Sie gehört haben, zusammenfassen, beweisen Sie Ihrem Partner, dass seine Worte bei Ihnen angekommen sind.

Nehmen wir einmal an, es bestünde eine dauerhafte unterschwellige Negativität in Ihrer Beziehung, weil Ihre Partnerin das Gefühl hat, Sie seien nicht für sie da gewesen, als sie schwanger war. Sie hält Ihnen das immer wieder vor. Das geschieht jedoch aus dem Gefühl heraus, dass Sie nie richtig verstanden haben, was es für sie bedeutet hat, weil Sie sich jedes Mal, wenn sie es anspricht, verteidigen. Ihre Partnerin beginnt mit ihrem Anliegen und Sie reagieren darauf mit einem „Ja, aber…" und leiten damit zu Erklärungen über, wie sehr Sie in Wirklichkeit doch für sie da waren (was bei ihr als Botschaft ankommt, sie müsse verrückt sein, solche Gefühle zu haben) oder zu einer Erklärung, wie sehr Sie doch versucht hätten, für sie da zu sein (und das wirkt wenig überzeugend).

Tatsache ist, dass dreißig Sekunden, die Sie mit Widersprüchen, Erklärungen, Ablenkungen oder anderen Dingen als Zuhören verbringen, weitere dreißig Minuten voller Diskussionen und Negativität nach sich ziehen. Deshalb müssen Sie anders vorgehen. Sagen Sie: „Ich möchte wirklich hören, wie es dir damit gegangen ist, dass ich während deiner Schwangerschaft nicht für dich da war." Und dann hören Sie zu, und tun nichts anderes, als immer weiter zuzuhören. Sie stellen Fragen und packen auf diese Weise die Reisetasche aus.

Dann kommt der entscheidende Schritt. Sie wiederholen die wesentlichen Punkte Ihrer Partnerin kurz zusammengefasst. Das ist wirklich einfach. Wenn Sie zugehört haben, waren diese leicht zu erkennen. Konzentrieren Sie sich vor allem auf Aussagen, wie Ihre Partnerin sich gefühlt hat und warum sie sich so gefühlt hat. Sie könnten beispielsweise sagen: „Ich denke, jetzt verstehe ich dich wirklich. Während der gesamten Schwangerschaftszeit habe ich so viel gearbeitet und bin immer so spät und erschöpft nach Hause gekommen. In dieser Zeit warst du im Prinzip allein und hast dich sehr einsam gefühlt. Zu deinen Arztterminen bin ich nie mitgekommen. Du hast dich alleingelassen gefühlt. Und wenn du dich darüber beklagt hast, wie mies du dich gefühlt hast, habe ich dir den Vorschlag gemacht, mit deinem Arzt und nicht mit mir darüber zu reden und dir dadurch das Gefühl gegeben, du würdest dich mit deinen Beschwerden wie ein Kleinkind aufführen. Da stand uns nun dieses große Ereignis bevor, das uns näher zusammenbringen sollte, und wir haben uns immer weiter voneinander entfernt. Ich war nie für dich da. Und als du dann immer dicker wurdest und dich hässlich gefühlt hast, entstand bei dir der Eindruck, ich würde dich zurückweisen."

Sollte Ihre Partnerin den Eindruck haben, Sie hätten etwas Wichtiges vergessen oder verzerrt dargestellt, nehmen Sie es an. Wiederholen Sie einfach, was Sie nach dieser Korrektur verstanden haben.

Das Allerwichtigste dabei ist aber, diese Gelegenheit *nicht* dazu zu nutzen, sich zu verteidigen oder zu erklären, warum Sie so gehandelt haben. Natürlich hatten Sie nicht die Absicht, Ihre Partnerin im Stich zu lassen. Sie hatten nur so viel wie möglich gearbeitet, um das Geld zu verdienen, das sie nun brauchen würden, vor allem, weil Ihre Frau demnächst zu arbeiten aufhören würde. Und außerdem hatten Sie noch nie eine Schwangerschaft miterlebt und haben sich völlig unzulänglich gefühlt. Aber dies ist nicht der richtige Moment für solche Erklärungen.

Ich weiß, dass sich das für Sie vielleicht verrückt anhört. Vielleicht haben Sie den Eindruck, es käme dem Eingeständnis einer Schuld gleich, wenn Sie sich nicht verteidigen. Aber daran sollten Sie in diesem Moment nicht denken. Sie werden niemals selbst Gehör bekommen, wenn Sie Ihrer Partnerin nicht vorher zugehört haben. Die gute Nachricht bei alledem ist jedoch, dass es Sie überraschen wird, wie gering das Interesse Ihrer Partnerin sein wird, weiterhin Fehler bei Ihnen zu suchen, wenn sie sich einmal wirklich verstanden fühlt. Vor Gericht entscheidet das Gewicht der vorgebrachten Beweise. Bei einem Paar im Zeitstress genügt es, zu zeigen, dass Sie wirklich zugehört haben. Partner im Zeitstress brauchen eine Anhörung und keine Gerichtsverhandlung.

Paare im Zeitstress meinen manchmal, eine solche ausführliche, sorgfältige und gründliche Sitzung nur fürs Zuhören sei eine kolossale Zeitverschwendung. Das kann ich verstehen. Es ist quasi paradox: Da leben Sie in einer Welt, in der es an Zeit mangelt, und haben nur den Wunsch, in kleinen, vernünftigen Happen kommunizieren zu können. Und sollen nun einsehen, dass es wirklich *notwendig* ist, die Zeit anzuhalten und die Tasche auszupacken. Wenn Zeit nur beschränkt zur Verfügung steht, muss man abwägen. Ganz offensichtlich haben Sie nicht die Zeit, sich stundenlang zuzuhören. Wenn Sie jedoch darüber nachdenken, was Sie mit der begrenzten Zeit, die Ihnen zur Verfügung steht, tun wollen, ist Zuhören so ziemlich die beste Investition, die Sie tätigen können.

Meiner Erfahrung nach sind, über den Daumen gepeilt, mindestens 70 Prozent der Verhaltensweisen Ihres Partners, die Sie unausstehlich finden, daraus entstanden, dass er sich nicht gehört fühlt. Menschen, die sich bis in die Zehenspitzen verstanden fühlen, verändern sich zum Guten. Sie werden weicher. Sie scheinen weniger einzufordern. Sie sind offener für das, was der andere sagt. Sie sind großzügiger. Sie brauchen weniger Worte.

Wenn Sie erreichen möchten, als Paar im Zeitstress mehr Gutes zu erleben und weniger Ungutes, sind Sie mit radikalem Zuhören auf dem besten Weg dorthin.

Zeigen Sie, dass es Ihnen Leid tut: Die grundlegende Botschaft, die Sie vermitteln wollen, ist: *„Es tut mir so Leid, dass du das durchmachen musstest. Es tut mir so Leid, dass du diese Erfahrungen gemacht hast. Es tut mir so Leid, dass du diese Gefühle hattest. Es tut mir so Leid, dass ich meinen Teil dazu beigetragen habe. Es tut mir so Leid, dass ich dir bisher an diesem Punkt nicht richtig zugehört habe.“* Verwechseln Sie das allerdings nicht mit Unterwürfigkeit oder dem Eingeständnis von Schuld für etwas, was Sie gar nicht begangen haben.

Auf einer Beerdigung gehen Sie zu den Hinterbliebenen und sagen: „Es tut mir so Leid, dass Sie diesen Menschen verloren haben." Sie sagen damit nicht, Sie hätten ihn umgebracht. Ihnen tut nur die Tatsache leid, dass dieser Mensch nicht mehr lebt.

In unseren Beziehungen jedoch halten wir uns mit solchen ehrlich gemeinten Aussagen darüber, wie Leid uns etwas tut, zurück, weil wir ein größeres Interesse daran haben, unser eigenes Verhalten zu rechtfertigen, oder vermeiden wollen, dass man uns Vorwürfe macht. Oder wir sagen nur der Form halber: „*Tut mir Leid*" (wie zum Beispiel: „Ich habe doch gesagt, dass es mir Leid tut, oder etwa nicht?") Und in einem solchen Fall meint das *Tut mir Leid* in Wirklichkeit: „Ich wünschte, du würdest *endlich* deine Klappe halten." Mein Rat: Machen Sie sich keine Gedanken darüber, dass Sie sich selbst belasten. Darum geht es hier nicht. Es geht vielmehr um Folgendes: Wenn mir etwas Schlimmes passiert ist, habe ich solange nicht das Gefühl, von Ihnen verstanden worden zu sein, wie ich nicht spüren kann, dass Sie das, was mir widerfahren ist, betroffen macht.

Sie glauben gar nicht, wieviel Zeit Ihnen das erspart. Meiner Analyse nach haben mindestens 50 Prozent aller negativen Interaktionen zwischen zwei Partnern mit Groll aus vergangenen Situationen zu tun, in denen sich einer der Partner nicht verstanden gefühlt hat. Paare im Zeitstress leiden aufgrund unerledigter Geschichten aus der Vergangenheit unter einer Art chinesischer Wasserfolter. Aus dem Gefühl heraus, dass Sie ein bestimmtes Problem nicht wirklich verstanden haben, erwähnt Ihre Partnerin es immer wieder – und wieder und wieder, wie ein steter Tropfen –, bis Sie das Gefühl haben, es gibt überhaupt kein anderes Thema mehr für sie, während ihr Eindruck ist, Sie hätten kein einziges Wort von dem gehört, was sie gesagt hat. Die Folter hat ein Ende, sobald Ihre Partnerin sich verstanden fühlt. Das, was aussichtslos unlösbar erschien, war keineswegs unlösbar. Es hat sich nur einfach niemand die Zeit genommen, sich wirklich hinzusetzen und ernsthaft darum zu bemühen, sein Mitgefühl zu zeigen.

Finden Sie heraus, was Sie tun können, um die Dinge wieder ins Lot zu bringen: Wir leben in einer Gesellschaft, die mit Klagen und Gerichtsprozessen schnell bei der Hand ist, und viele unserer Instinkte drehen sich darum, Verantwortung zu vermeiden, weil wir uns schützen möchten. Achten Sie einmal darauf, wie viele Gerichtssendungen es im Fernsehen gibt, *Das Strafgericht, Das Jugendgericht, Das Familiengericht, Richterin Barbara Salesch, Richter dies, Richter das.* Einerseits wird uns gesagt, wir sollten Eigenverantwortung übernehmen, aber die Botschaft dieser Gerichtssaal-Gesellschaft ist eher, alles zu vermeiden, wofür man möglicherweise verantwortlich gemacht werden könnte.

In einer Ehe oder festen Beziehung müssen Sie Verantwortung übernehmen. Stellen Sie, nachdem Sie Ihrem Partner wirklich aufrichtig zugehört haben und ausgedrückt haben, wie Leid es Ihnen tut, die Frage, *was Sie tun können, damit alles wieder ins Lot kommt.* Noch einmal: Es geht nicht darum, ob Sie schuldig sind oder nicht. Es geht darum, Ihre Liebe zu zeigen und zu versuchen, sich des anderen anzunehmen. Wenn etwas in der Vergangenheit schwierig für Ihre Partnerin gewesen ist, stellen Sie ihr die Frage, wie Sie es ihr in Zukunft leichter machen können. Wenn Ihrer Partnerin in der Vergangenheit etwas gefehlt hat, fragen Sie nach, wie Sie es ihr in Zukunft geben können.

Unser Gefühl, gehört worden zu sein, ist in dem Moment am stärksten, in dem wir Hoffnung bekommen, dass in Zukunft etwas besser werden wird.

18. Wie man vermeidet, dass man sich festfährt

„Wenn wir ein Problem haben und anfangen, darüber zu reden“, erzählt Miriam, „landen wir jedes Mal ganz schnell, selbst wenn wir gar nicht negativ sein wollen, in einem Streit, trotz aller guter Absicht, konstruktiv damit umzugehen. Ich weiß nie, wie es dazu kommt. Aber was ich weiß, ist, dass es sich am Ende viel negativer und verwirrender anfühlt, als wir es haben wollten.“

Aha, das Sich-Festfahren. Jedes Paar kennt dass. Vielleicht nennen Sie es „das alte Lied“. Vielleicht fühlt es sich an, als ob Sie in einem Spinnennetz festhängen. Einige Paare fühlen sich wie im Treibsand gefangen.

Bei Paaren im Zeitstress geht es darum, die Liebe zu retten, auch wenn nicht viel Zeit vorhanden ist. Und das bedeutet, alle Interaktionen in Ihrer Beziehung auszuschalten, die dazu führen, dass Sie hinterher einiges wieder aufzuräumen haben – diese langen, verwirrenden, schmerzhaften Gespräche, bei denen Sie nicht genau wissen, worum es eigentlich geht, warum sie überhaupt darüber reden, was Sie eigentlich erreichen wollen und wie dieser ganze Wirrwarr überhaupt begonnen hat. Sie wissen nur, dass Sie lieber Glassplitter aus Ihrem Knie herausziehen würden als dieses Gespräch zu führen, aber Sie wissen einfach nicht, wie Sie das Ganze beenden können. Sie haben mit dem Gespräch angefangen, und verflixt noch mal, es hätte so leicht und einfach sein sollen – wie konnte daraus nur plötzlich dieser große, komplizierte und verwirrende Streit entstehen? Das bleibt Ihnen ein Rätsel.

Dies ist eines der Rätsel, für die ich eine Lösung anbieten kann.

Sehen Sie's doch mal so:
Wenn man miteinander spricht, geht es um drei Dinge. Zwei davon sind gut: zu sagen, wie man sich fühlt oder darum zu bitten, was man braucht. Das dritte sorgt in der Regel von sich aus für Probleme: der Versuch, die Realität zu beschreiben. Paare kommen in üble Schwierigkeiten, wenn sie diese drei Dinge miteinander vermischen. Dann wird nichts gelöst und niemand zufriedengestellt. Und das alles wird noch viel schlimmer, wenn nur sehr wenig Zeit zur Verfügung steht.

Dieser Schlamassel kann folgendermaßen verhindert werden:

Es gibt zwei gute Wege für den Umgang mit Problemen. Beide sind machbar, können aber nicht gleichzeitig beschritten werden. Es tut mir Leid, dass ich in diesem Punkt so strikt sein muss, aber ich sage es Ihnen nur, wie es ist, vor allem denjenigen, die unter dem Druck stehen, dem ein Paar im Zeitstress ausgesetzt ist. Wie Sie gleich sehen werden, würden Sie nur sofort wieder in einem schmerzlichen Chaos versinken, wenn Sie diese beiden Dinge miteinander vermischen würden.

Einer der beiden guten Wege, die Sie einschlagen können, ist der, *zu sagen, wie Sie sich fühlen.* Das bedeutet nicht mehr als mit Worten zu beschreiben, was Sie empfinden. „Ich bin ärgerlich, ich bin traurig; ich habe Angst; ich bin glücklich; ich bin untröstlich; ich bin erleichtert, ich bin überwältigt; ich bin stolz; ich bin müde; ich freue mich auf …" Sie verstehen, worum es hier geht. Sie machen an dieser Stelle das Gleiche, was Sie auch tun, wenn Sie möchten, dass Ihr Partner versteht, wie wichtig Ihnen etwas ist oder wenn Sie ein Hindernis aus Distanz und Missverständnissen dadurch überwinden möchten, dass Sie mitteilen, wie es Ihnen geht. Auch dann, wenn Sie Nähe herstellen möchten. Hier geht es um angewandte Ehrlichkeit zueinander.

Die Mitteilung, wie es Ihnen geht, sollte keinem anderen versteckten Zweck dienen. Vor allem sollte sie nicht als Trick benutzt werden, um Ihren Partner dazu zu bringen, etwas zu tun, was Sie von ihm möchten. Warum? Weil es dann nicht mehr klar ist, worum es geht und Sie unweigerlich im Chaos enden würden. Es könnte soweit gehen, dass Sie die Beziehung am liebsten verlassen möchten, weil Sie so frustriert sind, obwohl das sicher das Letzte wäre, was Sie tatsächlich tun würden. Es wird zwischen Ihnen beiden kompliziert und verwirrend werden, weil starke Gefühle ein sehr schwer deutbares Bild von dem abgeben, was Sie wirklich brauchen.

Emotionen an sich sind nicht das Problem. Das Problem ist die Verwirrung. Solange völlig klar ist, dass Sie nur Ihre Gefühle äußern, vermeiden Sie ein Durcheinander.

Angenommen, Sie reagieren sich einige Minuten lang in etwa folgendermaßen ab: *Ich war in der letzten Zeit richtig wütend. Ich habe das Gefühl, für alles die Verantwortung zugeschoben zu bekommen. Ich bin erschöpft. Ich finde, dass unsere Aufgabenteilung nicht fair ist. Ich fühle mich richtig frustriert und völlig überfordert.* Damit machen Sie eines, und wirklich nur das eine: Sie lassen Ihren Partner wissen, wie Sie sich fühlen. Sie bitten nicht darum, dass er sich ändern sollte. Sie teilen Ihre Gefühle mit und sind schon zufrieden, wenn er Ihnen einfach zuhört.

Aber Vorsicht! Wenn Sie auch Forderungen in die Mitteilung Ihrer Gefühle einstreuen, kann ich Ihnen versichern, dass Sie am Ende doppelt so frustriert sein werden, weil Ihr Partner Ihre Forderungen gar nicht mitbekommen hat. Er hört nur die Vorwürfe heraus. Und außerdem werden Sie in Ihrem Ärger anfangen, zusammenhanglos eine Forderung an die andere zu hängen, wodurch alles noch schwieriger wird und noch mehr Zeit verschwendet wird.

Und erinnern Sie sich daran: Wenn Sie jemandem zuhören, der Ihnen seine Gefühle mitteilt, besteht Ihre Aufgabe nur darin, klar zu erkennen zu geben, dass Sie seine Gefühle gehört und ihn verstanden haben. Anschließend können Sie, wenn Ihnen danach zumute ist, das Thema aufgreifen und darüber reden, dass es Ihnen sehr ähnlich gegangen ist. Oder über andere Gefühle sprechen, die Sie gerade haben.

Ich hatte davon gesprochen, dass es zwei gute Wege für den Umgang mit Problemsituationen gibt. Einer davon war, über seine Gefühle zu sprechen. Nun folgt der andere Weg:

Sie können sagen, was Sie brauchen. Aus irgendwelchen Gründen ist der Gedanke, in einer Beziehung Bedürfnisse zu haben, in Verruf gekommen. Dabei wird jedoch durcheinandergebracht, dass es etwas völlig anderes ist, ob jemand ein Bedürfnis hat oder bedürftig ist. *Bedürftig zu* sein heißt, zu viele Bedürfnisse zu haben, Bedürfnisse, die allen anderen zuviel sind, und zuviel Energie darauf zu verwenden, Ihren Partner dorthin zu bringen, dass er diese Bedürfnisse erfüllt.

Der Gedanke jedoch, überhaupt keine Bedürfnisse mehr zu haben, ist unsinnig. Leben heißt Bedürfnisse haben. Sie haben das Bedürfnis, dass Ihr Partner Sie nicht den ganzen Abend in Beschlag nimmt. Sie brauchen von Ihrem Partner, dass er Sie um Himmels willen erst einmal fünfzehn Minuten in Ruhe lässt, wenn Sie nach Hause kommen, damit Sie abschalten können. Sie brauchen körperlich ausgedrückte Zuneigung. Sie brauchen Respekt. Warum in aller Welt sollten wir uns überhaupt mit jemandem zusammentun, wenn wir nicht davon ausgingen, dass dieser Mensch unsere Bedürfnisse am besten erfüllt?

Bei Paaren im Zeitstress spielen Bedürfnisse eine noch größere Rolle. Sie haben so wenig Zeit zur Verfügung, dass Sie ohnehin schon viele Ihrer Bedürfnisse über Bord geworfen haben. Es hat Tage gegeben, an denen Sie sich beim Blick auf Ihren hektischen Terminplan gesagt haben *Heute werde ich überhaupt keine ruhige Minute haben. Ich werde keine Zeit haben, zum*

Mittagessen das Büro zu verlassen. Ich werde nicht dazu kommen, meine Lieblingssendung im Fernsehen anzuschauen. Wenn Sie dann bei Ihrem Partner noch ein Bedürfnis anmelden wollen, hängt viel davon ab, ob Sie es so vorbringen können, dass es mit Sicherheit auch erfüllt wird.

Es ist *keine* gute Idee, über Ihre Gefühle zu sprechen, wenn Sie sichergehen wollen, dass Ihr Bedürfnis auch erfüllt wird. Das wäre ein reines Abreagieren. Ich weiß schon, dass es anstrengend ist, Bedürfnisse und Gefühle voneinander getrennt halten zu sollen. Sie wollen sich doch einfach nur entspannen und die Worte aus Ihrem Mund heraussprudeln lassen. Bei mir selbst war es jahrelang genauso. Ich wollte nur reden, wenn ich vollkommen frei war, es so zu tun, wie ich wollte. Der Preis dafür war jedoch jeweils ein riesiges Chaos zwischen meinem Mann und mir, weil er durch die Intensität meiner Gefühle von meinen Bedürfnissen abgelenkt war und meine Liste von Bedürfnissen es ihm schwer machte, meine Gefühle zu hören. Übergehen Sie diesen Hinweis, Gefühle und Bedürfnisse voneinander zu trennen, wenn verwirrende, chaotische und zeitraubende Gespräche mit Ihrem Partner kein Thema für Sie sind. Sollten Sie allerdings ein derartiges Chaos aus eigener Erfahrung kennen, müssen Sie diese beiden Dinge voneinander trennen.

Wenn Sie jemandem zuhören, der Dampf ablässt, können Sie häufig ziemlich gut erraten, welches Bedürfnis dahinter steckt. Einer der Gründe jedoch, warum dieses große Chaos in unseren Gesprächen entsteht, liegt darin, dass wir das Steuer wie ein betrunkener Fahrer hin und her reißen, indem wir zwischen der bühnenreifen Intensität unserer Gefühle und den praktischen Details unserer Bedürfnisse hin und her springen.

Unsere Partner können uns sehr bald nicht mehr folgen. Sie müssen Ihrem Partner klar sagen, wie es Ihnen geht. Wenn Sie anfangen, mitzuteilen, was Sie brauchen, ist Ihr Partner gerade dabei, das zu verdauen, was Sie über Ihre Gefühle gesagt haben. Er reagiert deshalb auf Ihre Gefühle und nicht auf Ihre Bedürfnisse. Und sollte er anderen Partnern ähneln, wird er Ihnen sagen, Sie sollten nicht so ärgerlich sein. Er redet über Ihre Gefühle, weil er an diesem Punkt hängen geblieben ist. Sie selbst sind jedoch inzwischen schon wieder zu Ihren Bedürfnissen übergegangen und meinen deshalb, Ihr Partner würde Ihnen sagen, dass Ihre Bedürfnisse nicht so wichtig sind. Und so ist binnen kurzer Zeit das Chaos perfekt.

Inzwischen haben wir uns so sehr an dieses Durcheinander gewöhnt, dass niemand mehr genau darüber nachdenkt. Kennt denn nicht jeder diese endlosen, schmerzhaften Gespräche, die niemals zu einer echten Lösung führen? Na und? Auch Galeerensklaven haben sich daran gewöhnt, täglich geschlagen zu werden, und trotzdem hat keiner von ihnen gedacht, dass so ein gutes Leben aussieht.

Paare im Zeitstress trennen sich, weil dieses Chaos sie gefangenhält und sie kaum noch etwas anderes erleben als nutzlose, lästige Gespräche.

Das Durcheinander findet ein Ende, sobald Sie eine Entscheidung treffen: *Ich kann über meine Gefühle reden. Oder ich kann über meine Bedürfnisse reden.* Die Entscheidung steht Ihnen frei. Sie können sogar beides tun. Jedoch niemals gleichzeitig. Und auch nie ohne entsprechende Vorankündigung.

Hier ist ein gutes Beispiel dafür, wie Sie sagen können, was Sie brauchen: „Bitte fang schon damit an, das Abendessen vorzubereiten, wenn du vor mir nach Hause kommst." Damit haben Sie ein eindeutiges Bedürfnis ausgesprochen. Es ist auch in Ordnung, anzufügen, warum Ihnen dieses Bedürfnis wichtig ist. Aber verwechseln Sie eine solche Mitteilung nicht damit, intensive Gefühle auszudrücken. Die Angabe, warum Ihnen ein Bedürfnis wichtig ist, ist ein reiner Austausch von Information. Je ruhiger Sie dabei sind, desto eher kann Ihr Partner diese Information aufnehmen. „Ich habe hart gearbeitet, es war ein langer Tag, ich bin hungrig und es ist nur fair, dass du, wenn du früher nach Hause kommst, schon einmal mit den Vorbereitungen für das Abendessen beginnst."

Nehmen wir einmal die Situation, Ihre Partnerin hätte zuviel Geld ausgegeben. Sie können ihr sagen, wie verärgert Sie über diese überzogene Geldausgabe sind. *Oder* Sie können mit ihr darüber diskutieren, wie eine Neuregelung Ihrer Finanzen aussehen könnte. Erlauben Sie mir jedoch eine Frage: Wie empfänglich wird Ihre Partnerin Ihrer Meinung nach für eine Diskussion sein, bei der es darum geht, dass sie ihre Kreditkarte weniger großzügig nutzen sollte, wenn sie zuvor gerade von Ihnen angeschrieen wurde?

Ich weiß, was Sie denken. *Sie kapiert einfach nicht, dass uns nur ein begrenzter finanzieller Rahmen zur Verfügung steht.* Deshalb sind Sie natürlich der Ansicht, Sie müssten ihr dies klarmachen, und wodurch könnten Sie die Bedeutung dieses Themas besser unterstreichen als dadurch, dass Sie emotional werden? Aus eigener Erfahrung heraus wissen Sie aber eigentlich genau, dass dies nicht funktioniert. Wenn Sie Ihre Lautstärke aufdrehen, hört Ihre Partnerin nur noch Lärm. Sie meinen, auf diese Weise *Das ist mir wichtig* zu vermitteln. Tatsächlich jedoch vermitteln Sie: *Schau mich an – ich bin groß, furchteinflößend und wütend.*

Ich kann Ihnen nicht vorschreiben, was Sie tun sollen. Aber ich kann Ihnen die Dinge weitergeben, die anderen Menschen dabei geholfen haben, ihre Liebe lebendig zu halten, obwohl ihr Leben durch Zeitknappheit bestimmt ist. Diese Menschen haben gelernt, dass sie ein vorhandenes Bedürfnis am ehesten erfüllt bekommen, wenn sie dieses Bedürfnis einfach, ruhig und direkt aussprechen.

Und danach müssen Sie beide nur noch Ihre Köpfe zusammenstecken und eine Möglichkeit herausfinden, wie dieses Bedürfnis erfüllt werden kann.

Das waren nun die beiden *guten* Wege, ein Paargespräch zu führen: entweder Sie teilen mit, wie Sie sich fühlen, oder Sie sagen, was Sie brauchen. Wichtig ist nur, diese beiden Arten auseinander zu halten.

Es gibt aber noch etwas anderes, das Paare in ein schreckliches Chaos stürzt: Anstatt gleichzeitig über Gefühle und Bedürfnisse zu reden, wird darüber gesprochen, wie es „wirklich“ war.

Es ist wohl klar, dass ich an dieser Stelle nicht über Informationen rede wie: „Ich habe gerade gehört, dass die Schmidts am Ende der Straße ihr Haus zum Verkauf anbieten und ganz schön viel Geld dafür haben wollen“. Ich spreche über die Situationen, in denen Sie mit Ihrem Partner darüber diskutieren, wie es „wirklich“ war.

Solche Gespräche beginnen damit, dass Sie zum Beispiel verkünden, wer was gesagt hat: „Du hast gesagt, wir würden uns ein Haus kaufen, sobald du deine Beförderung bekommen hast.“ Worauf er antwortet: „Nein, ich habe nur gesagt, nach meiner Beförderung könnte ich darüber nachdenken, ein Haus zu kaufen.“ Oder wer was getan hat: „Du warst grob zu meiner Mutter.“ Worauf sie erwidert: „Nein, ich hätte überhaupt nicht netter zu ihr sein können.“ Oder wer welche Absicht hatte: „Das hast du jetzt nur gesagt um mir weh zu tun.“ Worauf er antwortet: „Nein, ich habe nur die Wahrheit gesagt.“ Und so weiter.

Es wirkt so harmlos. Aber es führt fast immer zu einer Katastrophe. Angenommen, Sie sagen zu Ihrem Partner: *„Du wartest doch absichtlich darauf, dass ich dich daran erinnere, den Müll rauszutragen.“* Natürlich wissen Sie genau, dass er es darauf anlegt. Jeder Idiot würde das sehen. Und wie wunderbar wäre es, wenn Ihr Partner daraufhin antworten würde: „Lieber Himmel, du hast Recht. Ich warte absichtlich so lange, bis du mich daran erinnerst. Danke, dass du mich darauf aufmerksam gemacht hast.“ Das einzige Problem besteht nur darin, dass in der gesamten Menschheitsgeschichte höchst selten jemand auf diese Weise reagiert hat.

Das ist generell das Problem bei Gesprächen, die sich darum drehen, wie etwas in Wirklichkeit war. Gelegentlich kann es schon einmal vorkommen, dass Sie eine Situation gleich gesehen haben: „Ich habe gesehen, wie du auf der Party mit dieser

Frau geflirtet hast“, sagt sie. „Nun ja, aber ich dachte, es macht dir nichts aus“, antwortet er. Aber in neun von zehn Fällen gelingt es den Paaren nicht, sich darüber zu einigen, wie etwas wirklich gewesen ist. Seine Antwort ist also eher: „Wie kommst du denn darauf? Ich habe nicht geflirtet. Ich war nur freundlich. Du hast das Problem, nicht unterscheiden zu können, ob jemand flirtet oder freundlich ist.“ Ups – schon wieder eine Aussage über eine angebliche Wahrheit, auf die fast unweigerlich der nächste Widerspruch folgen wird.

Sie können erkennen, wie sich daraus ein großes Chaos entwickeln kann. Eigentlich haben Sie nur ein harmloses Bedürfnis, das Sie Ihrem Partner mitteilen wollen: „Mir ist es wichtig, dass du den Abfall wegträgst, ohne dass ich dich daran erinnern muss“. Oder: „Für mich ist wichtig, dass du auf Partys nicht mit anderen Frauen flirtest.“ Und ehe Sie sich versehen, sind Sie im nächsten Moment bereits mitten in einem großen Streit darüber, wie es wirklich war. Auseinandersetzungen über diese Frage können jedoch nie gelöst werden, weil es niemanden gibt, der eine DVD hervorziehen und abspielen könnte, um den Streit sofort dadurch zu beenden, dass das komplette Geschehen von einer Kamera festgehalten wurde.

Stattdessen dreht sich die Auseinandersetzung um Motive und Fehleinschätzungen – „Du willst mich nur kontrollieren.“ „Du denkst immer nur das Schlechteste von mir.“ – und Sie bleiben befremdet und verzweifelt zurück.

Das Ganze wird noch schlimmer, wenn die Diskussion, wie etwas wirklich war, mit Ihren Gefühlen und Bedürfnissen angereichert wird. Dann purzeln diese drei Dinge durcheinander wie drei Wildkatzen in einer Leinentasche. Sie wissen nicht, was Sie sagen. Sie wissen nicht, worüber Sie überhaupt reden. Sie wissen nicht, was Sie eigentlich wollen. Sie stolpern nur durch einen albtraumartigen Streit. Als Paar im Zeitstress haben Sie keine Zeit für solche chaotischen Auseinandersetzungen, die so verwirrend sind, dass Sie keinen Weg mehr finden, dort wieder herauszukommen.

Meine Anregung hierzu lautet wie folgt: Sparen Sie sich Zeit und den Verschleiß Ihrer Beziehung dadurch, dass Sie jede Diskussion darüber, wie etwas wirklich war, einfach unterlassen. Das geht am besten, indem Sie einfach nur gemeinsam feststellen, dass Sie unterschiedliche Ansichten haben und damit zum nächsten Schritt übergehen: *„Schau, sag mir einfach, was du jetzt von mir möchtest."*

Nur wenn es um Ihre Gefühle geht, können Sie behaupten zu wissen, was echt und wahr ist, und darüber kann niemand mit Ihnen streiten. In diesem Punkt sind Sie der beste Experte der Welt! Überall sonst jedoch bewegen Sie sich mit dem Anspruch auf unbedingte Wahrheit auf unsicherem Boden.

Sie können einen Versuch wagen, wenn Sie möchten: „Du sinkst jeden Abend, wenn du nach Hause kommst, so auf deinem Stuhl zusammen, als ob du total erschöpft wärest." Vielleicht ist das einer der seltenen Momente, in denen Ihr Partner Ihnen zustimmt. Sollte das allerdings nicht der Fall sein, lassen Sie diesen Gedanken sofort wieder los und sagen Sie entweder direkt, was Sie fühlen, oder bitten Sie um das, was Sie brauchen. Sie sehnen sich nach mehr Zeit füreinander – warum sollten Sie die wenige Zeit, die Ihnen bleibt, mit sinnlosen Diskussionen vertun?

Das Schöne ist, dass Sie nicht erst einer Meinung sein müssen, wie es wirklich war, um Ihre Bedürfnisse erfüllt zu bekommen. Sie werden sehen, dass Sie wunderschöne Lösungen finden können, ohne festlegen zu müssen, welche Motive im Spiel gewesen sein könnten, was sich in der Vergangenheit zugetragen hat, wer wem was wann zuerst angetan hat, welche Bedeutung wirklich dahinter steckt oder wie die Wirklichkeit sonst noch gewesen sein könnte. Was soll's schon, wenn Ihr Mann antwortet: „Ich hätte den Müll ja sowieso noch herausgetragen"? Vergessen Sie, was war. Konzentrieren Sie sich auf die Zukunft und teilen Sie klar mit, was Ihr Bedürfnis ist: „Bitte bring in Zukunft den Müll immer am Mittwochabend gleich nach dem Essen raus, damit ich mir nicht den ganzen Abend den Kopf darüber zerbreche, ob ich dich noch daran erinnern muss."

Guerillastrategie: Bei erfolgreichen Paaren im Zeitstress behandeln die beiden Partner sich immer so, als würden sie sich gegenseitig darin unterstützen, besonders schwierige Zeiten zu meistern. Diese Einstellung hilft dabei, im anderen nicht das Zeitknappheit-Monster zu sehen. Das Monster haust dort, wo Sie aufgrund der Zeitknappheit Schwierigkeiten miteinander bekommen. Und das Monster liebt es, Ihnen beiden dabei zuzuschauen, wie Sie in dieses große, uralte Chaos geraten, weil Sie in Ihrem unter Zeitdruck stehenden Gespräch die drei Dinge miteinander vermischen: wie Sie sich fühlen, was Sie brauchen und wie es denn nun in Wirklichkeit gewesen ist.

Bestreiten Sie den Kampf gegen das Monster als Partner, indem Sie sich gegenseitig darauf aufmerksam machen, wenn Sie beobachten, dass der andere wieder anfängt, diese Dinge zu vermischen. Gehen Sie sanft miteinander um. Sie könnten Ihren Partner folgendermaßen darauf ansprechen: „Ich sehe, dass du dich ärgerst. Nur damit wir uns nicht verheddern, worum geht es dir im Moment gerade? Ich höre mir gerne an, was du fühlst. Wenn du mir jedoch eher sagen möchtest, was du brauchst und gemeinsam mit mir nach einer Lösung schauen willst, mache ich das ebenso gerne. Aber meinst du nicht auch, wir sollten diese beiden Dinge auseinanderhalten?"

Oder auf diese Weise: „Schau, ich glaube, wir fangen gerade beide wieder damit an, den anderen von unserer Wahrheit überzeugen zu wollen. Wir wissen doch genau, wohin das in der Regel führt. Jeder von uns sieht diese Sache halt anders. Das braucht uns aber nicht zu stören, wenn es nur darum geht, einen Weg zu finden, wie wir in Zukunft damit umgehen wollen."

Dieses Vorgehen schwächt Ihre Position keineswegs. Sie erhalten dadurch vielmehr die Kraft, das zu bekommen, was Sie möchten, und bewahren gleichzeitig die positive Energie, die zwischen Ihnen besteht.

19. Und was ist mit den Kindern?

Seien wir ehrlich: Wenn Romantik eine Krankheit wäre, wären Kinder das Mittel dagegen. Wenn Sie also Romantik erleben wollen, sollte es in Ihrer Familie nicht nur nach dem Willen der Kinder gehen.

Folgende kleine Szene hat es bisher noch nirgendwo auf der Welt real gegeben, und wird es auch niemals in dieser Form geben:

Ein Elternteil: Ich hoffe, du weißt die Tatsache zu schätzen, dass deine Eltern ihre Beziehung geopfert haben, damit wir mit dir Scrabble spielen und dir bei deinen naturwissenschaftlichen Hausaufgaben helfen konnten.

Kind: Jawohl. Ich bin mir sehr bewusst, was ihr geopfert habt und weiß es sehr zu schätzen. Die Tatsache, dass ihr inzwischen geschieden seid, war der kleine Preis, der dafür zu zahlen war, diese goldenen Momente zu erleben.

Sie verstehen, worauf ich hinaus will. Wenn Sie Ihre Paarbeziehung zugunsten Ihrer Kinder zu kurz kommen lassen, werden diese das kaum zu schätzen wissen und möglicherweise am Ende selbst ohne eine Beziehung dastehen.

Das ist nicht immer von vornherein klar. Ich habe unzählige Male folgende Aussage von Paaren im Zeitstress zu hören bekommen: „Für die Kinder darf kein Opfer zu groß sein. Dazu ist man einfach verpflichtet, wenn man einmal Kinder hat. Man muss ihnen alles geben. Aber wenn man ein glückliches Familienleben führt, hält die Beziehung es aus, solange zu warten, bis die Kinder größer sind und einen nicht mehr so sehr brauchen."

Diese Paare denken, sie beschreiben eine Wirklichkeit, die funktioniert. Tatsächlich aber äußern sie damit nur eine Grundeinstellung.

Ich will Ihnen jedoch auch die typische Aussage von erfolgreichen Paaren im Zeitstress weitergeben. Diese hört sich ganz anders an: „In dieser verrückten, geschäftigen Welt, in der wir leben, kann jeder nur kurz abgefertigt werden. Es stimmt zwar, dass Kinder ein gewisses Minimum an Zeit brauchen, um sich geliebt und als Teil des Lebens ihrer Eltern zu fühlen. Aber das ist weniger, als man anfangs vielleicht denkt. Wenn wir Eltern darüber hinaus jedoch unsere Beziehung für unsere Kinder opfern würden, würden wir irgendwann möglicherweise vor dem Scheidungsrichter landen. Und damit wäre niemandem gedient. Das Beste, was man für sein Kind tun kann, ist ein gutes Eheleben."

Das Geheimnis liegt in der Ausgewogenheit und dem Gefühl für Prioritäten. Kinder machen es einem Paar im Zeitstress schwer, einander nahe zu sein. Seien Sie als Paar mit Kindern darauf vorbereitet, dass Sie um Zeit für die Beziehung kämpfen müssen.

Sehen Sie's doch mal so:
Eine glückliche Ehe ist die Grundlage für eine glückliche Familie. Alle mit den Kindern verbrachte Zeit der Welt wäre ziemlich bedeutungslos, wenn ein Paar sich trennt, weil seine Beziehung durch Zeitmangel zerstört wurde.

In der Praxis sieht das dann folgendermaßen aus:

Vergessen Sie Schuldgefühle: Für die Zeit, die Sie und Ihr Partner miteinander verbringen, um Ihre Beziehung zu stärken, müssen Sie sich nicht schuldig fühlen. Ganz im Gegenteil, Sie haben die Pflicht, sich diese Zeit zu nehmen, um Ihre Beziehung und Familie gesund zu erhalten. Kinder haben davon keine Vorstellung. Sie erheben auf Ihre Zeit in derselben Weise Anspruch wie auf etwas, das sie beim Einkaufen im Supermarkt sehen. Tendenziell wollen sie mehr von Ihrer Zeit, als sie brauchen. „Mehr" bedeutet für Kinder zunächst einmal immer „besser". Es ist aber fraglich, ob Ihre Kinder wirklich glücklicher sind, wenn sie mehr Zeit von Ihnen beanspruchen, als Sie tatsächlich haben.

Mehr Zeit macht Kinder auch nicht unbedingt gesünder. Eltern sind kein spezielles Vitamin E, das man ihnen einflößen könnte nach dem Motto: Je mehr, desto besser. Wie bei Vitaminen jedoch bewirkt eine kleine Dosis Zeit mit den Eltern bereits ziemlich viel. Gesund ist auf jeden Fall, wenn Ihre Kinder sagen können: „Meine Eltern hatte eine phantastische Ehe." Beobachten zu können, wie Sie beide füreinander da sind, gut miteinander auskommen, Probleme lösen, sich gegenseitig Ihre Liebe zeigen, ist für Kinder viel gesünder, als den meisten Menschen bewusst ist. Diese Erfahrung nämlich wird sie sagen lassen: „ Meine Ehe soll später einmal genau so sein", und Sie haben ihnen vorgelebt, wie man das erreicht.

Denken Sie bei Zeit an Qualität, nicht an Quantität: Eines der größten Geschenke für Ihr Kind ist Ihre ungeteilte Aufmerksamkeit. Noch wichtiger allerdings ist, das Kind entscheiden zu lassen, was in dieser Zeit geschehen soll. Kinder wissen, was sie brauchen. Selbst ein achtzehn Monate altes Kind wird Ihnen deutlich zeigen, dass es Zeit mit Ihnen verbringen will. Wenn Sie unsicher sind und Ihr Kind alt genug ist, fragen Sie es, was es möchte. Solange Sie sich auf das Kind und seine Bedürfnisse konzentrieren und mit ihm das tun, was es möchte, geben Sie ihm alles, was es für eine optimale Entwicklung braucht. Das muss Sie nicht Ihre gesamte verfügbare Zeit kosten.

Zeit, die Sie für den Haushalt aufwenden, ist gute Zeit für Sie und Ihre Kinder: Ich habe bereits davon gesprochen, wie negativ es für Ihre Beziehung sein kann, kostbare gemeinsame Zeit mit lästigen Routinearbeiten zu verbringen – Geschirr abwaschen, aufräumen, und Ähnliches. Solche Tätigkeiten vergrößern den Stress eher noch, als dass sie eine Gelegenheit wären, einander näher zu kommen. Eine Ausnahme bilden nur solche Paare, die wirklich sehr gut miteinander harmonieren.

Bei Kindern ist das jedoch ganz anders. Gemeinsames Abwaschen und andere gemeinsam verrichtete Hausarbeiten können den Kindern und Ihrer Beziehung zu ihnen gut tun. Unter ihrer Aufsicht erledigen Kinder die anstehenden Aufgaben häufig besser. Gemeinsam etwas im Haus zu tun, gibt Kindern einerseits das Gefühl, dass man sich nicht zu sehr in ihre Angelegenheiten einmischt. Und andererseits bieten diese Zeiten viele Gelegenheiten, Themen anzusprechen, die sie beschäftigen.

Halten Sie Nörgelei und Vorwürfe unter Verschluss: Ich weiß schon, Ihre Kinder müssen noch viel lernen. Glauben Sie mir, bei meinen Kindern war das auch so. Tja, meine Mutter meint noch heute, ich müsste in vielem besser werden! Vor allem, wenn die Kinder größer werden, verfallen Eltern leicht dem Glauben, nur stetiges Nörgeln, Verbessern und Kritisieren könne jetzt noch etwas bewirken.

Ein Paar im Zeitstress ist noch einmal ganz anders herausgefordert. Sie müssen sich die Frage stellen: *Wieviel Prozent der wenigen Zeit, die mir mit meinem Kind verbleibt, möchte ich nörgelnd und kritisierend verbringen?* An dieser Stelle möchte ich Sie mit zwei Tatsachen vertraut machen, die Sie glauben können oder auch nicht. Ich kann Ihnen nur versichern, dass sie der Wahrheit entsprechen, soweit ich das durch meine therapeutische Erfahrung und meine Forschungsarbeiten überprüfen konnte.

- Tatsache 1: *Je mehr Zeit Sie mit Ihrem Kind nörgelnd und kritisierend verbringen, desto unauslöschlicher bleibt diese Kindheitserfahrung mit Ihnen als Eltern verknüpft.* Bitte machen Sie sich meine Erfahrungen zunutze. Ich kann gar nicht sagen, wie viele Menschen mir erzählt haben, dass ihre intensivste

Kindheitserinnerung daraus besteht, dass ihre Mutter oder ihr Vater ständig auf ihnen herumgehackt haben. Wenn Sie ohnehin nur sehr wenig Zeit mit Ihrem Kind verbringen können, riskieren Sie, möglicherweise zwanzig Minuten lang an ihm herumzunörgeln und es zu kritisieren, um plötzlich zu merken, dass die gesamte gemeinsame Zeit verstrichen ist, die Ihnen an diesem Tag zur Verfügung stand. Wir sind dafür verantwortlich, welche Erinnerungen unsere Kinder an die Zeit haben werden, in der sie unter unserem Dach herangewachsen sind. Ich bin felsenfest davon überzeugt, dass Nörgeln oder Kritisieren höchstens zehn Prozent Ihres gesamten Umgangs miteinander bestimmen sollten.

- Tatsache 2: *Meist wird durch Nörgeln und Kritisieren so gut wie nichts erreicht.* Hier sind die wichtigsten Faktoren, die beeinflussen, was für ein Mensch Ihr Kind als Erwachsener sein wird:

Am Allerwichtigsten ist das, was das Kind von Geburt an mitbringt. Auf seine grundlegende Persönlichkeit hat Ihr Verhalten keine Auswirkungen.

Das Zweitwichtigste: Was für ein Mensch sind Sie und Ihr Partner? Wie leben Sie, wie sprechen Sie, was ist Ihnen wichtig und wie gehen Sie verschiedene Dinge an? Und nun kommt Folgendes: Wenn Sie viel Zeit darauf verwenden, alles sauber zu halten, weil Sie es so mögen, wird Ihr Kind als Erwachsener möglicherweise ebenso in einem sauberen Haus leben wollen. Wenn Sie ehrgeizig und fleißig sind, wird Ihr Kind es vielleicht auch sein.

Ich denke, Sie verstehen, worum es hier geht: Das, was sich zwischen der Art, wie Ihr Kind ist, und der Art, wie Sie sind, abspielt, hat den größten Einfluss darauf, wie sich Ihr Kind entwickelt. Kritik und Nörgelei sind dabei nicht zweckdienlich.

Ich weiß, wie Eltern sind. Sie tun alles, was Ihrer Meinung nach nötig ist, um gut für Ihr Kind zu sorgen und sich selbst vor möglichen Schuldgefühlen zu schützen, die aufkommen könnten, wenn Sie nicht Ihr Äußerstes getan hätten. Das akzeptiere ich. Ich will Sie nur beruhigen mit der Aussage, dass Sie an Ihrem Kind Freude haben können und trotzdem gute Eltern sind, weil sich Ihr Kind möglicherweise auch ohne ständige Kritik gut entwickeln wird. Glauben Sie wirklich, die Eltern, die ihre gemeinsame Zeit mit den Kindern nörgelnd und kritisierend verbringen, hätten phantastische Kinder?

Verwechseln Sie das Reduzieren von Kritik und Nörgelei nicht mit mangelndem Interesse an den Kindern. Die Leistungen der Kinder hängen nachweislich mit dem elterlichen Engagement zusammen. Eltern, die erfolgreich am Leben ihrer Kinder teilhaben, lassen sich nicht zu Nörgelei und Kritik hinreißen, wenn sie einmal erkannt haben, was sich durch echtes Engagement bewirken lässt.

Hören Sie zu, anstatt alles bis ins Kleinste regeln zu wollen: Der Schlüssel dazu, sich für das Kind so zu engagieren, dass es ihm hilft, und trotzdem nicht all Ihre verfügbare Zeit zu investieren, liegt darin, dem Kind nicht alles abzunehmen, sondern stattdessen zum Zuhören überzugehen. Wenn Sie ihm alles abnehmen, machen Sie Ihr Kind hilflos. Es bekommt die Botschaft, ohne Sie nichts zustande bringen zu können. Das hat nichts mehr mit Stützrädern zu tun, die vorübergehend ganz hilfreich sein können, sondern eher damit, Ihr Kind von Stützrädern abhängig zu machen.

Wenn Sie jedoch hinhören auf das, was es Ihnen zu sagen hat, bekommt es das Gefühl: *Ich bin für mein Leben selbst verantwortlich, und das ist gut so. Ich werde das schaffen, weil ich nicht allein gelassen bin.* Ihr Zuhören zeigt Ihrem Kind, dass Hilfe da ist, wenn es sie braucht, und ermöglicht es ihm, Sie als Ressource zu betrachten. Das ist so, als ob Sie das innere Gleichgewicht Ihres Kindes fördern, damit es keine Stützräder braucht.

Und ganz nebenbei kostet Zuhören viel weniger Zeit, als jede Kleinigkeit selbst zu regeln.

20. Wie ein guter Umgang mit Geld mehr Zeit für die Liebe schafft

Es gibt umfangreiche Forschungen dazu, was Menschen wirklich glücklich macht. Eines der immer wieder bestätigten Untersuchungsergebnisse ist, dass Sie für Ihr Glück keine Unsummen an Geld brauchen. Es reicht, gerade soviel Geld zu haben, dass Sie die Rechnungen bezahlen können, die bei einem Mittelschicht-Lebensstil anfallen. Alles, was Sie darüber hinaus haben, steigert das Glück nicht wesentlich und dauerhaft. Zum Beispiel wurde hinreichend nachgewiesen, dass Menschen, die einen großen Lottogewinn gemacht haben, nur sechs Monate lang glücklicher sind (ungefähr solange, wie ihr Großeinkauf andauerte), um danach wieder auf ihr ursprüngliches Befindlichkeitsniveau zurückzufallen.

Liebe dagegen macht Sie *wirklich* glücklich.

Wäre es insofern nicht dumm, zuzulassen, dass Auseinandersetzungen um Geld Ihre Liebe zerstören?

Diese Auseinandersetzungen entstehen dadurch, dass die meisten Paare beim Umgang mit Geld nicht unbedingt perfekt harmonieren. Wer verliebt sich schon in jemand anderen nur wegen seines Umgangs mit Geld? Wie viele Menschen heiraten sogar, obwohl sie wissen, dass ihr Partner anders mit Geld umgeht als sie selbst?

Insofern ist es kein Wunder, dass es bei Paaren im Zeitstress so häufig zu Auseinandersetzungen über die Finanzen kommt.

Sehen Sie's doch mal so:
Nichts zerstört positive Energie schneller als ein Gespräch über Geld. Sie können aber mit Geld auch auf eine Art und Weise umgehen, bei der Sie mehr Verantwortung übernehmen und weniger Zeit darauf verwenden, darüber zu reden. Dadurch entsteht positive Energie.

Der beste Rat, der mir für Paare im Zeitstress zum Thema Geld einfällt, ist der, zu versuchen, eine Milliarde Euro zu erben. Das ist zwar immer noch keine Garantie für Ihr Glück, aber es erspart Ihnen mit Sicherheit viele Diskussionen um jeden Cent. Ganz offensichtlich ist das jedoch für die meisten von uns keine realistische Alternative.

Deshalb gebe ich Ihnen nun den zweitbesten Rat. Er besteht aus einer **Guerillastrategie:** Richten Sie Ihr Leben so ein, dass Sie Gespräche über Geld auf ein Minimum reduzieren können, und Sie werden ein Minimum an Auseinandersetzungen darüber führen.

Hier sind einige Anregungen dazu, wie Sie dorthin kommen können.

Der Schlüssel dazu liegt darin, Ihrer beider Geld so weit wie möglich getrennt zu halten. Auf diese Anregung reagieren viele Paare verwirrt aufgrund der verbreiteten Vorstellung, zu einer festen Beziehung gehöre so etwas wie „gemeinsames Geld", „teilen" und „Vertrauen". Diese Ideologie hilft Ihnen jedoch wenig, wenn Sie wiederholt in Diskussionen darüber feststecken, wofür Sie Ihr Geld ausgeben wollen.

Treffen Sie stattdessen klare Vereinbarungen darüber, wer was bezahlt. Nehmen Sie die Aufteilung im Verhältnis zu Ihren Einkommen vor. Wenn Sie ungefähr gleich viel verdienen, könnte zum Beispiel einer von Ihnen den Kredit abzahlen und der andere die anfallenden Rechnungen begleichen, wenn die Beträge ungefähr gleich hoch sind.

Einige besonders kluge Paare im Zeitstress haben sich ihre Finanzen so eingeteilt, dass einer alle Rechnungen bezahlt und der andere sein Gehalt in die Altersvorsorge und die Kapitalrücklage fließen lässt.

Wenn einer von Ihnen den Löwenanteil des Geldes verdient, sollte er regelmäßig eine bestimmte Summe auf das Konto des anderen überweisen, quasi wie ein Monatsgehalt. Es ist demütigend, immer zu Ihrem Partner gehen zu müssen, um ihn/sie um Geld zu bitten.

Verzichten Sie auf ein gemeinsames Konto – meiner Erfahrung nach führt dies nur jeden Monat zu stundenlangen Diskussionen.

Übertragen Sie demjenigen mit dem größten Verantwortungsbewusstsein die Aufgabe, die Rechnungen zu bezahlen. Auch wenn es derjenige von Ihnen beiden sein sollte, der die längere Arbeitszeit hat, ersparen Sie sich dadurch immer noch zeitraubende Gespräche über das liebe Geld.

Sie können Diskussionen über die Finanzen auch dadurch reduzieren, dass Sie einen Etat aufstellen. Wenn Sie beispielsweise eine bestimmte Summe festgelegt haben, die jeder monatlich für Kleidung ausgeben kann, können Sie in diesem Rahmen einkaufen, was Sie wollen und wann immer Sie es wollen, solange dieser Rahmen nicht gesprengt wird – eigentlich ganz einfach. Aber Sie müssen sich an Ihr Budget halten. Zu überziehen ist nicht lustig. Meiner Erfahrung nach sind geplatzte Etats häufig für geplatzte Ehen verantwortlich.

Leben Sie so bescheiden wie möglich. Ihre Ausgaben sollten in einem Rahmen liegen, der Ihnen erlaubt, nach Abzug aller bezahlten Rechnungen noch etwas zurücklegen zu können. Sollte das derzeit nicht möglich sein, ändern Sie Ihren Lebensstil so, dass Sie weniger Ausgaben haben.

Ich kann es nicht deutlich genug sagen: Paare, die Schwierigkeiten damit haben, nicht mehr auszugeben als sie einnehmen, oder die unaufhörlich Schulden anhäufen, erleben, dass die positive Energie unmittelbar aus ihrer Beziehung abgezogen wird, ganz zu schweigen von der Zeit, die sie mit Auseinandersetzungen über das Geld oder mit Geldsorgen verbringen. Mir ist klar, dass einige große Ausgaben, wie beispielsweise die Miete oder die Raten für den Kauf einer Immobilie, nicht über Nacht zurückgefahren werden können. Aber ich will es einmal folgendermaßen sagen: Menschen, die einen bestimmten Lebensstil „brauchen", den sie sich nicht so einfach leisten können, opfern am Ende ihre Beziehung, um ihn zu erreichen. Und falls Sie verheiratet sind, kommen dann noch die Kosten für die Scheidung hinzu.

Benutzen Sie einfach die Techniken, die Sie in diesem Buch kennen gelernt haben, wenn Sie über Geld sprechen müssen. Achten Sie darauf, sich gegenseitig wirklich zuzuhören. Vermeiden Sie auch beim Reden über Geld, Ihre Gefühle mit Ihren Bedürfnissen zu vermischen. Verzetteln Sie sich nicht in Auseinandersetzungen darüber, wer wofür wieviel ausgegeben hat. Und melden Sie Ihre Bedürfnisse an, wenn eine Entscheidung getroffen werden muss. Versuchen Sie nicht, sich gegenseitig Ihre Bedürfnisse auszureden, spielen Sie in Gedanken eine Weile lang mit verschiedenen Möglichkeiten und beauftragen Sie dann einen von Ihnen beiden, eine Lösung zu entwerfen. Basteln Sie notfalls ein wenig daran herum.

Und denken Sie daran, dass das Einhalten von Abmachungen in einer Beziehung nirgendwo so wichtig ist wie beim Thema Geld.

Ein Paar, das sich entschieden hat, langfristig zusammenzubleiben, muss auch das Gefühl haben, zusammenzugehören. Das bedeutet, dass Sie und Ihr Partner zusammenpassen. Vielleicht nicht ganz perfekt, aber doch gut genug. Dieses Gefühl haben Sie beide verdient. Beim Thema Geld kann ein Paar im Zeitstress jedoch leicht den Eindruck bekommen, dies sei einer der Bereiche, in dem man nicht allzu gut zusammenpasst. Daraus können Zweifel erwachsen, ob man denn überhaupt miteinander harmoniert.

Ich denke, diese Zweifel sind in der Regel fehl am Platz. Sie und Ihr Partner passen wahrscheinlich schon zusammen, nur einfach nicht dort, wo es ums Geld geht oder in anderen Bereichen, die Paaren im Zeitstress besonders zu schaffen machen. Und trotzdem können Paare im Zeitstress erfolgreich miteinander leben, weil sie vieles bewusst tun (wie Sie in diesem Buch mitverfolgen konnten), um diese mangelnde Übereinstimmung zu überbrücken.

Schauen wir noch einmal, wie all das funktioniert.

Die Dinge, die man während der ersten Verabredungen tut, tragen dazu bei, dass man sich ineinander verliebt. Angenommen, zwei Menschen hätten sich beispielsweise zum Teil deswegen ineinander verliebt und vielleicht auch geheiratet, weil beide unheimlich gern Ski fahren oder Seen lieben, aber das Meer hassen. Oder weil beide so viel Spaß an Antiquitäten hatten. Oder aufgrund übereinstimmender religiöser oder politischer Anschauungen. Oder weil beim Sex alles gestimmt hat. Oder auch einfach nur, weil sie stundenlang im Bett liegen oder im Auto fahren konnten, ohne dass ihnen der Gesprächsstoff ausging, oder weil es ihnen nichts ausgemacht hat, miteinander zu schweigen.

Das bedeutet, dass sich fast jeder von uns seinen Partner danach ausgewählt hat, wie gut wir in unserer gemeinsamen Freizeit Spaß haben konnten, und nicht danach, wie gut wir zusammenpassen, wenn wir abends spät von der Arbeit heimkommen, müde sind und noch so viele Erledigungen auf uns warten, die wir in der vorhandenen Zeit ohnehin nicht alle erledigen können. Wenn Sie und die Liebe Ihres Lebens nun mit den praktischen Herausforderungen konfrontiert sind, die ein Paar im Zeitstress zu bewältigen hat, passen Sie vielleicht nicht besser zusammen als zwei Menschen, die man zufällig auf der Straße aufsammeln würde.

Und das ist letztlich eine gute Nachricht. Es ist nicht überraschend, dass die Unterschiede zwischen Ihnen beiden besonders dann zutage treten, wenn vieles in kurzer Zeit erledigt und besprochen werden muss. *Was? Du hast die Stromrechnung nicht bezahlt? Warum zögerst du die Bezahlung von Rechnungen immer so lange hinaus? Ich kann nicht glauben, dass es irgendjemanden auf der Welt gibt, der nicht weiß, dass man eine Rechung sofort nach Erhalt bezahlt.*

Die echte Neuigkeit an dieser Stelle besteht darin, dass Sie sich an etwas Wichtiges erinnern sollten: es gab einmal einen guten Grund, warum Sie und Ihr Partner sich überhaupt zusammengetan haben. Es hat sich damals einfach richtig angefühlt. Sie fühlten eine tiefe Verbindung, eine grundlegende Übereinstimmung, wenn Sie sich trafen. Wenn dieses Gefühl, so gut zusammenzupassen, vor allem dann vorhanden war, wenn Sie viel Zeit füreinander hatten, umso besser. Das ist der Kern der Sache – dass Sie Liebe finden, wenn Zeit und Ort stimmen, und Raum für Wärme und Geborgenheit gegeben ist. Und wenn Sie die Testfrage „Keine Zeit für die Liebe?" bestanden haben (s. S. 24), bei der es darum ging, ob es Ihnen besser oder schlechter miteinander geht, wenn Sie ein gutes Stück gemeinsamer Zeit haben, wissen Sie, dass dieser Kern auch bei Ihnen vorhanden ist.

Wenn es von der Natur so eingerichtet wäre, dass Partner einander danach auswählen, wie sie unter Zeitstress zusammenpassen, würden alle Beziehungen an dem Zeitpunkt beginnen, an dem ein junger Mann gerade eine neue Arbeitsstelle angetreten hat und sich in eine Frau verliebt, die im siebten Monat schwanger ist. Sollten beide sechs Monate später immer noch das Gefühlt haben, zusammenbleiben zu wollen, können sie ihre Beziehung fortsetzen.

Aber würden sie dann auch noch zusammenpassen, wenn sie eines Tages plötzlich mehr Zeit füreinander hätten? Perfekte Teampartner sind etwas ganz anderes als wunderbare Liebende. So, wie es derzeit aussieht, beginnen wir mit roten Rosen, und wenn das gut geht, beschließen wir, für den Rest unseres Lebens zusammenzubleiben und unterwerfen uns dann unserem von Zeitknappheit geprägten Lebensstil. Vielleicht verbirgt sich hinter dieser Gesetzmäßigkeit eine tiefe Weisheit.

Als Paar im Zeitstress mangelt es uns an der Zeit für die liebevollen Interaktionen, die uns zeigen, wie gut wir zusammenpassen. Es mag Ihnen gut miteinander gehen, wenn Sie gemeinsam durch die Stadt schlendern, Kommentare über die Menschen abgeben, die Sie beobachten, an den Schaufenstern stehen bleiben, um die Auslagen anzuschauen oder sich ins Café setzen. Aber wann haben Sie das zum letzten Mal gemacht?

Und wissen Sie, was passiert, wenn bei einem Paar im Zeitstress zuviel Zeit verstreicht, ohne dass es auch solche Momente gibt? Sie vergessen, wie gut sie eigentlich zueinander passen. Jetzt sind Sie jedoch wieder daran erinnert worden. Sie passen gut zueinander. Und Sie haben gesehen, wie Sie die positive Energie aufrechterhalten können, aus der die Liebe reichlich fließt, selbst wenn Sie in dieser Welt der Zeitknappheit leben.

Wenn Sie möchten, besuchen Sie mich auf meiner Webseite unter www.WeekendMarriage.com. Wir sollten uns über unsere Erfahrungen austauschen, wie wir trotz knapper Zeit unsere Liebe gesund erhalten können. Ich würde mich freuen, von Ihnen zu hören.

Dank

Kein Mensch hat auf alles eine Antwort, aber jeder kann einige Fragen beantworten. Mein erster und allerherzlichster Dank gehört solchen Menschen – den Frauen und Männern, die mir so geduldig und bereitwillig meine Frage: „Wie schaffen Sie es, trotz der geringen Zeit, die Ihnen füreinander bleibt, eine gute Beziehung zu haben?“, beantworteten. Neben ihren großartigen Antworten auf diese Frage machten sie mir jedoch noch ein weiteres Geschenk: Sie erzählten mir, dass ihnen diese Antworten längst nicht immer zur Verfügung gestanden haben. Sie mussten durch Versuch und Irrtum entdeckt werden. Damit gaben sie mir neben ihrer Hilfe auch das Geschenk der Hoffnung mit auf den Weg. Dafür bin ich bin ihnen zutiefst dankbar.

Mit Vergnügen möchte ich meine Wertschätzung für den Teil ausdrücken, den mein Ehemann, Dr. Charles Foster, zur Entstehung dieses Buches beigetragen hat. In Wahrheit ist dieses Buch, *Paare im Zeitstress*, ebenso sehr seines wie meines. Wir waren bei der Erforschung des Themas und beim Schreiben ebenbürtige Partner. Jedes Wort ist ebensosehr seines wie meines. Ach, und ganz nebenbei: Danke auch dafür, dass du so ein großartiger Ehemann bist!

Mein Dank gilt vielen Menschen bei Harmony Books, diesem betriebsamen Bienenstock: allen voran meiner hervorragenden Lektorin Kim Meisner. Es war ein solches Vergnügen, mit ihr zu arbeiten. Sie hat dieses Buch zu einer Herzensangelegenheit gemacht. Es ist schon etwas ganz Besonderes, es mit mir aufzunehmen, zu verstehen, was ich auszudrücken versuche, und es dann in Worte zu fassen.

Ohne Shaye Areheart, meiner Freundin, Mentorin und ihre universale Begabung wäre dieses Buch niemals entstanden. Der Dank an sie lässt sich eigentlich gar nicht in Worte fassen.

Melissa Kaplan, die für das Marketing zuständig ist, macht eine so herausragende Arbeit, ist so fürsorglich und gleichzeitig so nett zu mir. Das ist so viel wert. Vielen Dank auch an die anderen engagierten Kollegen im Marketing.

Dank an Julie Will dafür, dass sie so klug und hilfsbereit ist und es so viel Spaß macht, mit ihr zusammen zu arbeiten.

Howard Morhaim, mein Agent, ist einfach der Beste. Er kümmert sich so phantastisch um mich. Er ist so klug und ein wunderbarer Mensch. Was könnte man sich darüber hinaus noch wünschen?

Jeder von uns hat seine ganz persönlichen guten Geister, an die wir uns wenden, wenn wir Ratschläge und Unterstützung brauchen. Ich bin so dankbar, dass zwei der wichtigsten guten Geister meine beiden liebevollen Töchter Rachel und Hannah sind. Wer konnte, als sie noch klein waren, schon vorausahnen, dass sie später so klug sein würden?